“十三五”国家重点图书出版规划项目

“一带一路”建设中
国际贸易和投资风险防控
法律实务丛书

the legal series on prevention and control of risks
in international trade and investment under the construction
of the Belt and Road

总主编 张晓君

本丛书系教育部哲学社会科学研究重大课题攻关项目（项目批准号：19JZD053）产出成果

国际网络贸易安全风险防控法律实务

主 编 宋云博

厦门大学出版社 XIAMEN UNIVERSITY PRESS
国家一级出版社
全国百佳图书出版单位

图书在版编目(CIP)数据

国际网络贸易安全风险防控法律实务/宋云博主编.—厦门:厦门大学出版社,2021.12

(“一带一路”建设中国际贸易和投资风险防控法律实务丛书)

ISBN 978-7-5615-8441-5

Ⅰ.①国… Ⅱ.①宋… Ⅲ.①网络贸易—贸易法—研究 Ⅳ.①D996.1

中国版本图书馆 CIP 数据核字(2021)第 266170 号

出 版 人 郑文礼
责任编辑 李 宁

出版发行 厦门大学出版社
社 址 厦门市软件园二期望海路 39 号
邮政编码 361008
总 机 0592-2181111 0592-2181406(传真)
营销中心 0592-2184458 0592-2181365
网 址 http://www.xmupress.com
邮 箱 xmup@xmupress.com
印 刷 厦门集大印刷有限公司

开本 720 mm×1 020 mm 1/16
印张 21
字数 308 千字
版次 2021 年 12 月第 1 版
印次 2021 年 12 月第 1 次印刷
定价 95.00 元

厦门大学出版社
微信二维码

厦门大学出版社
微博二维码

总 序

“一带一路”是新时代中国深化与世界各国全方位合作，努力实现全球共同发展的重要倡议。自2013年该倡议提出以来，七年间，“一带一路”从愿景转变为现实。国家主席习近平在2019年第二届“一带一路”国际合作高峰论坛发表的题为“齐心开创共建‘一带一路’美好未来”的主旨演讲中强调，共建“一带一路”顺应了经济全球化的历史潮流，顺应了全球治理体系变革的时代要求，更是顺应了各国人民过上更好日子的强烈愿望。共建“一带一路”为世界经济增长开辟了新空间，为国际贸易和投资搭建了新平台。在共建“一带一路”的机遇之路上，中国与“一带一路”沿线国家的贸易投资交往愈加密切，中国企业的贸易投资活动更加积极。但机遇与挑战并存，“一带一路”沿线国家或地区存在政治体制、经济制度、法律体系与文化背景等方面的差异，国际贸易和投资关系错综复杂。值得注意的是，进入2020年，随着新冠肺炎疫情在世界范围内的广泛蔓延，有西方大国基于国内政治的考量，掀起单边主义和霸权主义的波澜，意图逆转全球化趋势，将正常的国际经贸交往政治化，为技术、商品、人员和资本的顺畅流动设置重重障碍，这不可避免地会传导到“一带一路”倡议的践行过程中，给中国与沿线国家的国际经贸关系施加了前所未有的严峻挑战。在此背景下，预防与控制国际贸易和投资的法律风险，成为推动共建“一带一路”行稳致远的重要保障。

本着这一问题意识，西南政法大学国际法学院、中国－东盟法律研究中心与深圳市前海国合法律研究院、泰和泰律师事务所等法律实务部门深入合作，结合教育部哲学社会科学研究重大课题攻关项目（项目批准号：19JZD053）“对‘一带一路’沿线国家投资风险监测预警体系研究”，对我国企业在国际贸易投资中所面临的风险防控问题展开研究。"'一带一路'建设中国际贸易和投资风险防控法律实务丛书"就是我们深入合作开展系统研究结出的硕果，同时也是与国家安全学院开展跨学科研究的重要成果。丛书由具有较强科研能力的国际法学界和具有丰富国际贸易投资及争端解决经验的法律实务界人士联袂编著。

丛书围绕教育部哲学社会科学研究重大课题攻关项目（项目批准号：19JZD053），以"一带一路"国际贸易和投资中企业所面临的法律风险防控需求为导向，从国际网络贸易、跨境投资并购、国际知识产权保护、国际货物运输、国际税收、国际 PPP、国际能源、商品进出口、国际信用证，以及国际投资争端解决、国际商事争端解决、涉外法律适用等实务性极强的领域出发，以丰富的实践案例和国际法律文书为基本内容，根据实务人员法律服务技能的实践性和涉外性特征，详述知识内涵，深度剖析裁判要旨，总结实践经验，提炼学习要点，对企业可能面临的法律风险展开极具针对性、前瞻性的研究，提出专业性、建设性和可操作性的风险防控措施建议。

西南政法大学国际法学院作为我国重要的国际法学研究和涉外法律人才教育培养基地，在服务"一带一路"建设的法治人才培养、学术研究和社会服务等方面具有强烈的责任担当，力图产出一批优秀学术成果，培养一批优秀法治人才。中国-东盟法律研究中心则是中国法学会首批法治研究基地、最高人民法院东盟法律研究基地。当今处于百年未有之大变局，在全球治理体系变革推进时期，国际法学院和中国-东盟法律研究中心心系天下，将以更大的担当和使命感，做好国际法治研究和国际法人才培养工作，为我国更高水平的对外开放和共建"一带一路"做出应有的贡献。

张晓君　教授、博士生导师

西南政法大学国际法学院院长、国际法学科负责人

中国-东盟法律研究中心主任

2020 年 5 月

编写说明

一、本书编写的目的和意义

当今世界正处于百年未有之大变局，国际社会单边主义、保护主义、霸凌行径愈演愈烈，治理赤字、信任赤字、发展赤字、和平赤字有增无减。中国提出共建“丝绸之路经济带”和“21世纪海上丝绸之路”，推进实施“一带一路”倡议。“一带一路”倡议的主旨在于推动沿线各国经济相互对接和优势互补。这要求沿线国家积极创新贸易方式，大力发展网络贸易。古今中外，法律是正义的化身，以权利保障书的方式带给人类社会无限希望；法律是公平的标尺，以国家强制力保障实施的方式赋予人生而平等。中国共产党第十九届中央委员会第六次全体会议审议通过的《关于党的百年奋斗重大成就和历史经验的决议》写明：“习近平新时代中国特色社会主义思想是当代中国马克思主义、二十一世纪马克思主义，是中华文化和中国精神的时代精华，实现了马克思主义中国化新的飞跃。”这其中包含当代中国参与、推进和引领提升全球治理体系与治理能力的法治与德治思想理论、规则原则和实践方案。这些宝贵的精神财富和道德情怀，对于倡导世界各国共同肩负建构人类命运共同体的使命担当，唤醒全人类共同应对全球治理所面临的困境与危机，促进全人类和平共处与全面自由发展等基本面向具有正确性、基础性和先导性的引领建构作用。

本书坚持以习近平新时代中国特色社会主义思想和习近平法治思想为指导，坚持探索研究统筹推进国内法治与涉外法治，作为2018年国家社科基金项目“‘一带一路’沿线国家中国公民权益保障法制供给研究”（18BFX216）、2021年度重庆市教委人文社会科学类研究项目“东南亚国家经贸投资规制与实践研究”（21SKJD023）、重庆市2021年度高等教育教学改革研究项目“法学本科课程思政与专业知识协同培养研究”（213096）和最高人民法院2021年度司法案例研究课题“中国共产党伟大建党精神司法案例研究”等研究成果，旨在探究“一带一路”沿线国家的国际网络贸易发展的基本情势、安全挑战和新机遇，探索分析发展“一带一路”沿线国家的国际网络贸易所面临的政治挑战、经济风险、社会风险、文化风险和经营风险等安全法治保障问题，探索引领建构“一带一路”沿线国家从事国际网络贸易的新规则、新机制和新理论，探索初步构建“一带一路”沿线国家的国际网络贸易争端解决机制等和平发展保障机制。

本书力争从国际法律规则机制及相关判例案例的了解、识别、运用、创新及其系统建构等法律理论与实务层面探讨“‘一带一路’沿线国家的国际网络贸易安全风险防控，具有较为重大的理论意义和实践意义。网络贸易为国际贸易提供了虚拟化的环境，使交易主体、交易对象、交易方式、交易意思表示等不确定性增加，为国际贸易带来了更高的政治、经济、信用、营业、质量等风险，也为相关的国际规范的制定带来了更大的考验。这需要“一带一路”沿线国家共同协作，寻找利益平衡点，制定出符合“一带一路”网络贸易发展环境的国际贸易规范。本书指出，目前“一带一路”沿线国家之间的经济合作不断加深，各种矛盾和冲突逐渐显现，如果没有正式的争端解决机制，在经济水平、政治结构和文化背景都不同的国家之间达成有效的合作往往是非常困难的。“一带一路”合作中出现的争端案件不可避免地涉及知识产权、环境保护和不动产领域，这对国际经济争端解决机制提出了新要求。中国作为“一带一路”倡议的主要倡导者，有必要积极探索新的解决方案，构建“一带一路”背景下的网络贸易争端解决机制。构建“一带一路”背景下的网络贸易新规范和网络贸易争端解决机制，是本书从理论知识出发，最终回归实践、服务实践的重要体现。

二、本书的内容概要和分工情况

第一章主要探讨“一带一路”背景下网络贸易发展情势。网络贸易在“一带一路”的背景下日益占据人们的眼球，沿“带”沿“线”各参与国都能够通过网络贸易发展国内贸易，同时也能拓展海外市场，以促进本国经济和国际经济的发展。而网络贸易又分为商业机构和商业机构之间的电子商务（B2B）、商业机构和消费者之间的电子商务（B2C）、个人和个人之间的电子商务（P2P）、企业和政府之间的电子商务这几种。可见，网络贸易几乎渗透贸易领域的各个角落。但是，从世界网络贸易发展进程来看，它的建设过程从来都是喜忧参半的。首先，网络贸易的确改变着现代社会的贸易结构，削减贸易成本，提供更多的社会机会，激发市场活力，拉近各国之间的贸易关系，有助于推进全球市场、经济一体化。然而，网络贸易对于网络化程度低的国家来说既是一种机遇也是一种挑战，“一带一路”参与国大多数都是发展中国家，在网络贸易这一方面的市场准备程度、法律政策以及社会接受程度等各方面指数相对较低，同时许多出现在现实社会中的纠纷以及违法乱纪现象也同样会出现在网络贸易中，甚至会因为网络的助力而变得更加复杂。所以，对于“一带一路”背景下的网络贸易建设，各参与国要加强合作以搭建完善的、系统的境内外网络贸易网。

第二章主要探讨“一带一路”背景下网络贸易的新机遇。首先，从“一带一路”倡议这个大背景出发，明确“一带一路”倡议提出的背景、建设的重要意义以及建设的历史机遇。中国提出“一带一路”倡议既是基于国内经济发展结构性减速、产能结构问题、协调区域发展、能源安全问题等的考量，也是基于参与构建国际经济新秩序的考量。“一带一路”建设对于推动中国构建全方位开放新格局、发挥中国在国际区域合作中的积极作用以及促进中国文化的传播与交流合作等方面有着重大意义。中国倡导推进建设“一带一路”

有着良好的历史机遇。一方面，覆盖亚洲、欧洲、非洲等地区的多个国家对“一带一路”倡议给予高度支持并积极参与其中；另一方面，中国国内多个省份也纷纷制定出台一系列政策方案对接“一带一路”倡议。其次，无论从个人层面、企业层面、产业层面、国家层面还是沿线国家基础设施方面来看，“一带一路”背景下的网络贸易都有着绝佳的发展机遇。最后，以“一带一路”倡议涉及省份的网络贸易发展状况为分析样本，把握“一带一路”背景下网络贸易的发展趋势。同时，透过跨境电商的迅猛发展，可以反映出“一带一路”背景下网络贸易的巨大发展潜力。

第三章主要探讨“一带一路”背景下网络贸易的政治挑战。首先，从政治风险的概念出发，明确了政治风险的定义与“一带一路”建设中互联网贸易模式的快速发展现实。政治风险有几大类型，包括东道国国内风险、地缘政治风险、大国博弈风险。其中，东道国国内风险包括政体与政权不稳定风险、政策不连续与意识形态的风险、政府干预与制裁风险、官僚主义与腐败风险以及法律保障风险。其次，从国际环境、政府和企业三个层面来分析这些政治风险的成因，针对几个不同方面的政治风险提出防控的措施与应对方法。最后，本章收集了一些案例与数据，说明了政府和企业审慎面对未来可能的政治风险并提前做好防控监管措施，增强自身风险抵抗能力的重要性。

第四章主要探讨“一带一路”建设中网络贸易的经济风险。“一带一路”沿线大部分国家属于发展中国家。发展中国家普遍存在市场经济不发达、营商环境不佳、产业结构不合理等制约经济发展的因素。因此，在带来广阔的投资空间的同时，要更加理智客观地分析海外市场所蕴藏的经济风险。本章通过分析我国“一带一路”建设中网络贸易经济风险的产生原因及主要内容，从政府和企业的角度切入，提出相关风险防控的建议。首先，从国际和国内两个层面阐释经济风险的产生原因。国际环境中最主要的影响因素是经济全球化发展的不平衡性；国内环境主要表现在海关监管和知识产权保护方面。其次，重点分析投资和市场运营层面的经济风险。投资风险是指投资结构不均衡、投资收益难保证、投资平台和机制建设的滞后性以及投资风险评估和保障不完善的风险；市场运营风险包括物流运输风险、融资风险、汇率风险和税务风险。再次，论述政府和企业应当如何防控网络贸易的经济风险，提出相关建议。最后，选取某集团作为典型案例，分析其成功转型及抢占跨境电商市场的原因。

第五章对“一带一路”沿线国家的法律体系进行分析与比较。“一带一路”倡议涉及诸多国家和地区，中国已经同很多国家和国际组织签署了共建“一带一路”的合作文件，商签范围也由亚欧地区延伸至非洲、拉美、南太、西欧等相关国家。不同国家由于地理位置的差异以及文化背景的不同，导致其社会法律体系也不尽相同。本章将选取具有代表性的国家，如东盟国家中的新加坡、泰国，西亚国家中的沙特阿拉伯，南亚国家中的印度，并对这些国家的社会法律体系进行分析与比较。了解这些国家的法律体系与特色，对于中国在“一带一路”倡议中更好地协调各方利益，制定符合沿途各国利益的规则，促进“一带一路”更好地发展来说至关重要。本章中对上述国家的法律体系和法律制度大致按照国家简介、行政体制、司法体制三个模块进行编写，在各个国家之中选取具有代表性的一些法律制度进行阐述，使得各个国家的编写各有特色。

第六章主要探讨“一带一路”建设中网络贸易的社会风险。在建设“一带一路”过程中风险与机遇并存、挑战与发展同在。“一带一路”的建设恰逢风险全球化的大背景，全球风险的蔓延与扩散给“一带一路”建设提出了巨大的挑战。全球化在加速各国经济发展的同时，也让地球成为一个“风险社会”。世界早已不再“太平”，被各种“潜在”与“显在”的风险缠绕着。网络可以为跨国贸易企业提供全球信息，使企业进一步分享全球经济一体化带来的信息资源，为进出口企业提供了大量便捷化服务，同时也为外贸企业带来一些新环境下的新问题，跨国网络贸易企业对这些问题应该加以注意，以防范网络贸易下的新型外贸风险。本章通过对社会风险的认识和分析，结合对我国《电子商务法》和相关的案例分析，综述其社会风险的形式以及原因，探讨对其进行防控的策略方法。

第七章主要探讨“一带一路”建设中网络贸易的文化风险。首先，介绍了“一带一路”建设中网络贸易的文化风险与防控。文化风险的成因与根源主要集中体现在跨国经营活动、企业并购活动以及组织内部。“一带一路”面临的文化风险主要表现在三个方面：文化差异带来的社会排斥、文化认同的障碍和宗教文化的冲突。以新加坡为例，从意识文化层面、制度规范层面以及运行实践层面的法律传统出发，分析了文化传统对法律制度的影响。鉴于此，提出了文化风险管理的四个策略，即文化整合、跨文化培训、文化审慎法和塑造共同愿景。其次，分析了“一带一路”建设中知识产权贸易法律的冲突。在网络环境下，各国都在趁机扩大本国法院的管辖权和法律适用范围。这一方面加剧了法律冲突，另一方面也促进了冲突法规则的发展。最后，结合两个案例进一步分析了网络贸易的文化风险问题。

第八章主要探讨“一带一路”建设中网络贸易的经营风险。首先，从外部环境和内部环境两个方面，分析了经营风险的影响因素和评估因素。其中，外部环境主要涉及自然环境、市场环境、政策规则环境、网络环境和物流环境等，内部环境主要涉及企业偿债能力、资产营运能力和盈利能力等。其次，基于此，进一步分析如何有效防范在跨境网络贸易中的经营风险。一方面，针对外来经营风险的防控，应从控制市场经济风险、降低政策风险的影响、防范物流风险和降低平台风险等方面入手；另一方面，针对内部经营风险的防控，应从建立合理高效的经营策略和经营方针、控制内部财务风险、完善现代公司治理结构并建立现代企业制度和控制汇率风险等方面入手。最后，结合四个案例进一步分析了网络贸易的经营风险问题。

第九章主要探讨“一带一路”背景下的网络贸易新规范。首先，探讨网络贸易对国际规范制定的影响，该部分分析了网络贸易主要的争端表现形式，包括B2B网络贸易、B2C网络贸易以及C2C网络贸易三种网络贸易模式下的争端表现形式。网络贸易带来了信用风险、客户安全性、关税、国家协调以及知识产权等问题，给国际规范的制定带来了影响。其次，对网络贸易国际规范的完善提出了几个方面的建议。包括加强市场调查、加强贸易合作、构建市场环境、防止恶性竞争等方面。最后，分析了网络贸易的国际发展环境，包括有利环境与不利环境，提出关于构建良好的网络贸易发展环境的建议，包括网络信息基础设施建设、完善支付系统与物流系统等多个方面。

第十章主要探讨“一带一路”背景下网络贸易争端解决机制。首先，从网络贸易争端解决机制的原则、网络贸易传统争端解决方式以及网络贸易在线争端解决机制的新发展三个方面概述了网络贸易争端解决机制。网络贸易争端解决机制的原则包括平等原则、全面协调原则和结合多种争议解决方法原则等。网络贸易传统争端解决方式则包括协商、调解、仲裁和诉讼等方式。网络贸易在线争端解决机制的新发展包括在线协商、在线调解、在线仲裁和在线诉讼等。其次，介绍了“一带一路”背景下的国际贸易争端解决机制。在对国际争端解决机制发展趋势和现有国际贸易争端解决机制分析研究的基础上，提出了在“一带一路”背景下建立国际贸易争端解决机制的总体思路和具体措施。最后，分析了“一带一路”背景下对外国判决承认和执行制度的法律判断，提出了四个方面的建议，即增加“一带一路”沿线司法协助条约的数量、借鉴迪拜金融中心判决转为裁决的做法、扩大“一带一路”沿线国家“推定互惠”的适用范围以及改进“一带一路”沿线国家承认和实施的审查程序。

本书在组织人员编写的过程中，得到了诸多前辈专家的指点，得到了上级领导的关怀支持，得到了前人研究成果的支撑佐证，也得到了诸多实务专家和理论学者的校正。在此，深表感激之情！本书主要由以下诸位长期执教一线的教师、法律实务专家和包括王璐、李静、鲍昭璇、彭愔皓、任泽阳、谢晓桐、罗肖嘉、朱婧瑜、黄晶、UK LING（缅甸）、SIMMALAVONG PHONNIKONE（老挝）、SADULLAEV KHAMIDULLA（哈萨克斯坦）、俞简、吴丹娜、顾心璐、赵蓉、邱罗娇、郭心怡、万珂岚、安洋、孙炎、秦亦林、陈关舟、徐昌登等在内的专业人员负责搜集整理有关资料和执笔撰写、校对、修改和完善而成。本书整理编写工作的主要分工负责情况如下：

谈臻、孙超、尹文昊、李莹等：负责统筹组织协调本书的编写工作，同时主要负责编写本书的第一章和第十章第一节等内容。

宋云博、朱根盛、徐明娟、汤云奉等：负责统筹组织协调本书的编写工作，同时主要负责编写本书的第二章和第十章第二节及附录、编写说明等内容。

黄栋梁、肖群、孙然、林火红等：主要负责编写本书的第三章和第九章第一节、第二节等内容。

李娜、郭贝贝、马寅翀、邓思远等：主要负责编写本书的第四章和第九章第三节等内容。

张弘志、曾瑞、张俊杰、狄梦等：主要负责编写本书的第五章、第六章第一节等内容。

翟春春、梁采、陈粤武、唐晨晟等：主要负责编写本书的第六章第二节、第三节和第八章第一节、第二节等内容。

邓剑、霍晨、杜凯、谢兰星等：主要负责编写本书的第七章和第八章第三节等内容。

三、本书有待改进之处

一方面，虽然本书力求全面分析“一带一路”建设中网络贸易所面临的风险和挑战，从政治、经济、社会、文化和经营等五个方面入手，但是由于水平和时间方面的限制，难免无法涵盖“一带一路”建设中国际网络贸易所面临的全部风险和挑战。

另一方面，本书从实践出发，结合相关理论，就“一带一路”背景下的网络贸易新规范和网络贸易争端解决机制提出了一些主张和观点。但这些主张和观点只是就“网络贸易新规范和网络贸易争端解决机制”的一个初步的构想，还需要进一步丰富完善。

真诚希望本书中关于“一带一路”网络贸易安全风险防控问题的引介和探究，能够起到抛砖引玉的作用，给莘莘学子和广大读者朋友们带来些许思考；同时，也期望学界和实务界的专家学者们不吝赐教。囿于时间、精力不足及学术水平有限和有关资料、数据信息的掌握程度不够等方面原因，本书的编写工作难免有所不足、勘误甚或缺憾。如发现有不妥之处，敬请诸位能够及时来电来函予以详细告知，本书编委会定当高度重视并及时修改完善。最后，对所有关心和支持本书编写出版工作的广大同仁和朋友，谨表诚挚的感激之情！

本书编写组

2021 年 12 月

目录

第一章　“一带一路”背景下网络贸易发展情势……001
第一节　“一带一路”背景下网络贸易总体概况……001
第二节　“一带一路”背景下网络贸易的发展……015
第三节　“一带一路”背景下网络贸易实务……024

第二章　“一带一路”背景下网络贸易的新机遇……032
第一节　“一带一路”倡议的发展机遇分析……033
第二节　“一带一路”背景下网络贸易的发展状况分析……047

第三章　“一带一路”背景下网络贸易的政治挑战……060
第一节　“一带一路”建设中网络贸易的政治风险与防控……060
第二节　典型案例……084

第四章　“一带一路”建设中网络贸易的经济风险……087
第一节　“一带一路”建设中网络贸易的经济风险与防控……087
第二节　典型案例……113

第五章　“一带一路”沿线国家的法律体系分析与比较……119
第一节　新加坡法律概括……120
第二节　印度法律概括……128
第三节　泰国法律概括……131
第四节　沙特阿拉伯法律概括……138

第六章 “一带一路”建设中网络贸易的社会风险······142
第一节 “一带一路”网络贸易的社会风险与防控······143
第二节 我国《电子商务法》······149
第三节 典型案例······166

第七章 “一带一路”建设中网络贸易的文化风险······171
第一节 “一带一路”建设中网络贸易的文化风险与防控······171
第二节 “一带一路”建设中知识产权贸易法律冲突······184
第三节 典型案例······189

第八章 “一带一路”建设中网络贸易的经营风险······192
第一节 经营风险的影响因素和评估因素······192
第二节 有效防范在跨境网络贸易中的经营风险······197
第三节 典型案例······208

第九章 “一带一路”背景下的网络贸易新规范······227
第一节 网络贸易对国际规范制定的影响······227
第二节 网络贸易国际规范的完善······234
第三节 网络贸易的国际发展环境······242

第十章 “一带一路”背景下网络贸易争端解决机制······252
第一节 网络贸易争端解决概述······252
第二节 “一带一路”背景下的国际贸易争端解决机制······260
第三节 “一带一路”背景下对外国判决承认和执行制度的法律判断······269

附 录······275
附录 1：最高人民法院发布第一批涉互联网典型案例······275
附录 2:《中华人民共和国电子商务法》全文······291
附录 3:《中华人民共和国电子商务法》关于网络贸易经营者义务的特殊规定······307
参考文献······309

第一章

“一带一路”背景下网络贸易发展情势

【内容摘要】

随着科技的发展，网络贸易因其本身特有的优势在国际贸易中发挥着举足轻重的作用，这在经济发达的国家体现得尤为明显。然而，网络贸易的迅速发展也带来了不容忽视的弊端。例如，商家进行虚假宣传或者对比销售等侵害其他商家与消费者权益的行为会因为网络的助力而危害更甚，而买家也可以通过系统漏洞薅商家的“羊毛”。这就需要各沿“线”沿“带”国家制定相应的法律进行规制，以促进网络贸易的健康发展。本章先对网络贸易进行简单概述，再详细介绍网络贸易的发展和兴起原因以及负面影响和操作流程，最后进行网络贸易实务的介绍。通过列举网络贸易的实践案例，并且结合“一带一路”的大背景，从而联系理论与实践以更好地认识与了解网络贸易的本质及内涵。

第一节 “一带一路”背景下网络贸易总体概况

【知识背景/学习要点】

互联网在1969年诞生于美国阿帕实验室，其最初服务于美国军事通信。直到后期由于互联网世界的进入门槛越来越低，在网络的支持下全球贸易在工业化和城市化的进程中快速发展，一家隐藏在街头拐角的小店可以借助互联网的力量在短短几年的时间里迅速扩张成电商巨头。这也表明以往的“胖子经济”所具有的优势在如今的网络时代里已不明显。例如，我们日常可见的各种购物 APP，这种网络销售平台极大地削减了店铺的运行与宣传成本，并且可以不受时间与空间的限制连接世界各地的消费者与卖家。“时代性的困境都是一样的，而时代性的机遇各有各的不同”，面对实体媒介力量的减弱，网络贸易在现在的经济体系中形成了一种“扁平的世界平台”，阿里巴巴的创始人马云认为互联网的机遇就在于对传统商业模式的改善与完备，其分为三个阶段“参与、唤醒、繁荣”。在这个新时代，网络贸易作为一种新生的商业模式是全球经济、市场一体化的应有之物，也是“一带一路”建设过程中不可或缺的一部分。

一、网络贸易概述

网络贸易最早出现于 20 世纪 70 年代末，EDI（电子数据交换）和 EFT（电子资金传送）是企业间电子商务的系统雏形。20 世纪 90 年代，网络贸易的说法被迅速推广，它分为狭义的网络贸易和广义的网络贸易。狭义的网络贸易是指利用互联网平台进行经济交易的贸易行为和方式。传统的模式包括 B2B（企业对企业）、B2C（企业对消费者）、B2M（企业对管理者）、M2C（管理者对消费者）、B2G（企业对政府）以及 C2G（消费者对政府）。但是，随着互联网深度渗透，又出现了许多新的电子商务交易模式如 C2C（消费者对消费者）、B2F/F2C（生产者对家庭交易模式）、C2F（订单农业交易模式）、B2S（体验式商务交易模式）、SoLoMo（农产品社区化模式）、CSA（社区支持农业模式）等。而广义的网络贸易不仅包含了作为交易方式的网络贸易，还包括了非交易手段的网络贸易，如企业利用电子平台对内部进行管理等。

在日常生活中，接触最多的是前三种模式。通过 B2B（如阿里巴巴、中国制造、全球五金、买麦网、环球财富等），各个商业机构之间可以通过互联网寻求其可以合作的商业伙伴，完成从订购到结算的全部交易，如要约、承诺、磋商、付款等。B2C 模式是指消费者能够直接通过网络进行消费，购买生活用品，娱乐奢侈品以及数字信息等。C2C 模式类似于传统的跳蚤市场，个人与个人之间通过网络进行交易。例如，闲鱼就是典型的 C2C 平台，用户可以在上面出售自己的闲置货物。而近年来兴起的社交电商似乎是对传统电子商务的一次升级，它是以社交网络为支撑的去中心化网络购物，其主要是通过由“种草”到下单来完成交易的，如小红书、抖音、快手以及淘宝直播都是这个模式。据统计，我国 2018 年的社交电商交易额达到 6268.5 亿元，预计在 2021 年将达到 28646.3 亿元。①

互联网自其产生以来就不断地试探其可以触碰的各个领域，包括商业贸易、军事工业、医疗卫生、食品安全等，而如今在这个万物互联的时代，网络贸易是一种时代机遇，基于这个机遇重构国内产业，完善国内相关配套设施，加强与世界各国的贸易联系都是刻不容缓的事。

二、网络贸易对沿线国家的影响

2010 年物联网被列为国家五大新兴战略性产业之一。2015 年李克强总理在第十二届全国人民代表大会第三次会议上作出的《政府工作报告》中指出要制订“互联网 + 行动”。②2016 年，我国将“一带一路”建设与网络贸易结合起来，先后与 21 个国家建立了电子商务合作。我国提出建设“一带一路”的目的就在于“互学互鉴、互利共赢”，推动沿线国经济交流，而网络贸易则能够很好地将沿线国家串联起来以推动各国共同进步。

（一）网络贸易对沿线国家贸易结构的影响

1. 网络贸易对国际贸易成本结构的影响

一个成熟的跨境电商虽然具有强大的输出能力，但是只有当网络平台上的商品价格低于传统贸易模式下的商品价格时，网络贸易才能取得竞争上的优势。网络贸易和传统的贸易模式相比其能够最大化地节约资源、降低成本。例

① 《中国社交电商行业研究》，载中华电子商务研究网，http://www.ebusiness-in-china.com/upload/2019/0705/884d5e9e-286a-42c8-b385-f71eb98e0cca.pdf，下载日期：2019 年 12 月 13 日。

② 李双元、王海浪：《电子商务法若干问题研究》，武汉大学出版社 2016 年版，第 2 页。

如，用户可以在网上直接通过厂家提供的链接下单而省去商家的中介费。因此网络贸易的发展推动了国际贸易对商品成本的控制能力的提高。

传统国际贸易的成本结构主要包括交易成本和采购成本，而国际网络贸易的成本结构增加了转换成本这一新的成本结构。在传统的交易成本结构中，网络贸易也对之有一定的影响。在交易成本方面，纸质贸易单据相互传递的减少使得纸面文件的处理工作任务减轻，促进贸易的顺利发展，同时也减少了交易成本；在传统的国际贸易中，进出口代理商等中介都是必不可少的一环，交易链较长使得交易程序烦琐，运营费用也随之增加，而国际网络贸易简化了数据处理程序，通过减少交易链的人工干预从而降低了交易成本；国际网络贸易为交易信息的发布和传递提供了更好的平台，并且通过网络的方式获取交易信息的成本非常低廉，这极大降低了信息获取的成本在交易总成本中的占比，并且就电商的宣传而言，网络贸易也提供了一个非常大的平台。在采购成本方面，信息的即时获取以及交叉检索能够使买卖双方快速达成交易，节省了时间，买方也免于到全球各地考察相关的商品行情，减少了采购成本。

2. 网络贸易新增三大转换成本

一是技术成本，网络贸易依托于较高的科技水平，在软硬件配置成本、器械维护成本等方面都比传统的国际贸易提高很多，这也是网络贸易所必不可少的部分，软硬件设备是网络贸易能够开展的物质基础，为网络贸易提供了基本平台。二是风险成本，网络贸易虽然给国际贸易带来了诸多便利，但是同时也带来了相较于传统贸易而言更大的安全风险。首先，交易主体并未直接面对面地进行交易，对对方的信用水平以及履行能力都不甚了解，容易遭遇欺诈等问题；其次，在交易过程中，交易的信息虽然有一定的保护，但是在网络世界，信息极容易被窃取，从而可能给买卖双方带来巨大的损失。三是时间价值成本，这是由于买方对卖方交易款项提前支付而产生的成本。

（二）网络贸易对沿线国家的积极影响

近年来，网络贸易额逐年攀升，而网络贸易对于各国的积极影响体现在方方面面。

1. 网络贸易影响了国际经贸方式

在网络贸易的影响下，国际贸易和经济贸易也发生了巨大的变化。依托网络贸易平台，消费者在付款完成之后，交易的订单以及提货单就会以一定的数据和文字的形式，在网络上进行发送和显示，交易的流程也更加简单。同时，网络信息的发布也取代了以往广告的宣传模式，在网上注册过的企业可以通过洽谈的方式在网络上展开商品促销甚至是商品拍卖等活动。因此，传统的交易数量大大减少，网络贸易中的电子货币替代了纸币，这种虚拟的货币形式和简化的交易流程使最后的支付和结算更加方便。

2. 网络贸易影响了国际贸易构成

在传统网络贸易影响下的国际经济贸易往来中，合同的执行、售后基本服务以及合同的签订，都需要在商品买卖过程中，以成本交易的形式展示出来。这就在无形之中加大了买卖双方的工作量，甚至由于延续时间太长，最终交易的质量也无法达到预期值。但是，通过借助网络贸易的形式进行线上交易，消费者能够直接在网络上选择商品，并根据相关规定签订虚拟合同。这样不仅能够减少传统贸易的时间，同时还能弱化一些数据的搜索流程，有效减少一些不必要的支出的同时，还能缩小商品的成本份额，从而改良传统商品的流程结构，提升经济效益。

3. 网络贸易促进沿线各国进出口业务

传统的国际贸易模式，在进出口业务中极容易出现差错，而网络贸易的容错率低。一方面，自动化、无纸化的传输商业文件避免了人工誊写的弊端，同时也提高了进出口业务的效率，加快了信息流通的速度，格式化的文件标准也减少了文件的制作时间。另一方面，网络贸易可以错开中间商的加入，缩短国际贸易环节，降低了相应的风险并且降低了产品的相对价格，提高了跨境电商的国际竞争力。

（三）网络贸易对国际贸易的负面影响

网络贸易为国际经济贸易带来的改变是巨大的，不仅演化成为一种变革，还能够提升资源交易的效率，甚至有利于国家经济软实力的提升。但是，网络贸易也会对沿线国家带来一定的负面影响。

1. 网络贸易可能会加剧“一带一路”沿线国之间的贸易差距

国际贸易形式依赖网络贸易运营商促进各国之间的经贸往来，但是沿“带”沿“路”国家的贸易水平参差不齐，一些发展中国家经济贸易刚刚起步，还无法承担与发达国家同等的交易数额，与发达国家之间获得的经济效益也相差甚远。大部分发达国家都能够在全球化的趋势之下，借助自身良好的竞争优势，在经济贸易往来中获得丰厚的回报。而一些欠发达国家的网络贸易系统刚刚起步，无法跟上时代的脚步，差距也就进一步拉大了。根据全球统计数据库的显示，就全球网络用户普及率而言，欧洲占比最高（2019 年占比 82.5%），而非洲占比最低（2019 年占比只有 28.2%）。此外，在一些发达国家有更多系统完整、技术健全的网上购物渠道，而发展中国家在此方面的资源有所欠缺。所以，面对网络贸易，网络普及率以及各方面技术能力不是很高的国家可能会略显被动。①

2. 网络贸易增加沿线国贸易风险

网络贸易可以为“一带一路”参与国的国际经济贸易带来便利，能够以其快速便捷的特点最大限度地提高贸易效率，使得身处不同地域的当事方只需要通过鼠标和键盘就可以在极短的时间内订立合同。然而，这种便捷性也意味着网络贸易的脆弱性。一方面，是由于信息的不对称导致消费者或者商家都无法准确充分地获得对方有效信息从而形成信息屏障。在这个屏障的任何一侧都可能隐藏着更多的不确定性，如商家可能会虚假发货或者买家的拒付等。另一方面，由于网络本身的构造存在诸多技术黑洞，如当消费者通过互联网在线支付

① 《2009 年至 2019 年全球互联网普及率》，载全球数据统计网，https://www.statista.com/statistics/265149/internet-penetration-rate-by-region/，下载日期：2020 年 4 月 17 日。

时可能会受到黑客的攻击，而这种损失往往是巨大的。另外，黑客和一些不法分子通过网络绕过传统的审查制度，甚至进行毒品交易。这些是影响国际经贸安全的关键因素，也是国际经贸健康发展的重大障碍。因此，为了使国际经济和贸易发展良好，有关部门或企业必须予以重视。

3. 网络贸易可能给沿线国家造成大量的税收损失

随着网络贸易系统的广泛普及和应用，国际之间的经济贸易活动大多都是通过互联网等通讯载体进行的。虽然贸易流通的成本逐渐减少，流通的环节也更加简化，但是国际贸易的形式逐渐发展成为虚拟化和无纸化的流通过程。大部分国家都没有办法对交易中的收入水平、交易中需要交纳的税款以及收入来源等交易内容的真实性进行核对和沟通。长此以往，国际经济贸易中的大量税款在无形中走失，成为一项大的资源漏洞。这在我国实践中已经发生了，海外带货的潮流突然兴起之后，由于这种代购数量一开始属于小额小量，所以一般都符合海关法的要求。但是这种境外淘货之风愈发强烈，需求的增加逐渐促使“海外购”形成了一种产业，商家一般是先将货运回国内，接单后从国内发货或者委托熟人或者多次往返国内外的人员携带货物，例如国际旅行的导游会将货物委托给旅游团的成员分散带回这样就可以避免缴纳关税，而这事实上就是一种“灰关入境”，其实质是一种逃避国家监管与税收的违法行为，涉嫌走私。电子商务也一度成为税收的灰色地带，造成实体商务与电子商务之间的税收不公。我国明确规定了“跨境电商税”，只要单次交易的完税价格未超过 5000 元限值，但在 26000 元年度限额内，仅需全额征收进口环节增值税、消费税，但是不享受法定应纳税额 70% 的优惠额度。

4. 网络贸易可能会加大“一带一路”国家物流水平的差异

根据世界银行统计数据整理的表 1-1 显示，整个沿“带”沿“路”的国家物流水平参差不齐，但整体而言较为落后，以中国的物流水平排名为界，只有新加坡、卢森堡、意大利等几个发达国家排名靠前，其他各地域的国家物流水平排名较落后。但是整体物流水平排名上呈现地域性，例如中东欧整体物流水平相对较高，而且其中大多数国家的排名相近；但是西亚和东亚的几个国家排名差距大，且分散；南亚几个国家整体排名落后；拉美州国家发展水平差距较大；非洲国家物流水平整体落后。对于物流能力差距较大的地区，发展跨境物流的难度也会相应加大，再加上上述数据中提到的发展中国家网络普及率较低，这也就进一步加大了网络贸易的难度。基于资源存量的有限性，在物流能力上较为薄弱的国家可能会在网络贸易上面陷入心有余而力不足的困境，而实力较强的国家物流则会与国际贸易相互助力促进本国国际经济贸易的发展。

表 1-1　2018 年部分“一带一路”国家物流水平以及世界排名[①]

	国家	LPI 排名	LPI 水平
	中国	26	3.61
东亚	新加坡	7	4.00
	泰国	32	3.41
	越南	39	3.27
	马来西亚	41	3.22
	印度尼西亚	46	3.15
	菲律宾	60	2.90
西亚	以色列	37	3.31
	希腊	42	3.20
	土耳其	47	3.15
	巴林	59	2.93
南亚	印度	44	3.18
	尼泊尔	114	2.51
	不丹	149	2.17
	阿富汗	160	1.95

① 《全球物流排名 2018》，载世界银行数据库，http://lpi.worldbank.org/，下载日期：2019 年 12 月 5 日。

续表

	国家	LPI 排名	LPI 水平
西欧	意大利	19	3.74
	卢森堡	24	3.64
	葡萄牙	23	3.64
中东欧	捷克	22	3.68
	波兰	28	3.54
	卡塔尔	30	3.47
	罗马尼亚	48	3.12
	斯洛伐克	53	3.03
非洲	贝宁	76	2.75
	利比里亚	143	2.23
拉美	牙买加	113	2.25
	智利	34	3.32
	古巴	146	2.20
	秘鲁	83	2.69

5. 网络贸易可能会诱发更多不诚信现象

就我国而言，网络贸易起步较晚，信息基础也相对薄弱，网络交易的流程和各项环节还不够健全，以及各大商业银行所用的网络交易平台也不统一，它们之间信息交流系统的欠缺，也导致了银行的监管不力，这样就容易出现严重的信息安全隐患。此外，网络贸易背景下的经济和贸易发展需要更多地嵌入诚信机制，“避免一些消费者因为商家的失信行为承受严重的经济损失”。尤其是近几年代购等网络销售平台和交易规模逐渐扩大，一些假货大量流入消费者群体中，消费者蒙受欺骗，导致消费体系一度陷入诚信危机。所以有关立法部门应当积极制定法律法规来规避可能出现的失信问题，不要以牺牲诚信为代价来发展经济。

三、对发挥网络贸易效益的探索

“一带一路”的参与国大多数为发展中国家，这些国家的网络贸易尚处于中初级，还不能充分高效地运用网络来进行国际贸易，但是如前文所述网络贸易在各国贸易额中所占比重越来越大，并且网络贸易在许多国家已经形成了不可逆的贸易趋势。2018 年，韩国、意大利、新加坡、奥地利、马来西亚、新西兰、智利、泰国、印度、印度尼西亚是网络销售额最高的“一带一路”进口国（缅甸近 3 年进口消费额增长 126 倍，智利为 23.5 倍，菲律宾为 3.2 倍），[①] 可见网络贸易在各国的市场经济中扮演着一个重要的角色，它不仅拓宽了商品市场，还丰富了商品种类，刺激消费，拉动内需，促进整个“一带一路”参与国家市场经济的发展。如何最大化地发挥网络的作用将其转换成贸易优势成为一个值得探讨的问题。

（一）充分利用网络贸易削减交易成本

跨境电商虽然在利用网络进行贸易的前期会有较大的转换成本，但是从长期发展来看，一个成熟的网络贸易系统会使企业降低交易成本，在全球市场中取得竞争优势。首先网络贸易依托科技优势极大降低了国际贸易的交易成本，尤其是信息获取的成本。网络贸易使国际贸易电子化、数字化，减少不必要的资源消耗，降低跨境电商的运营成本以及交易成本；减少交易的中间环节，降低商品的物流成本；同时网络贸易切合了大数据时代对于数据信息的需求，商家可以通过客户的每一次浏览与加购来统计商品市场范围以及其购买量，从而做好库存管理，提高跨境电商的经营效率。

（二）建立健全的网络贸易信用管理体系

随着时代的变迁，想要促进网络贸易的运作和发展，就需要完善贸易往来

① 《2019“一带一路”跨境电商消费报告》，载中国国际电子商务网，http://www.ec.com.cn/article/dsyj/dsbg/201904/39145_1.html，下载日期：2019 年 12 月 5 日。

的数据和信息，其中包括供给信息、客户需求信息以及产品交易信息等，还需要确保该信息的准确性和真实性。通过这种方式，如果双方想要彼此了解并建立信任，它将简化许多流程并提高交易效率。同时解决国际经济贸易发展中的信任问题，依托互联网建立完善的信用管理体系，为客户营造良好的交易市场和舒适的交易环境。例如我国工商行政管理部门可以借鉴国外先进经验，并遵循独立、公平、公开的原则，建立专业的第三方机构，从而促进我国网络贸易系统的发展。除此之外，相关部门还需要加大对网络交易平台的监管力度，维护网络交易的秩序。

（三）推动产业结构的优化升级

企业要顺应全球发展潮流，积极利用网络与全球企业进行对话，大力推进产业结构优化升级，促进产品销售，增加企业经济效益。首先，参与国中发展中国家占大多数，而这些发展中国家的就业主要集中在第一产业和第三产业。立足国际视角，安虎森等提出“一带一路”表现形式是重塑国内经济地理和重塑亚欧“世界岛”经济统筹，构建国际产业分工和产业转移的新模式。[①] 过去中国在国际贸易领域一直以简单的加工制造业为主，但是现在在各方面因素的作用下，如我国的产业转型、劳动力价格的提升等，这种低端产业开始向东南亚国家转移。“一带一路”有利于深化参与国的产业合作，例如拥有高端技术的发达国家与资源丰富的中西亚国家与拥有大量廉价劳动力的东南亚国家之间可以通过贸易交流相互获益。其次，根据表 1-2 可以看出各国的电子商务都有着或强或弱的增长，但是有些国家的电子商务交易以小额多宗为主，如意大利和乌克兰，其他的国家，如中国、新加坡、印度的网络零售占比维持在 25%～30%。而在一些发达国家，如德国、法国的网络商品零售比重维持在 10% 左右，美国甚至只有 5%。这意味着如果是仅仅依靠小额的商品零售将难以与那些网络贸易实力较强的国家进行竞争，所以各参与国要推动国内产业结构优化升级，加强大宗

① 张理娟、张晓青、姜涵等：《中国与“一带一路”沿线国家的产业转移研究》，载《世界经济研究》2016 年第 6 期。

货物、信息产品等其他具有强竞争力的产品的输出。

表1-2　部分"一带一路"参与国互联网零售占电子商务交易额的比重①

国别	2016年			2017年			2018年		
	市场交易额（亿美元）	商品零售额（亿美元）	比重（%）	市场交易额（亿美元）	商品零售额（亿美元）	比重（%）	市场交易额（亿美元）	商品零售额（亿美元）	比重（%）
中　国	33386	7500	22.5	41656	10436	25.1	47311	13095	27.7
新加坡	30	8	26.7	34	10	29.4	37	13	35.1
意大利	365	203	55.6	410	238	58.0	460	260	56.5
印　度	680	152.9	22.5	840	223.5	26.6	980	334.2	34.1
泰　国	756	211	27.9	830.5	244	29.4	950	285	30.0
土耳其	83	49	59.0	99	59	59.6	112	67	59.8
乌克兰	24	15.4	64.2	31	18.5	59.7	51	22.9	44.9

（四）强化网络贸易物流系统和支付系统

完善网络贸易系统能够帮助支付系统和物流系统的建立，反过来，完善的支付系统和物流系统还可以改善网络贸易流程从而促进网络贸易的发展。以我国为例，一条完整的网络交易链涉及的不仅仅是商家与客户，同时还需要物流与支付平台以及各家银行等机构或企业的合作与支持。所以要想使得这个"链条"能够运转顺畅，那么处于各个环节的主体都要各司其职。相较于国内的网络贸易，国际的网络贸易对于各个环节的运转要求更高，其中物流与支付系统就是两大难题。

物流方式包括海运、空运与陆运，"一带一路"的物流特色在于它更多的是通过铁路运输完成各国联动的。2011年3月19日中欧班列首次开通（重庆—杜伊斯堡），从2013年7月18日首班班列开行算起，中欧班列（郑州）累计开

① 《全球电商数据》，载网经社，https://www.100ec.cn/Home/Index/industryData.html?name=b-2cds，下载日期：2019年12月12日。

行 507 班，总货值 24.61 亿美元，总货重 23.71 万吨，[①] 如果各国的海外仓储能够和中欧班列线路合理地结合必将极大节省运输成本，提高资源利用率。但是中欧班列也存在几个问题，首先就是没有一套统一成熟的体系，比如换轨、通关一体化的问题，以及相配套的国际贸易规则的缺乏等。其次是运输方案需要完善，目前的班列运输方案是点对点的直达式运输，[②] 班列开行地点分散消耗更多的时间成本。

对于支付系统而言，首先就是缺乏统一的跨境支付平台，[③] 东南亚地区的 MOL、西欧的 SOFTER BANKING、俄罗斯的 QIWI、中东的 CashU 以及中国的支付宝等，这些平台并未相互打通，跨境支付效率低下。其次是各国货币不同，虽然印尼、柬埔寨等多个参与国已经将人民币作为离岸结算货币之一，并且多个国家的银行已经开办多种人民币结算贷款等业务，但是相对于“一带一路”所有参与国来说这是远远不够的。所以我国还要借助“一带一路”努力提升人民币在国际上的使用程度，中国国际经济交流中心美欧所副所长张焕波认为我们要提供稳定有价值的人民币，为全球贸易投资带来更多的便利，让人民币成为重要的结算、交易和储备货币。最后是安全问题，支付安全主要体现在网上银行的安全上。对于网上银行的攻击方法十分隐蔽，它可能来自世界各地，通过综合系统向银行的各项业务展开攻击，这就可能造成整个网上银行系统的瘫痪。同时网上银行自身的业务系统也存在各种缺陷，容易在运作时出现漏洞。一些发达国家对使用网上支付很早就进行立法，如美国《联邦电子资金移动法》，而大多数“一带一路”参与国在这方面没有过多的关注，所以各参与国应积极建立健全网上银行法律法规，加强政府监管和市场监管。

① 《中欧班列（郑州）开行 251 班货值 12.67 亿美元》，载中国“一带一路”网，https://www.yidaiyilu.gov.cn/wtfz/sslt/4020.htm，下载日期：2019 年 12 月 5 日。

② 李佳峰：《“一带一路”战略下中欧班列优化对策研究》，载《铁道运输与经济》2016 年第 5 期。

③ 王娟娟、宋宝磊：《区块链技术在“一带一路”区域跨境支付领域的运用》，载《当代经济管理》2018 年第 7 期。

（五）加大对专业人才的培养力度

网络经济在国际经济贸易中发挥着独特而重要的作用，这就需要大量的专业人才。首先是网络人才。培养网络人才时必须适应当前市场的发展，注重培养网络复合型人才。其次是语言类人才。2017 年举办的“一带一路”国际合作高峰论坛上就提出语言障碍问题以及相应的解决方案，其中一点就是培养大批的语言类人才。2018 年澳门设立中葡双语人才培养基地，以及在白俄罗斯等多个参与国内建立大量孔子学院。最后是法律人才。在跨国的交往中贸易摩擦是不可避免的，这就需要大量的专业法律人才，国家和地方教育部门与政法部门应当对全国范围内培养“一带一路”涉及的多语种法律人才单位开展调研，择优择特，设立相关基地建设项目，加以重点支持。

在“一带一路”的网络贸易人才培养上需要的不仅仅是上述几类，还包括教育、金融、文化等各个方面的人才，但总体而言在未来“一带一路”的建设中更多地是需要复合型人才以应对日新月异的社会发展与机遇挑战。

（六）制定相关法律法规

依托网络贸易系统，想要确保国际经济贸易的交易质量，就需要加强法律和法规的建设和研制，从而为本国的经济贸易发展提供最坚实的外部基础。目前，网络贸易系统依靠互联网进行交易，因此各参与国有必要完善网上交易的法律法规。对网络贸易发展趋势、网络金融结算、经济知识安全以及信息安全等进行有效监管。同时相关部门还需要建立辨别消费产品真假的渠道，为完善市场监管监督提供更加强有力的法律基础。对此，如果考虑到法律建设的脚步无法跟上网络贸易交易的速度，就需要借鉴发达国家的先进经验，完善本国经济贸易体系的建立。

（七）普及网络知识

网络经济以网络贸易为基础，网络贸易以网络知识和技术为基础。由于各国网络知识普及程度不一，人们需要对网络贸易知识有基本的了解，这不仅包括网络技术知识，还包括各国相关的网络贸易法律法规。所以参与国应当重视推动网络贸易知识的普及，为每一个想要参与的个体提供认识了解网络贸易的机会。

（八）提高各参与国对全球网络贸易的参与度

在当前全球化的背景下，全球网络贸易的话语权仍然掌握在西方发达国家手中。发展中国家参与网络贸易的程度相对有限。为此，每个参与国，特别是发展中国家应加强全球网络贸易的参与，与发达国家积极对话，树立规则制定意识，以维护本国的网络贸易利益。

第二节　“一带一路”背景下网络贸易的发展

【知识背景 / 学习要点】

当前，信息网络技术加速创新，以数字化的知识和信息作为关键生产要素的数字经济蓬勃发展，新技术、新业态、新模式层出不穷，成为“后国际金融危机”时代全球经济复苏的新引擎。各主要国家纷纷将发展数字经济作为推动实体经济提质增效、重塑核心竞争力的重要举措，并进一步将推动数字经济取得的创新成果融合于实体经济各个领域，围绕新一轮科技和产业制高点展开积极竞合。

一、“一带一路”背景下网络贸易发展的原因

（一）根本原因

网络贸易似乎是一夜之间在贸易领域遍地开花，其中的根本原因在于经济的发展。电子商务始于 20 世纪 70 年代，也正是世界经济格局大变革时代。美国正处于经济滞涨时期而新兴经济体崛起，互联网技术也刚刚起步，人们更多地是通过电子邮件传递交易信息。所以在经济技术条件都不适合的情况下网络贸易并未真正地发展起来，直到 20 世纪 90 年代电子商务（electronic commerce）才真正地出现。在这个时期欧盟成立，北美自由贸易协定生效，世

界贸易组织成立，整个世界开始形成一个整体，以往杂乱的“森林体系”开始走向法制化的世界。美国此时处于“三高三低”时期，高新技术产业和信息技术产业等迅速发展，人们似乎进入了一个疯狂的网络时代，IBM、甲骨文、雅虎、苹果、谷歌等大量互联网公司成立。其背后的一个重要原因就是在那个时代美国整体经济环境良好。根据图 1-1 的显示，美国在当时的 GDP 总体呈上升趋势，并且 20 世纪末期的增速较快。根据美国商务部的《2000 年数字经济报告》，20 世纪末美国对于信息技术产业开发投资呈递增趋势，到 1998 年达到 448 亿美元。而同时期信息技术产业所获得的企业自主占全部制造业所获得的 30% 左右。[①] 几乎在相同时期，电子商务进入我国。我国最早的电子商务平台是创立于 2000 年的 8848 网，但是其存在时间并不长。2003 年淘宝横空出世，并逐渐发展直至今日成为亚洲最大的电商交易平台。而我国当时正处于社会主义市场经济建立时期，根据图 1-2 可以看出我国 GDP 在 21 世纪初期高速发展，特别是在 2004—2008 年期间增幅较大。但是从当时的世界经济总体来看，亚洲和拉美经济增速放缓，欧美经济发展较快，这种发展差距也直接地反映到了信息技术上，一边是发达国家的网络蓬勃期，一边是发展中国家的“技术贫困”期，而那时对于技术贫困的国家而言网络贸易是天方夜谭。

可见经济发展是网络发展的根本动力，只有在一个经济状态良好的环境里网络技术才能够不断推进，只有在一个健康的经济市场中，网络技术才能够更好地与贸易相结合。因此要推动“一带一路”国家的网络贸易，打好经济基础是关键，这需要国家之间的紧密合作，制定良好的政策与法律法规，促进各国国内经济发展，从而打造一个健康的国内外贸易环境。

① 《2000 数字经济报告》，载美国商务部网，https://www.commerce.gov/news/reports/2000/06/digital-economy-2000，下载日期：2019 年 12 月 9 日。

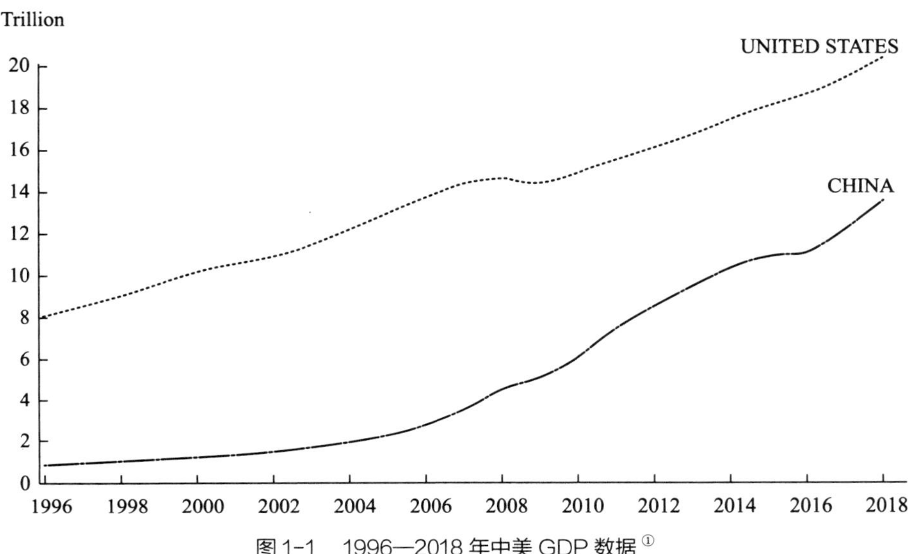

图 1-1 1996—2018 年中美 GDP 数据①

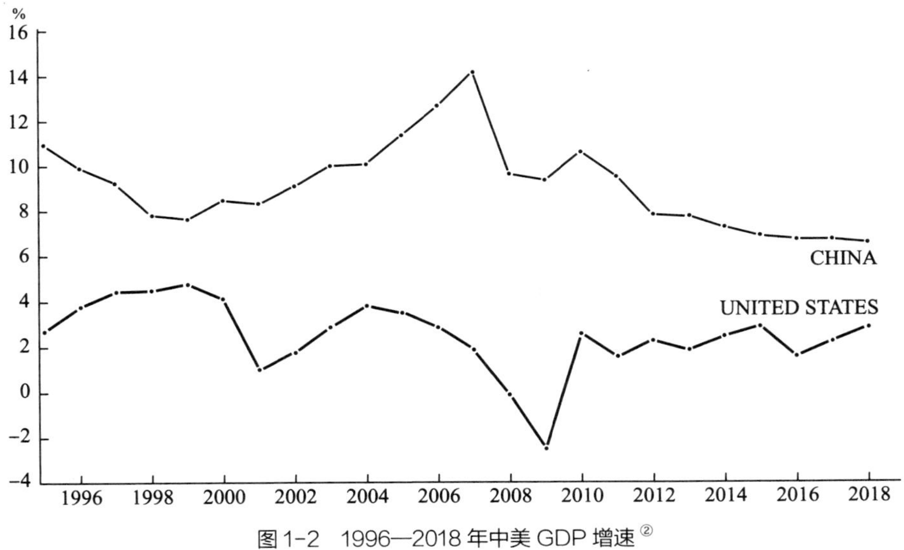

图 1-2 1996—2018 年中美 GDP 增速②

① 各国 GDP 数据，载世界银行网，https://data.worldbank.org/indicator/NY.GDP.MKTP.CD?end=2018&locations=US-CN&start=1996&view=chart，下载日期：2019 年 12 月 9 日。

② 各国 GDP 增速对比，载世界银行网，https://data.worldbank.org/indicator/NY.GDP.MKTP.KD.ZG?end=2018&locations=US-CN&start=1996&view=chart，下载日期：2019 年 12 月 9 日。

（二）社会原因

在网络贸易的发展中社会原因占有很大的比重。哪里有需求哪里就有市场，现阶段买方市场已经形成，并且基于需求原理买方市场还会不断加强，就此会促使卖方将注意力转移到互联网技术上，借助网络的力量进行贸易往来，而网络贸易就在这一来一往的互动中得以发展。例如依托互联网技术以及网络贸易在近几年发展异常火热的“网红经济”，据统计具有一定知名度的网红在“双十一”当天的带货成交额就可高达 10 亿元人民币，其中包括大量的海外产品，所以社会需求以及新型行业的兴起对于网络贸易有着巨大的促进潜力。据统计 2016 年进口跨境电商规模达到 12000 万亿美元（同比增长 33.3%），2017 年达 15000 万亿美元（同比增长 25%），2018 年达 19000 万亿美元（同比增长 26.6%）。[①]

（三）政治原因

目前整个世界的政治局面呈现出“增长在东方，负债在西方”的趋势，世界的财富、权力和驱动力重心正在从西方向东方转移，而这个过程并不会一帆风顺。[②] 新一轮科技革命和产业变革也在重塑世界经济结构和竞争格局，在全球网络深化的背景之下推动“一带一路”科技创新合作是迫切的现实需求。2019 年 1 月 25 日在达沃斯举行的电子商务非正式部长级会议上，我国同新加坡、美国、欧盟、俄罗斯、缅甸等共 76 个世贸组织成员签署《关于电子商务的联合声明》以鼓励所有的成员加强合作、协商谈判，使电子商务为企业、消费者和全球经济带来更大的利益。其中签署国就包括多个“一带一路”成员国，如蒙古、新加坡、缅甸、土耳其以及哈萨克斯坦等。我国在 2016 年 9 月 8 日发布的《推进“一带一路”建设科技创新合作专项规划》中也明确了几大重点领域：农业、能源、交通、信息通讯、资源、环境、海洋、先进制造、新材料、航空航天、医药健康和防震减灾，其中信息通讯领域包括跨境电商联合创新。2018 年 7 月 24 日国务院发布的《国务院关于同意在北京等 22 个城市设立跨境电子商务综合试

① 《跨境电商行业交易规模以及增长数据》，载网经社，https://www.100ec.cn/Home/Index/industryData.html?name=kjds，下载日期：2020 年 4 月 17 日。

② 王缉思：《当代世界政治发展趋势与中国的全球角色》，载《北京大学学报》2019 年第 1 期。

验区的批复》中指出要“因地制宜，突出本地特色和优势，着力在跨境电子商务企业对企业（B2B）方式相关环节的技术标准、业务流程、监管模式和信息化建设等方面先行先试，为推动全国跨境电子商务健康发展探索新经验、新做法”。同年11月，李克强总理于21日在北京主持召开国务院常务会议，决定延续和完善跨境电子商务零售进口政策并扩大适用范围，扩大开放更大激发消费潜力。鼓励企业加快建设“海外仓”和全球营销网络，打造跨境电商知名品牌。[①] 2016年以来，中国已与多个国家签署电子商务合作备忘录并建立双边电子商务合作机制，截至2019年8月，与中国建立电子商务合作的国家包括意大利、俄罗斯、哈萨克斯坦、匈牙利、爱沙尼亚、柬埔寨等19个国家。[②] 在政策的支持下，在“一带一路”的背景下，各国在电子商务方面的合作得到进一步加强。据统计，2018年长沙外贸进出口总额达到194.5亿美元，同比增长40%；跨境电商试点企业数量达129家，预计跨境电商交易额增长60%以上。[③] 据广西商务厅介绍，广西电子商务交易额由2013年的1266亿元增长到2017年的7056亿元，年均增长53.3%以上。[④]2019年11月9日“一带一路”电子商务国际合作高峰论坛在福建省莆田市举行，它以“共建‘开放·普惠·创新’数字丝绸之路”为主题，该论坛设有高峰论坛和跨境电商、平台经济、新业态新模式三个主题论坛。其中跨境电商主题就提到了“跨境电商与丝绸之路”“跨境电商发展机遇”“区域合作共建跨境电商新模式”等多个话题，同时还在论坛上发布了《2019全球跨境电商发展报告》，报告指出预计到2021年，网络零售将达到4.878万亿美元，占全球零售总额的比重将达17%。[⑤]

---

① 《中国决定延续和完善跨境电子商务零售进口政策并扩大适用范围》，载“一带一路”网，https://www.yidaiyilu.gov.cn/xwzx/gnxw/72469.htm，下载日期：2019年12月10日。

② 《丝路电商：与中国建立电子商务合作的国家一览》，载“一带一路”网，https://www.yidaiyilu.gov.cn/sy/zlbw/99756.htm，下载日期：2019年12月10日。

③ 《中国（长沙）跨境电子商务综合试验区启动》，载“一带一路”网，https://www.yidaiyilu.gov.cn/xwzx/dfdt/78375.htm，下载日期：2019年12月10日。

④ 《广西打造中国－东盟跨境电子商务基地》，载“一带一路”网，https://www.yidaiyilu.gov.cn/xwzx/dfdt/74819.htm，下载日期：2019年12月11日。

⑤ 《“一带一路”电子商务国际合作高峰论坛在莆田市举行》，载网经社，http://b2b.toocle.com/detail--6536820.html，下载日期：2019年12月11日。

二、“一带一路”背景下网络贸易发展趋势

根据商务部的统计数据，在2018年的电子商务市场细分结构中，商品类交易额占总交易额的77%（24.33万亿元）。新发布的《电子商务“十三五”发展计划》确立了在2020年电子商务交易额超过40万亿元、网络零售总额达到10万亿元左右、相关从业者超过5000万人这三个具体发展指标。根据图1-3可以看出，我国电子商务成交规模在2024年预计将达到57万亿元，在总体交易规模上也呈现上涨趋势。据网经社数据库显示，2018年中国跨境电商行业交易中出口电商交易规模为7.1万亿元，进口电商交易规模达1.9万亿元，同比增长26.7%。[①]从这些数据可以看出网络贸易发展趋势较为良好，在“一带一路”背景下，电子商务的发展浪潮并不会减弱。

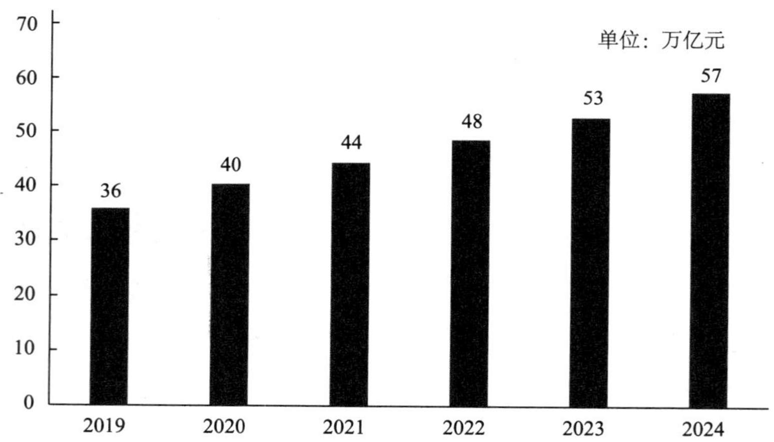

图1-3　2019—2024年中国电子商务行业市场规模预测[②]

资料来源：前沿产业研究院整理

① 《跨境电商行业交易规模》，载网经社，http://www.100ec.cn/zt/2019sjbg_world/，下载日期：2019年12月11日。

② 《2019年中国电子商务行业发展现状及趋势分析》，载前瞻经济学人，https://ecoapp.qianzhan.com/detials/191108-cd934159.html?uid=ffffffff-f40f-4fed-ffff-ffff9de26bd4&from=singlemessage，下载日期：2019年12月8日。

（一）与实体经济深度融合发展是首要战略任务

以先进制造业为代表的实体经济将继续作为全球经济发展的主要增长点，在与数字经济的深度融合中不断焕发新的活力。下一阶段，各主要国家和地区的数字经济相关战略会陆续深入实施。互联网、大数据、人工智能等新一代信息技术被作为发展先进制造业的重要举措，而各国和各地区也会积极推进从生产要素到创新体系，从业态结构到组织形态，从发展理念到商业模式的全方位变革，持续催生个性化定制、智能化生产、网络化协同、服务型制造等新模式、新业态，推动形成数字与实体深度交融、物质与信息耦合驱动的新型发展模式，大幅提升全要素生产率，有效推动全球经济增长的质量变革、效率变革、动力变革。

（二）平台化、共享化引领经济发展新特征、新趋势

企业之间的竞争重心正从技术竞争、产品竞争、供应链竞争逐步演进为平台化的生态体系竞争。一批用户基数庞大、技术积累丰富、资金实力雄厚的行业领军企业已率先启动，通过提供开源系统、营造开放环境、促进跨界融合、变革组织架构、重塑商业模式、孵化创新团队等多种方式，持续构建完善资源集聚、合作共赢的生态格局。同时，飞速发展的新一代信息科技，高频的在线社交，以及渐趋完善的信用评价体系，为大量未能得到完全有效配置的资源提供了成本趋近于零的共享平台和渠道，吸引了共享者数量的指数级集聚，弱化了生产生活资料的“所有权”而强调“使用权”，逐步创造出新的供给和需求，促使共享经济快速发展。

（三）全球创新体系以开放协同为导向加快重塑

创新仍是推动经济数字化发展的源动力，受技术开源化和组织方式去中心化的双重作用，知识传播壁垒开始显著消除，创新研发成本持续大幅降低，创造发明速度明显加快，群体性、链条化、跨领域创新成果屡见不鲜，颠覆性、革命性创新与迭代式、渐进式创新相并行。创新主体、机制、流程和模式发生重大变革，不再受到既定的组织边界的束缚，资源运作方式和成果转化方式更多地

依托互联网展开，跨地域、多元化、高效率的众筹、众包、众创、众智平台不断涌现，凸显出全球开放、高度协同的创新特质，支撑构造以数据增值为核心竞争力的数字经济生态系统。

（四）基础设施加速实现数字化、网络化、智能化升级

持续提升数据获取的量级和频率，不断丰富数据传输的渠道和方式，以及扩大数据存储空间，强化数据加工能力，创新数据使用能力，都是数字经济能够得以蓬勃发展的重要基础条件。万物互联和人机物共融将会成为网络架构的基本形态，各国信息基础设施的规划与部署都面临着扩域增量、共享协作、智能升级的迫切需求。同时，电网、水利、公路、铁路、港口等传统基础设施也正在逐步开展与互联网、大数据、人工智能等新一代信息技术的深度融合，向着智能电网、智能水务、智能交通、智能港口转型升级，显著提升能源利用效率和资源调度能力，支撑数字经济健康可持续发展。

（五）国家和地区的核心竞争力延伸至信息空间

全球各个国家和地区的核心竞争力构成要素呈现数字化发展趋势，传统产业纷纷面向数字化、网络化、智能化转型升级，互联网、大数据、人工智能与实体经济的融合日益广泛深入。人类社会、物理世界的二元结构正在转变为人类社会、物理世界、信息空间的三元结构，国家和地区之间竞争和博弈的重心逐步从土地、人力、机器的数量与质量转移至数字化发展水平，从物理空间延展到信息空间，并将很快呈现出以信息空间的竞争和博弈为主导与引领，强者愈强、弱者愈弱的格局。掌握信息空间核心竞争优势的国家和地区，将在围绕新一轮国际分工态势展开的博弈中抢先占据价值链制高点。

（六）数字技能和素养推动消费者能力升级

新兴的数字化产品、应用和服务大量涌现，已形成规模巨大的消费市场，不啻是对消费者提出了新的能力要求，需具备一定的数字化技能和素养，才能更好地发掘数据价值、使用数字化产品和享受数字化服务。消费者所具有的对数字化资源的获取、理解、处理和利用能力，将成为影响数字消费增长速率和水平的重要因素，直接关系到数字经济的整体发展质量与效益。全球各主要发达国家将会愈益重视对公民数字素养的挖潜和培养，并将持续提升公民数字素养上升到构建国家新兴战略竞争力的高度，作为推动数字消费、扩大内需市场、强化内生动能的重要举措。

（七）社会福利水平依托数字化手段得到有效改善

满足人类对美好生活的向往和追求，是数字经济孕育、诞生、发展的重要动力及目标。大幅提升公共资源供给效率，显著增强公共服务效用，进一步推动教育、医疗、慈善等公共事业的便捷化、普惠化、均等化，是数字经济在创新变革生产方式、促进实体经济提质增效之外的关键着力点和突破口。多种类型、多个领域的网络化、智能化的教育资源公共服务平台将被搭建，面向公众持续扩大优质教育资源覆盖面。互联网远程诊疗将成为高频次、低门槛、易得可选的常规医疗方式，并引入人工智能助手有效提升诊疗精准度，缓解全球性的医疗资源紧张难题。区块链技术将在慈善资金募集和捐赠过程中得到大规模应用，强化互信关系，减少交易成本，溯源资金去向，保障慈善事业的公正、透明、有效。

（八）数字城市与现实城市同步启动规划、建设和管理

随着信息基础设施的规模扩张、功能升级和网络构建，以及新一代信息技术在城市运行管理过程中广泛深入地推广应用，大量完整、连续、系统，具备一致性、关联性、价值性的城市数据将被持续获得，为构建与现实物理城市精准映射、智能交互、虚实融合的数字孪生城市提供了可行基础。全球一批形成技术、人才集聚发展，产业规模与创新能力较为突出，具备主动比特化条件的现代化城市将率先尝试数字城市与现实城市的同步规划，并逐渐上升为两者的同步建设和同步管理。为匹配真正海量数据的采取、传输、存储和计算，专门用于数字城市运行管理决策的系统级平台将得到持续的开发与完善，并逐渐形成可推广复制的标准体系。

（九）社会治理体系的数字化程度持续提升

在数字经济时代，政府构建完善社会治理体系的一大特征，就是以更好服务和管理公众为导向，以效率提升、功能完善为主旨，大量采用以互联网、大数据、人工智能为代表的新一代信息技术，感知社会态势、畅通信息渠道、辅助科学决策，提升治理能力的现代化水平。网络化的架构和理念已在政府事务领域得到深度融合应用，未来将在进一步优化事务流程的同时，重点提升政务服务的便捷性和政府的综合服务能力。构建统一、共享的开放数据平台已成全球趋势，将实现跨层级、跨区域、跨行业的协同管理和服务，为精准化、高效化的社会治理提供决策支持。各类网络化、智能化信息平台加速构建，鼓励和引导社会公众积极参与治理过程，逐步形成共策共商共治的良好生态。

第三节 “一带一路”背景下网络贸易实务

【知识背景／学习要点】

一、网络贸易的基本操作过程

电子商贸就是将电子贸易的操作方式及网络技术运用到商务之中，所以了解实际商务过程对理解电子商贸有着重要的意义。

商贸实务操作过程是指企业在具体从事一个商业交易过程中的操作步骤和处理过程。这一过程可细分为三步：商务流，即商贸交易过程中的所有单据和实务操作过程；物流，即商品的流动过程；资金流，即交易过程中资金在双方单位（包括银行）中的流动过程。而未来的电子商贸系统要处理的是一个取代商流、资金流并反映物流过程的信息流。而商贸实务操作主要包括交易前的准备、贸易磋商、合同执行、支付与清算等环节。

（一）交易前的准备

交易前的准备指供需双方通过宣传或者获取有效的商品信息的准备过程。商品的生产方（供应方）负责宣传自己的商品信息，在传统的方法中，这种宣传手段包括报纸、户外媒体，大众传播等。而这种自我宣传的方法就是我们通常所说的营销策略。另外，商品的需求者（工业企业、商业企业和消费者）按需搜索自己需要的商品信息以及购买渠道。可见交易前的准备实际上是一个商品信息的发布、查询和匹配过程。

（二）贸易磋商过程

在通信还不便利的时代，我们随处可见的磋商方式就是口耳交谈，但是这种方式已经不适合现在快节奏的社会了。在有了网络电话、邮件等即时通信工具之后，更多的商业磋商可以通过线上交流完成。原来的贸易磋商过程演变为记录、文件或报文等存在于网络中的数据交换。而网络数据有一个特点就是不可消除性，即网络数据一旦生成就会永久存在于茫茫的数据库中，除非载体被物理性破坏，否则其会一直存在，这就增加了网络贸易中数据的可修复性，从而在一定程度上有助于减少贸易纠纷、提高贸易成交率。各类商贸单证[如价目表（pricelist）、报价单（quotation sheet）、询盘（inquiry）、发盘（offer）等]在电子商贸中被改成了标准的报文商品需求和报价请求形式，这有利于减少数据失误，使得贸易过程更加规范。

（三）合同与执行

磋商过程完成后通过具有法律效力的文件（商贸合同）来确定磋商结果，并且将其作为监督双方履行的依据。但是，在网络化环境下的电子商贸合同则失去了它传统的功效。因为网络协议和应用系统自身已经保证了所有文件的准确性和安全可靠性，所以双方都可以通过磋商日志或文件来约束商贸行为以及监督执行磋商结果。同时第三方在授权的情况下可通过它们来仲裁在履约过程中所产生的纠纷。

（四）支付过程

传统的支付过程有两种形式，一种是支票支付，另一种是现金支付。在实际操作过程中，现金支付方式非常简单，而支票方式则较为复杂，它涉及双方单位和它们的开户银行等多家单位。在网络贸易中传统的支付方式则逐渐被电子支付或信用卡支付的方式取代。

二、国际交往中网络贸易的完善

网络贸易在现在的社会随处可见，小到生活用品，大到建设工程，甚至还包括各种虚拟商品。在国际贸易中也不例外，吃住出行都可以通过互联网完成。总之，网络贸易有利于企业扩大交易市场，节约交易成本，降低产品的相对价格，提高跨境电商的竞争力，增加贸易机会，可以说网络贸易是国际贸易的发展趋势。

虽然国际贸易中也存在阻碍网络贸易发展的政治风险、经济风险、社会风险、文化风险、经营风险等，但是作为国际贸易发展的新趋势，推动网络贸易在国际贸易中的应用是各国政府必须要重视的问题。同时，网络贸易的应用涉及跨国交易的各个环节，为了能够系统地推进，必须从多角度多层次采取措施。

（一）互联网平台的完善

互联网平台为国际网络贸易的发展提供了物质基础，它突破了传统商务模式的局限，使得中小企业也可以利用互联网平台在国际贸易中占有一席之地。而消费者也可以综合比较全球各国各企业的产品，从而以最低廉的价格取得最优质的产品。

（二）电子通信方式的完善

电子通信方式目前最为广泛应用的就是 EDI（Electronic Data Interchange），即电子数据交换，相较于传统的通信方式，不仅缩短了通信时间，提高了通信效率，消除了空间障碍，同时也减少了传统通信方式可能出现的失误，降低了通信费用。并且 EDI 也具有良好的信用保证，能较好地解决网络世界普遍存在的安全隐患。经过几十年的发展，EDI 已经形成了完整的系统，且也有了统一的国际规范体系，但是 EDI 的前期投入成本过高，这增加了中小企业运用该技术的成本。

（三）企业内联网的完善

完善的企业内网可以方便企业内部管理以及信息的交流共享，为跨国企业提供了高效快捷的管理方式和管理手段，实现了办公自动化、无纸化，降低了企业的运营成本，提高了企业的运营效率。

（四）推进 Trade card 和 Bolero 网络贸易系统在企业中的应用

相较于 EDI 而言，这两个系统都有各自的优势。Trade card（B2B 电子商务交易平台）系统可以囊括国际贸易的所有工作，包括应付应收款项的管理、服务的管理、交易伙伴之间的联系等，具有高度集合性，有利于提高国际贸易的效率，实现交易对象之间交流的自动化和无纸化，同时 Trade card 系统也具有自动化的瑕疵解决手段，它可以在出现瑕疵时自动暂停并给出问题的分析以及解决的措施，待问题解决后自动开启下一阶段的工作。所以 Trade card 系统比 EDI 更具有安全性和可操作性。Bolero（电子提单）系统独特的一点在于它只整合国际贸易交易过程中的物流和资金流，把该部分贸易过程中所涉及的机构，例如进出口商、金融机构、物流机构、保险机构等整合成统一的平台。系统会提供开放的账户和信用文档方案，有利于出口商改善资金流的管理，降低财务成本，也有利于进口商减少流动资金。对于金融机构而言，Trade card 系统可以协助其进行客户信息、信用、风险等的管理，为银行提供可靠的服务，所以该系统具有较高的安全性和可信赖性。

三、网络贸易实案分析

各种传统的贸易纠纷在网络贸易上也同样存在，同时还有大量的新型纠纷出现。在“一带一路”背景下网络贸易的操作面临着各方面的挑战，例如消费者和商家之间的买卖合同纠纷或是商主体和商主体之间的侵权责任纠纷，以及各种网络诈骗也在这一隐蔽的空间肆意滋生，笔者将从民商事、刑事以及行政类案件入手，分析网络贸易实务操作中出现的问题。

（一）民商类案例

1. 案例一[①]

原告巫某通过淘宝在某食品经营部购买澳洲保健品，但是卖家并未附相关文件也没有予以解释。该保健品内含有“cod liver oil”，也就是“鱼肝油”，但是按照我国法律规定进口保健品必须要有保健食品或者药品批准注册才可以出售给客户食用。原告要求被告予以赔偿并下架同类目商品。被告则辩称对方在购买时并没有要求相关材料，而自己已经在购买界面上注有商品的名称与详细介绍，说明进口产品无中文说明。同时原告在相同和不同的店铺多次购买同款产品，现在要求大额赔偿属于变相敲诈。

法院审理认定为原告巫某操作流程皆符合淘宝规定。被告提供的产品在我国属于药物类，故应当提供标签、标志、说明书等。但是原告巫某对涉案产品可能不存在中文标签、不具备国内保健食品和药品的批准文号等事实具有充分预期，所以其不属于被“误导消费”。因此法院判定被告退还原告全部购物款以及运费，驳回原告要求的十倍赔偿的诉讼请求。

2. 案例二[②]

原告法国某民用公司诉中国某贸易有限公司侵犯其商标专用权。具体而言，法国公司出售的红酒广为人知，中国公司在自己生产的葡萄酒、网站以及宣传资料上使用与该知名红酒相似的名称，并且将其英文名称作为自己的网站域名，在进行线上销售时也是以该红酒的名义进行的。

法院认为原告法国公司注册商标专用权在我国受到法律保护，该中国公司

① 《北京互联网法院民事审判书（2019）京 0491 民初 1287 号》，载北京法院审判信息网，http://www.bjcourt.gov.cn/cpws/paperView.htm?id=100881790487，下载日期：2019 年 12 月 26 日。

② 《最高人民法院公报 2012 年第 7 期》，载北大法宝，http://www.pkulaw.cn/case/pfnl_a25051f3312b07f3d01f59301885ed5dc134e7ed7097f41bbdfb.html?keywords=%E7%94%B5%E5%AD%90%E5%95%86%E5%8A%A1&match=Exact，下载日期：2019 年 12 月 6 日。

在自产的葡萄酒上使用与原告相同的注册商标、图案，并且注册与他人注册商标相近似的域名，并以该域名进行电子商务的行为构成侵犯该法国公司注册商标专用权，已经对其构成不正当竞争。

（二）刑事类案例

1. 案例一①

2013 年 11 月至 2014 年 6 月间，被告郭某升、郭某锋、孙某标，在未经过韩国品牌官方授权的情况下擅自批发假冒该品牌裸机和配件并进行组装，再通过线上购物平台以“正品”的名义进行宣传出售，共计非法获利 2000 余万元。

法院认为以上三人未经过特别授权而擅自以“正品行货”的方式宣传、销售并且数额巨大，构成《刑法》第 213 条规定的罪行，并最终判决郭某升、郭某锋、孙某标三人为假冒注册商标罪。

2. 案例二②

2017 年曹某和张某在微信朋友圈宣传销售假药，获利 2065 元。同年，二人为了获取更多利润又以同样的方式销售有毒、有害食品，共获利 710 元。

法院认为曹某和张某的行为构成《刑法》第 141 条规定的生产、销售假药罪，遂判决二人犯销售假药罪并处以刑罚。

（三）行政类型案例

1. 案例一③

上诉人某扬州贸易有限公司因为在自己的店铺页面中采用自己销售的橄榄油是“防癌抗衰”“防治妊娠纹”“全球最好的橄榄油产地”等宣传标语而受到

---

① 《最高法指导案例 87 号》，载辽宁省高级人民法院司法公开网，http://www.lnsfy.gov.cn/xsal/3063.jhtml，下载日期：2019 年 12 月 6 日。

② 《江苏省南京市中级人民法院刑事判决书 (2019) 苏 01 刑终 441 号》，载北大法宝，http://www.pkulaw.cn/case/pfnl_a6bdb3332ec0adc4dc11977b3d1ee74d4c62ab69e97070e9bdfb.html?keywords=%E5%BE%AE%E5%95%86&match=Exact，下载日期：2019 年 12 月 6 日。

③ 《江苏省扬州市中级人民法院行政判决书 (2017) 苏 10 行终 228 号》，载北大法宝，http://www.pkulaw.cn/case/pfnl_a25051f3312b07f38191a8eb5ab5c7bfc906877c0e9c7762bdfb.html?keywords=%E6%B7%98%E5%AE%9D%E4%BC%81%E4%B8%9A%E5%BA%97%E9%93%BA&match=Exact，下载日期：2019 年 12 月 7 日。

市监局行政的处罚。对此，该公司提起行政诉讼之后又上诉，而诉讼争议的焦点在于市监局作出的处罚决定是否具有相应的事实以及法律依据，是否符合法定程序，裁量是否正当。

法院认为该贸易公司的广告宣传违反了《广告法》第9条的规定，并且符合该法第57条规定的情形。被上诉人在办案期限上存在轻微违法，上诉人在上诉之前已经更改广告标语，所以不存在可以撤销的情形，故对处罚决定中的该项处罚内容予以撤销。所以法院最终驳回该公司的上诉请求，维持原判。

2. 案例二[①]

2017年11月21日，被告嘉兴市市场监督管理局认为胡某在没有取得《食品经营许可证》的情况下，在嘉兴市××号租赁办公场所及仓库，并在自己的淘宝天猫店铺上销售婴幼儿奶粉。同时胡某在淘宝店铺上公示虚假的《食品经营许可证》，于是对胡某作出行政处罚决定。胡某首先认为该行政处罚主体认定错误，因为该淘宝店铺虽然是以胡某个人名义申请但实际上是由企业经营的，该店铺的经营并不是胡某个人的经营，而是公司之间的交易。其次是该处罚严重违反法定程序。

单就行政处罚主体来看，法院主要从以下几个方面进行分析：首先，淘宝卖家分为个体卖家和企业卖家，它们的设立程序、步骤资质都是不同的。胡某以个人信息注册淘宝店铺，那么该网店就是属于胡某个人的。其次，胡某以个人账户为店铺进货，所以胡某是将淘宝店铺的财产与胡某个人财产混同。最后，胡某租赁经营场所实际上是用于其淘宝店铺出售货物。所以，最终法院判定驳回胡某诉讼请求。

网络空间并不是法外之地，在上述案件中可以看出在网络贸易中存在诸多问题。首先，在现实生活可能出现的犯罪情形也可能会出现在网络世界，例如

① 《杭州互联网法院行政判决书(2018)浙0192行初1号》，载北大法宝，http://www.pkulaw.cn/case/pfnl_a6bdb3332ec0adc47ef33b9a5cca29292c656b2d7a6fc0edbdfb.html?keywords=%E6%B7%98%E5%AE%9D%E4%BC%81%E4%B8%9A%E5%BA%97%E9%93%BA&match=Exact，下载日期：2019年12月7日。

在民商事方面贸易双方因为信息不对称而导致处于信息获取能力薄弱的一方的利益受到损失，或者是在知识产权领域出现各种侵权现象；在行政案件中，也可以看到许多的卖家为了销量虚假宣传或者利用文字的歧义性来误导消费者，抑或是伪造许可证等；在刑事领域，这种利用网络贸易进行诈骗的行为十分猖獗。由于网络的虚拟性为违法行为蒙上了一层外衣，这也就加大了打击犯罪的难度。对此需要各国加强合作，尽快出台相应的法律政策，能够为处于弱势地位的群体提供更多的保障。我国 2018 年 8 月 31 日出台了《电子商务法》，并于 2019 年 1 月 1 日开始实施。电子商务法的首要基本原则包括“开放原则”、“安全性原则”和“保护弱势方原则”，其中“开放原则”就是指对其他国家和地区有关电子商务法律法规、惯例的开放，与其他各国和地区在电子商务方面的法律制度相衔接。[①] 其次，目前销售模式的转换催生了许多灰色地带，例如“私域流量”的普遍化，以及“老铁经济”的走红，这些新型的销售模式都不同于传统模式，它属于上文中提到的社交电商，其以消费者对于推销者的信任而非商品的质量为保证。虽然这种运行模式的确能够适应现在的快消费节奏，可以在最短的时间内节省企业宣传成本获取最大的收益，但是这种“人情经济”在非理性的市场上所获得的保障似乎并没有因此变多。最后，网络贸易与“一带一路”相结合必然会引发更多的商业纠纷，增加违法犯罪的复杂程度。这需要各个国家运用前瞻性的眼光看待这个问题，加强跨国合作，打击网络贸易中可能出现的犯罪。总而言之，在“一带一路”网络贸易的发展过程中我们仍然要保持一份理性以应对可能出现的各种问题。

① 李双元、王海浪：《电子商务法若干问题研究》，武汉大学出版社 2016 年版，第 8～11 页。

第二章

“一带一路”背景下网络贸易的新机遇

【内容摘要】

基于复杂的国内和国际经济秩序环境，中国提出共建“丝绸之路经济带”和“21 世纪海上丝绸之路”，推进实施“一带一路”倡议[①]。“一带一路”倡议旨在推动沿线各国经济相互对接和优势互补，这要求沿线国家积极创新贸易方式并大力发展跨境电子商务等新业态。网络贸易随着经济全球化和科学技术的发展，呈现出爆炸式增长的趋势。如今，跨境电子商务保持着强势增长的趋势，逐渐成为全球经济增长的新引擎。而“一带一路”倡议的实施将为跨境电商带来前所未有的发展机遇，并激发跨境电商的发展潜力。

① 2013 年 9 月和 10 月，国家主席习近平在出访中亚和东南亚国家期间，先后提出共建“丝绸之路经济带”和“21 世纪海上丝绸之路”两个符合欧亚大陆经济整合大战略的重大倡议，合称“一带一路”倡议。2015 年 3 月，为推进实施“一带一路”，以新的形式使亚欧非各国联系更加紧密，互利合作迈向新的历史高度，中国政府发布《推动共建丝绸之路经济带和 21 世纪海上丝绸之路的愿景与行动》。

第一节 “一带一路”倡议的发展机遇分析

【知识背景 / 学习要点】

一、“一带一路”倡议提出的背景

（一）国内背景

1. 经济发展结构性减速

受2008年全球金融危机的影响，我国国内经济虽然没有陷入大动荡的局面，但是依然受到了一定的冲击。数据显示，我国2010年GDP增长速度为10.3%，2011年为9.2%，2012年为7.8%，2013年为7.7%，2014年为7.4%。中国经济增长呈现出放缓趋势，这已经是不争的事实。政府出台了一系列调控政策，虽然这对经济发展起到了一定的促进作用，但是这也带来了明显的负面影响，如经济增长停留在低水平、内需不足等。

我国经济目前处于结构性减速阶段，造成这种现象的原因集中体现在以下四个方面：第一，要素供给效率变化。近几年来，中国人口老龄化趋势明显，劳动力供给的增长率放缓，这意味着过去传统意义上的廉价劳动力红利在逐渐消失。就资本投入而言，人口老龄化、消费率提高缓慢以及传统工业化时代结束等诸多因素使得储蓄率开始下滑。资本回报率低和技术发展缓慢成为我们目前面临的新挑战。换言之，劳动力供给的增长率放缓、资本投入增长率下降以及技术发展缓慢，这三个因素叠加在一起导致未来我国的经济增长率趋于下降。第二，资源配置效率变化。长期以来，我国经济增长主要依靠的是大量人口和资源从农业转移到工业，从效率偏低的第一产业转移到效率较高的第二产业。这种转移极大地促进了劳动生产率的提高。一般而言，服务业的劳动生产率会显著低于制造业。在中国，由于大多数服务业处于低水平，这种生产率差距更为突出。正是因为这种差距，当越来越多的人口和资源从传统的制造业转移到劳动生产率相对较低的服务业时，整体劳动生产率必然下降，整体经济增长速度也会下滑。第三，创新能力不足。据汤森路透（Thomson Reuters）的研究报告显示，2012 年，在以专利为主要指标的全球创新企业百强排名中，中国企业没有一家上榜，而在以知名商标为主要指标的世界品牌百强排名中，中国仅有 4 个品牌上榜。国家知识产权局在对 25 家典型创新型企业调查后发现，无形资产占企业总资产比例平均仅 0.65%，而其中知识产权资产占无形资产的比例则仅有 16.98%，这与发达国家的平均水平相比有着显著的差距。另外，制成品出口创造的国内增加值占出口额的比重，也可以在一定程度上反映各国间技术水平的差异。据经济合作与发展组织（OECD）对全球价值链（GVC①）最新的测算结果显示，我国出口包含的国内增加值比例仅有 67%，而美国、德国和日本则分别为 89%、85% 和 73%。这也从侧面反映出我国现阶段与发达国家之间的技术差距。第四，生态环境得到重视。改革开放以来，我国长期实施的是以经济建设为中心的发展战略，这使得我们有时侧重发展经济而忽视对生态环境的保护。习近平总书记曾强调："我们在生态环境方面欠账太多了，如果不从现在起就把这项工作紧紧抓起来，将来会付出更大的代价。"中国作为一个人口大国，在现代化建设进程中始终面临着能源资源相对不足和生态环境承载力较弱的困境。目前，生态环境问题已经成为影响我国经济快速增长的一大因素。随着越来越多的新兴经济体进入工业化阶段，生态环境的影响也将越来越明显。②

2. 产能过剩问题

中国步入经济新常态发展阶段后，产能过剩问题成了长久以来一直影响经济持续深入发展的原因之一。钢铁、水泥、光伏以及风电等许多行业的产能过剩问题日益突出，这在 2008 年全球金融危机中引起了政府的极大重视。目前，

① GVC（Global Value Chain）全球价值链，是指为实现商品或服务价值而连接生产、销售、回收处理等过程的全球性跨企业网络组织，涉及从原料采购和运输，半成品和成品的生产和分销，直至最终消费和回收处理的整个过程。

② 李扬、张晓晶：《"新常态"：经济发展的逻辑与前景》，载《经济研究》2015 年第 5 期。

中国制造业产能过剩的问题涉及的范围极为广泛，从之前的钢铁、水泥、有色金属等传统产业扩大到风电、光伏等新兴产业。据中联钢网统计数据显示，2014年，中国共有24座新增高炉投入运行，年设计产能约为3500万吨。“一带一路”倡议的实施能有效地将中国过剩的钢筋、水泥等产能释放出去，靠国外的市场需求来满足国内庞大的产能。[①]“一带一路”沿线国家中发展中国家占多数，相较于发达国家而言，它们的基础设施相对薄弱。建设并完善基础设施既能为“一带一路”沿线发展中国家的经济发展提供基础设施保障，又能及时有效地化解中国目前面临的产能过剩困境。

3. 协调区域发展

目前，中国东部沿海地区的整体经济发展水平要高于西部地区，这一现状不利于中国形成区域均衡发展的经济格局。而“一带一路”建设通过促进内陆和向西开放，有助于协调我国区域发展水平。通过改善西南和西北地区的区位条件，“一带一路”建设将有效提升西部地区对外开放水平，进而加快西部地区的经济发展。此外，“一带一路”建设也将加快内陆地区的经济发展，促使我国内陆地区发展为新的经济增长点。这对于目前经济增长乏力的西部地区和内陆地区有着重大意义。同时，“一带一路”建设与长江经济带建设在扩大对外开放方面也存在着紧密联系。一方面，“一带一路”建设将加强长江流域与西南地区和西北地区的联系，使长江经济带发展成为一条横贯东中西、连接南北的开放合作走廊。另一方面，凭借着强大的经济实力和人口规模，长江经济带成了“一带一路”建设的重要支撑以及全面对外开放合作的重要平台。[②]

4. 能源安全问题

能源安全是一个国家安全的重要组成部分，往往涉及国家的政治、经济、外交和军事等众多方面。《世界能源中国展望（2013—2014）》报告以中国为变量，

① 邹帅、宋子豪、章鹏霞：《“一带一路”：机遇与挑战并存》，载《合作经济与科技》2015年第12期。

② 刘慧：《“一带一路”建设与我国区域发展战略的关系研究》，载《中国科学院》2017年第32卷第4期。

分析并预测了在2035年之前，中国与世界能源发展趋势和相互的影响。该报告分析认为，中国能源对外依存度将由当前的9%上升到2015年的11%，2020年将接近26%；石油对外依存度将由2011年的55%左右上升到2015年的60%；天然气对外依存度将由当前的19%左右上升到2015年的35%，2020年将接近40%。逐年上升的能源对外依存度，揭示了中国在能源方面的短缺。能源安全事关国运兴衰。因此，解决能源短缺问题刻不容缓。"一带一路"沿线国家有着非常丰富的自然资源，其中矿产资源约为1400种，煤、铁、石油、铝、铜等资源排名均名列前茅。此外，中东地区被誉为"世界油库"，中亚地区被誉为"石油海洋"。目前，全球已探明的石油总储量约为1800多亿吨，其中中东地区的石油储量约1190亿吨，占世界石油总储量约65%，沙特、伊朗、伊拉克、阿联酋和科威特的石油储量分别位于世界前五位。同时，"一带一路"沿线国家的天然气储量也非常丰富，约占世界已探明天然气总储量的80%。基于此，中国应继续加大油气进口投资建设，推进油气进口多元化，逐步建立起全球性能源贸易体系。[①]中国经济迅速发展，伴随而来的是油气资源需求的增加。毫无疑问，"一带一路"沿线国家丰富的能源将会成为填充中国能源需求缺口的重要来源。

（二）国际经济秩序背景

从规则制定和规则所维护利益的角度来看，规则往往有利于规则的制定者。二战后，美欧等发达国家凭借其在世界经济中的影响力和地位，制定出台了许多有利于自身利益的全球治理规则和全球经贸规则。随着WTO多哈贸易谈判陷入困境，全球经贸的发展另辟蹊径：以区域贸易规则创建为基础，辅以规范某一领域的诸边贸易规则，然后通过与货物、服务以及跨境投资等规则的融合，逐渐形成新的多边贸易投资规则。[②]目前，区域合作和多边合作中的"规则之争"已经超越了传统的"市场之争"，逐渐成为发达国家和发展中国家在新一

① 邹帅、宋子豪、章鹏霞：《"一带一路"：机遇与挑战并存》，载《合作经济与科技》2015年第12期。

② 东艳：《全球贸易规则的发展趋势与中国的机遇》，载《国际经济评论》2014年第1期。

轮全球化博弈中的焦点。在新的全球经济秩序和全球经贸规则发展过程中，发达国家为了维护自身利益，依然力图主导新秩序的形成和新规则的制定。随着发展中国家特别是新兴经济体的迅速崛起，全球经济贸易格局正在发生演变，发达国家主导的全球经济秩序和全球经贸规则受到了冲击。无论是当前WTO框架下的全球经贸规则，还是以美欧等发达国家为主导的全球经贸新规则，都没有切实反映出国际经济格局的发展变化，这使得发展中国家始终难以获得与自身相符的国际话语权和国际规则制定权。此外，欧美发达国家主导的全球经贸新规则还会在发展中国家参与国际竞争时设置壁垒，削弱发展中国家的国际竞争力以及限制发展中国家参与国际经济活动。因此，全球经贸规则的各方层次、体系结构和制度规则都亟须调整和变革。①

由于现行全球经贸规则并没有综合考虑发达国家和发展中国家的利益均衡问题，因此，广大发展中国家要求建立新的公平合理的全球经贸规则。作为对世界经济增长贡献最大的国家，中国应该充分发挥国际影响力，积极主动地推动全球经贸规则朝着更合理化的方向发展。“一带一路”倡议的重点之一就是加快实施自由贸易区战略，这将推动中国与沿线发展中国家构建一套更适用于广大发展中国家和新兴经济体的经贸规则。随着自由贸易区数量的增加，这些内容将逐渐扩展为多边经贸规则。这不但有利于扭转沿线国家被现有规则体系排斥的困境和增加发展中国家在全球经贸规则的话语权，而且能够促进广大发展中国家深度参与全球化。②“一带一路”建设是一次全新的探索，它既需要中国政府发挥积极作用，也离不开沿线国家的广泛支持。

二、“一带一路”建设的重要意义

（一）推动中国构建全方位开放新格局

推进“一带一路”建设是中国深化对外开放、全面提升开放型经济水平的

① 李丹、崔日明：《“一带一路”战略与全球经贸格局重构》，载《经济学家》2015年第8期。

② 李丹、崔日明：《“一带一路”战略与全球经贸格局重构》，载《经济学家》2015年第8期。

需要，也是中国实施更加积极主动开放战略的具体实践。“一带一路”建设的目的在于促进经济要素有序自由流动、资源高效配置以及市场深度融合，有效推动沿线各国实现经济政策协调，深入开展更大范围和更高水平的区域合作，并积极打造开放、包容、均衡、普惠的区域经济合作架构。“一带一路”建设将有助于中国逐渐适应经济全球化和区域一体化的新形势，建立和完善互利共赢、多元平衡、安全高效的开放型经济体系，构建高水平的开放型经济新体制。同时，根据“一带一路”建设的总规划，中国将充分发挥国内各地区的比较优势，进一步优化西北、东北、西南、沿海和港澳台、内陆五大区块的定位与布局，加强东中西互动合作，促进全面释放内陆开放潜力，提升内陆经济开放水平，构建全方位开放新格局，促进中国经济持续健康发展。① 中国应当将“一带一路”建设作为开放型经济体制的重要着眼点，努力打造全方位开放新格局。

（二）发挥中国在国际区域合作中的积极作用

中国是全球贸易自由化和便利化的坚定支持者，始终积极参与多边贸易体制的构建，推动区域贸易合作进程，并通过与相关国家和地区签署实施自由贸易协定，促进区域经济融合。制造业和基础设施建设对于一国经济发展而言至关重要。目前，无论是印度、孟加拉国等南亚国家，还是印度尼西亚、马来西亚等东南亚国家，乌兹别克斯坦、哈萨克斯坦等中亚国家，在制造业和基础设施方面都存在着缺乏资金、技术落后和发展能力弱等问题。而中国作为一个制造业大国，具备强大的生产供给能力。因此，依托“一带一路”建设，首先，可以在制造业和基础设施发展方面充分发挥中国的带动作用。随着中国沿海地区劳动密集型制造业趋于饱和，加之又受劳动力、土地等因素的限制，中国应积极推进钢铁、纺织和塑料制品等部分产业向“一带一路”沿线国家转移，以提升沿线国家制造业和基础设施的发展水平。其次，可以在扩大双边投资和贸易上积极发挥中国的引领作用。发挥中国在资金、技术等方面的强大优势，依托双边投资和贸易协定，扩大对“一带一路”沿线国家的贸易进口和投资，以弥补沿线国家在

① 程国强：《共建“一带一路”：内涵、意义与智库使命》，载《中国发展观察》2015 年第 4 期。

资金、技术和发展经验等方面的不足。最后，可以在开放经济制度安排上发挥引领作用。在与“一带一路”沿线国家构建双边或区域性贸易投资制度过程中，既要顺应世界贸易投资自由化、便利化的发展趋势，又要适应沿线国家经济贸易发展的具体国情，构建起互惠双赢的地区性贸易投资安排。[①]“一带一路”沿线涉及的国家数量较多，既包括发达国家，也包括发展中国家。这就要求中国在实施“一带一路”倡议时必须充分考虑到两者的利益共同点，积极发挥中国在“一带一路”经济合作中的引领作用。

（三）促进中国文化的传播与交流合作

“一带一路”倡议是中国在加强对外交往、促进中外交流合作和助力人类命运共同体建设等方面的“中国方案”。文化的传播与交流合作则是这一方案的一大亮点。古丝绸之路因文化交流而享誉世界，今天的“一带一路”在继承古丝绸之路文化底蕴的同时更具有鲜明的时代意义。推进实施“一带一路”倡议不仅需要中国国内人民群众的努力，更需要“一带一路”沿线各国人民的帮助。通过文化交流，可以使“一带一路”沿线各国人民充分感受到中国的诚意，感受到中华民族传统文化的博爱。文化交流是建设“一带一路”的助力剂，它可以增强沿线各国人民对“一带一路”的认识和兴趣，使“一带一路”的发展能够跨越民族、语言和文化等障碍。提升一个国家的综合国力离不开文化软实力的助力。文化底蕴深厚的中华民族传统文化是中国参与全球化的重大优势之一。在推进实施“一带一路”倡议时，我们应始终坚持继承和创新的原则，通过文化的多元交流使中华民族的经典文化传递到更遥远的国度，让国际社会了解并关注中国。在这个过程中，各国人民会发现中华文化的既有特色，又兼具世界性和先进性，各国将加强与我国进行文化交流合作的意愿。加强中华文化的传播与交流合作，一方面可以促进国内文化产业的创新发展，推动世界文化的繁荣发

① 申现杰、肖金成：《国际区域经济合作新形势与我国“一带一路”合作战略》，载《宏观经济研究》2014年第11期。

展；另一方面也能够提升我国文化软实力，增强我国的综合国力。[①]

三、"一带一路"建设的历史机遇

（一）多国高度支持和积极参与

"一带一路"倡议符合沿线亚欧国家加速发展经济的利益诉求，并为这些国家搭建了一个良好的合作平台。因此，"一带一路"沿线的许多亚洲国家、欧洲国家、非洲国家和阿拉伯国家等都对"一带一路"建设表示高度支持，并积极参与其中。截至 2020 年 1 月底，中国已经同 138 个国家和 30 个国际组织签署了 200 份共建"一带一路"合作文件，[②] 其中包括 37 个亚洲国家、44 个非洲国家、27 个欧洲国家、11 个大洋洲国家、8 个南美洲国家以及 11 个北美洲国家。"一带一路"遍布亚洲、非洲、欧洲、大洋洲和拉丁美洲。自"一带一路"倡议实施以来，各国政府根据本国国情，积极与"一带一路"倡议进行相关战略对接，如"一带一路"与欧盟"容克计划"、俄罗斯"欧亚经济联盟"、蒙古国"发展之路"、哈萨克斯坦"光明之路"和波兰"琥珀之路"等众多发展战略实现对接。[③]

亚洲国家对"一带一路"建设高度支持并积极参与。2018 年 9 月 9 日，中国国家发展改革委主任何立峰与缅甸计划与财政部部长吴梭温分别代表两国政府签署了《中华人民共和国政府与缅甸联邦共和国政府关于共建中缅经济走廊的谅解备忘录》。建设中缅经济走廊的设想由中方提出，是中国"一带一路"倡议中的一环。[④] 应缅甸总统温敏的邀请，中华人民共和国主席习近平于 2020 年 1 月 17 日至 18 日对缅甸联邦共和国进行国事访问。在随后发布的《中华人民共和国和缅甸联邦共和国联合声明》中，双方同意，加强共建"一带一路"合

① 赵立庆:《"一带一路"战略下文化交流的实现路径研究》，载《学术论坛》2016 年第 5 期。

② 《已同中国签订共建"一带一路"合作文件的国家一览》，载中国"一带一路"网，https://www.yidaiyilu.gov.cn/xwzx/roll/77298.htm，下载日期：2020 年 4 月 17 日。

③ 《数说"一带一路"成绩单》，载中国"一带一路"网，https://www.yidaiyilu.gov.cn/jcsj/dsjkydyl/79860.htm，下载日期：2019 年 11 月 25 日。

④ 《"一带一路"六周年大事记》，载中国"一带一路"网，https://www.yidaiyilu.gov.cn/xwzx/gnxw/105276.htm，下载日期：2019 年 11 月 25 日。

作，推动中缅经济走廊从概念规划转入实质建设阶段，着力推进皎漂经济特区、中缅边境经济合作区、仰光新城三端支撑和公路铁路、电力能源等互联互通骨架建设。[①]2019 年 9 月 11 日，中国与哈萨克斯坦签署了政府间《关于落实“丝绸之路经济带”建设与“光明之路”新经济政策对接合作规划的谅解备忘录》，旨在深化“丝绸之路经济带”建设与“光明之路”新经济政策对接，以路线图的形式突出对接的重点任务和主要举措，共同绘制中哈共建“一带一路”的“工笔画”。[②]2019 年 11 月 20 日，在巴基斯坦伊斯兰堡，巴基斯坦外长库雷希在“一带一路”倡议国际研讨会上发表讲话。巴基斯坦外长库雷希说，“一带一路”倡议使人们认识到，国家间彼此都能获得经济增长和发展将令世界更加繁荣昌盛。[③] 沙特阿拉伯内阁在 2020 年 4 月 7 日举行的视频会议上同意核准“一带一路”融资指导原则。该原则是 2017 年首届“一带一路”国际合作高峰论坛的重要成果之一，由包括中国在内的 27 国财政部门共同核准，旨在深化“一带一路”融资合作，推动建设长期、稳定、可持续、风险可控的多元化融资体系。[④]

欧洲国家对“一带一路”建设高度支持并积极参与。2018 年 4 月 8 日，奥地利总统范德贝伦访华期间，中国与奥地利正式签署《关于未来就共建“一带一路”倡议开展合作的联合声明》，奥地利成为第一个与中国签订“一带一路”合作文件的欧盟发达成员国。[⑤]2019 年 3 月 23 日，中国国家主席习近平访意行程迎来重头戏，在同意大利总理孔特会谈后，中国国家发改委主任何立峰同意大利副总理兼劳动和工业部长迪马约，在双方领导人的见证下，共同签署了

① 《中华人民共和国和缅甸联邦共和国联合声明（全文）》，载中国“一带一路”网，https://www.yidaiyilu.gov.cn/zchj/sbwj/115860.htm，下载日期：2020 年 4 月 13 日。

② 《“一带一路”倡议提出六周年专题》，载中国“一带一路”网，https://www.yidaiyilu.gov.cn/ydyllzn.htm，下载日期：2019 年 11 月 25 日。

③ 《巴基斯坦外长：“一带一路”倡议带来实现共同繁荣的希望》，载中国“一带一路”网，https://www.yidaiyilu.gov.cn/ghsl/hwksl/110379.htm，下载日期：2019 年 11 月 25 日。

④ 《沙特内阁核准“一带一路”融资指导原则》，载中国“一带一路”网，https://www.yidaiyilu.gov.cn/xwzx/hwxw/122333.htm，下载日期：2020 年 4 月 15 日。

⑤ 《“一带一路”六周年大事记》，载中国“一带一路”网，https://www.yidaiyilu.gov.cn/xwzx/gnxw/105276.htm，下载日期：2019 年 11 月 27 日。

中意政府间关于共同推进“一带一路”建设的谅解备忘录。意大利也成为首个签署这一协议的“七国集团”(G7)国家。[①]

非洲国家对“一带一路”建设高度支持并积极参与。2018年9月3日至4日，中非合作论坛北京峰会在北京举行，峰会达成共建“一带一路”重要共识，中非一致同意将“一带一路”同联合国2030年可持续发展议程、非盟《2063年议程》和非洲各国发展战略紧密对接，并同意将论坛作为中非共建“一带一路”的主要平台。峰会期间，28个非洲国家和非盟均与中国签订了“一带一路”政府间谅解备忘录。[②]2019年4月，埃及总统塞西参加第二届“一带一路”国际合作高峰论坛，这也是他自2014年就任总统以来第六次访华。[③]

阿拉伯国家对“一带一路”建设高度支持并积极参与。中国－巴勒斯坦自贸区首轮谈判于2019年1月30日在拉马拉举行。中国驻巴勒斯坦办事处主任郭伟和巴勒斯坦国民经济部部长欧黛出席开幕式。双方就谈判基本原则、协定领域范围、谈判推进方式及各自重点关注进行了深入磋商，并就谈判职责范围文件达成一致。近年来中巴两国经贸合作成果显著，双边贸易不断增长。2018年中巴双边贸易额达7375万美元，同比增长6.5%。2018年10月，中巴双方正式宣布启动自贸区谈判。[④]

（二）国内多省份制定政策和出台方案

甘肃省于2019年11月2日出台了《关于支持丝绸之路信息港建设的意见》。该意见的出台旨在进一步贯彻落实《丝绸之路信息港总体规划（2018—2025年）》，加快网络强省战略实施，推动互联网、大数据、人工智能和实体经济

① 《中国与意大利签署“一带一路”合作文件》，载中国“一带一路”网，https://www.yidaiyilu.gov.cn/xwzx/gnxw/83639.htm，下载日期：2019年11月27日。

② 《“一带一路”六周年大事记》，载中国“一带一路”网，https://www.yidaiyilu.gov.cn/xwzx/gnxw/105276.htm，下载日期：2019年11月27日。

③ 《中埃高层频繁互访推动双边关系不断迈上新台阶》，载中国“一带一路”网，https://www.yidaiyilu.gov.cn/xwzx/gnxw/109120.htm，下载日期：2020年4月15日。

④ 《中国－巴勒斯坦自贸区首轮谈判举行》，载中国“一带一路”网，https://www.yidaiyilu.gov.cn/xwzx/hwxw/78953.htm，下载日期：2019年11月27日。

深度融合，推进丝绸之路信息港建设以及推动数字甘肃的发展。该意见包含了八个方面的具体内容：第一，加快建设大数据中心集群；第二，加快数据资源汇聚共享和开发利用；第三，全面推动综合应用服务平台建设；第四，深化标准研究；第五，推动产学研深度融合；第六，加大土地、用电及产业扶持力度；第七，加大人才引进力度；第八，建立多元化投融资机制。①

四川省于2019年10月9日发布《四川省建立更加有效的区域协调发展新机制实施方案》。该意见提出了9个方面33条一揽子具体举措，立足于深入实施国家区域协调发展战略，扎实推进"一干多支、五区协同""四向拓展、全域开放"战略部署。该意见在第一方面"建立健全全面融入国家重大区域战略机制"中的第一条就明确提出要"主动融入'一带一路'建设"。具体而言，是指要创新政务互访、国际合作协商议事等对外合作机制，深化"一带一路"政府间合作；主动融入"六廊六路多国多港"主骨架建设，探索开展"一带一路"国际多式联运试点示范；充分发挥国际产能合作协同机制作用，加快建设国际产能合作示范省；加强与国家政策性金融机构和丝路基金、亚洲基础设施投资银行等金融组织的对接，打造"一带一路"金融服务中心；完善与沿线国家和地区在文化旅游、教育、科技、医疗卫生等领域的交流合作机制。②

陕西省西安市发展和改革委员会、西安市财政局于2019年8月19日印发《2019年西安市"一带一路"专项资金项目申报指南》。该申报指南旨在深入贯彻国家"一带一路"重大倡议，持续推进和落实省政府《关于丝绸之路经济带新起点建设重点工作实施方案的通知》、市委市政府《关于加快建设丝绸之路经济带新起点的实施方案》、《西安市"一带一路"建设三年（2018—2020）行动计划》，加快推进西安市"一带一路"建设步伐，充分发挥西安市"一带一路"财

① 《甘肃省人民政府办公厅关于支持丝绸之路信息港建设的意见》，载甘肃省人民政府网，http://www.gansu.gov.cn/art/2019/11/7/art_4786_430415.html，下载日期：2019年11月27日。

② 《中共四川省委、四川省人民政府印发〈四川省建立更加有效的区域协调发展新机制实施方案〉》，载四川省人民政府网，http://www.sc.gov.cn/10462/10464/10797/2019/10/9/5e3e88a436384c-cfa19bbdbb2fd7a502.shtml，下载日期：2019年11月30日。

政专项资金的引导作用和杠杆放大效应，引导社会资本投入“一带一路”建设。该申报指南中指出项目申报主要围绕以下三个方面：第一，“走出去、引进来”国际合作园区项目。重点选择服务“一带一路”国际产业合作，建设面向“一带一路”的国际科技合作基地、国际技术成果转化基地、国际技术转移中心等国际合作园区项目，包含“引进来”在本市域内建设的合作园区项目以及本市企业“走出去”在境外建设的产业园区项目。第二，积极开展“一带一路”对外合作的企业。重点选择着眼“一带一路”沿线国家和地区、积极“走出去”开展对外合作建设、具有良好国际国内影响和经济效益的企业。第三，“一带一路”国际人文交流活动项目。重点选择服务“一带一路”民心相通，加快打造“一带一路”人才高地、促进国际人文交流，拓展欧亚经济论坛、丝博会、西商大会等国际人文交流活动，推进“一带一路”教育、科技、文化、体育、旅游、卫生、考古等领域的合作交流，新设立的“一带一路”相关领域联盟、商会和协会，以及已举办的“一带一路”相关领域的会议会展、重大赛事、高端论坛等人文交流活动项目。①

黑龙江省哈尔滨市于2018年12月25日正式发布实施《哈尔滨市推进“一带一路”建设三年行动计划（2019—2021年）》。该行动计划围绕落实“打造一个窗口、建设四个区”的全省最新发展定位，强化哈尔滨市参与“一带一路”“中蒙俄经济走廊”建设的顶层设计，为全市深入推进“一带一路”建设提供战略和思路引领；明确了建设大通道，完善大枢纽，搭建大平台，繁荣大贸易，加快形成以对俄合作为重点的全方位对外开放新格局，将哈尔滨打造成为国家对俄合作中心城市的目标；提出了未来三年重点实施五个方面的行动，共推进21项主要任务和5项保障措施，将由全市50余个部门负责共同落实。该行动计划中的5项保障措施具体内容如下：第一，实施跨境综合交通枢纽建设行动。重点加快推进铁路跨境运输体系、哈尔滨国际航空枢纽、公路跨境运输通道以及通

① 《2019年西安市“一带一路”专项资金项目申报指南》，载中国“一带一路”网，https://www.yidaiyilu.gov.cn/zchj/dfzc/100748.htm，下载日期：2019年11月30日。

信基础设施等集疏运基础设施建设，畅通国际贸易通道。第二，实施对外开放平台承载能级提升行动。重点开展自由贸易试验区规划建设、提升哈尔滨新区对俄全面合作的承载功能、实施哈尔滨临空经济区规划建设、加快哈尔滨综保区发展体系建设、启动哈尔滨电子商务综合试验区建设、推动会展交流平台提档升级等行动，建设全方位对外开放新高地。第三，实施跨境产业合作发展行动。重点完善跨境物流供应链体系、推动跨境产业链合作、加强农业产业跨境合作等，加快推动外向型产业集聚发展。第四，实施开放合作支撑功能强化行动。重点强化对外贸易、科技合作、金融合作、口岸通关等服务支撑功能，构建开放型经济发展新模式。第五，实施对外人文交流合作深化行动。重点开展深化国际区域务实合作、中俄教育交流合作、中俄人文交流合作、中俄旅游领域合作等，进一步夯实友好交往的民意基础。①

广西壮族自治区于 2020 年 4 月印发实施《2020 年广西高质量参与“一带一路”建设工作要点》。该《工作要点》明确了 7 大方面 20 多个领域的年度重点任务及责任分工。一是推进面向东盟的国际大通道建设，包括推进西部陆海新通道、中国－东盟信息港、中国－东盟港口城市合作网络等建设。二是加强合作平台和园区建设，包括办好第 17 届中国－东盟博览会、中国－东盟商务与投资峰会，加快中马“两国双园”、文莱－中国广西经济走廊、中国·印尼经贸合作区二期、防城港国际医学开放试验区等建设。三是加快面向东盟的金融开放门户建设。四是加强对外贸易和投资往来，包括调整优化对外贸易结构，加大口岸开放力度和提升通关便利化水平等。五是加强民心领域的合作，包括继续举办重大国际赛事，积极参与“健康丝绸之路”建设，加强国际扶贫合作、教育合作等。六是加强其他领域的合作，包括深化与东盟等的“一带一路”科技创新合作，加快中国－东盟技术转移中心二期建设，推进中国－东盟环保合作

① 《〈哈尔滨市推进“一带一路”建设三年行动计划（2019 — 2021 年）〉发布实施》，载哈尔滨市人民政府网，http://www.harbin.gov.cn/art/2018/12/26/art_4907_598916.html，下载日期：2019 年 11 月 30 日。

示范平台建设，加强国际司法、执法安全和反腐合作，加强与东盟质量基础设施和标准对接合作。七是携手国内省份共建“一带一路”，包括全面对接粤港澳大湾区建设，深化与中南西南地区合作，与国内省份推进共建外向型产业合作园区等。[①]

广东省于2020年4月中旬印发了《广东省参与“一带一路”建设2020年度工作要点》。此举充分体现了广东省深入贯彻落实国家“一带一路”倡议和国家“一带一路”领导小组办公室工作部署的决心。该工作要点从务实做好政策沟通、优化综合交通体系、深入推动国际产能合作、丰富资金融通渠道、深化多领域人文交流及健全服务保障机制等6个板块，精心谋划22项工作任务，着力推动2020年参与“一带一路”各项工作走深走实。该要点突出广东优势，聚焦广东特色，着力打造广东品牌。其中，在政策沟通领域，重点围绕携手港澳“拼船出海”，积极推动粤港澳大湾区与“一带一路”两大战略深度融合，努力将粤港澳大湾区打造成为“一带一路”建设的重要支撑区；同时加强丝路精神的宣传推介，以广州开发区等为依托，着力打造合作创新示范区。在设施联通方面，以珠三角世界级港口群、机场群布局为基础，稳步推进国际联通大枢纽建设，不断加大对沿线国家主要城市的航线覆盖密度；同时，坚持市场主导，深入推进海铁联运，不断提升中欧班列运营水平。在贸易畅通方面，立足完善对外经贸网络，深化国际合作互利共赢；促进各类展会平台提质增效，打造“一带一路”对外交流合作窗口，有力助推国际产能合作。在资金融通领域，积极推动设立广东省丝路信用保险股份有限公司，完善地方金融支撑体系，不断拓宽企业“走出去”信用保险覆盖面；同时强化多边金融合作，积极推动粤港澳大湾区金融融合发展。在民心相通方面，着力深化科教文卫等多领域人文交流，不断丰富对外沟通体系建设；切实发挥侨乡优势资源，充分发挥华人华侨助推作用；进一步加强人才交流，推动更加开放的引才引智机制。该《工作要

① 《广西印发2020年高质量参与“一带一路”建设工作要点》，载中国“一带一路”网，https://www.yidaiyilu.gov.cn/xwzx/dfdt/122688.htm，下载日期：2020年4月17日。

点》同时强调了服务保障机制建设，立足提高境外投资风险防范水平，不断加强海外重大投资项目风险防控；进一步发挥专业智库作用，加强新形势下对外战略研究。①

第二节 "一带一路"背景下网络贸易的发展状况分析

【知识背景 / 学习要点】

一、"一带一路"背景下网络贸易的发展机遇

（一）"一带一路"背景下个人层面的消费需求扩大

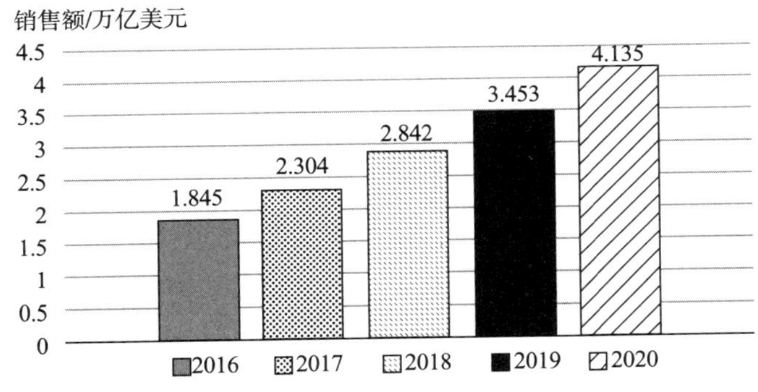

图 2-1 2016—2020 年全球电商零售销售额及预测

数据来源：艾媒数据中心②

截至 2019 年 1 月，全球互联网用户达 76.76 亿，移动用户达 51.12 亿，渗透率高达 67%。互联网用户增长一方面带来线下消费的线上转移，另一方面线上购物体验则进一步激发了用户的消费需求。从图 2-1 可以看出，预计到

① 《广东：22 项任务推动 2020 年参与"一带一路"各项工作走深走实》，载中国"一带一路"网，https://www.yidaiyilu.gov.cn/xwzx/dfdt/122686.htm，下载日期：2020 年 4 月 17 日。

② 《2016—2020 年全球电商零售销售额及预测》，载艾媒数据中心，https://data.iimedia.cn/page-category.jsp?nodeid=24713753，下载日期：2020 年 6 月 1 日。

2020年底，全球网络零售市场规模将达到4.135万亿美元。

据艾媒咨询（iiMedia Research）统计数据显示，中国海淘[①]用户规模快速增长，2016年中国海淘用户规模为0.41亿人，2017年为0.65亿人，2018年为1.01亿人，2019年为1.54亿人，预计2020年将达到2.32亿人。[②]艾媒咨询分析师认为，在消费升级的情况下，中国海淘用户将不断增长。随着相关政策法规的完善和市场监管趋严，跨境电商平台可供选择的商品种类增加，商家服务效率提高，商品质量更有保障，这使得消费者能够切实享受到政策红利，也将吸引更多人尝试海淘。[③]此外，“一带一路”沿线国家众多，人口总数超过44亿，占全球的63%，其带来的经济总量约占全球的29%，达到21万亿美元。因此，总体宏观经济状况良好。[④]基于国内空前扩张的消费市场以及“一带一路”沿线国家总体经济发展水平，可以推断出我国跨境电商拥有良好的发展机遇。

（二）“一带一路”背景下企业层面的国际竞争力提升

跨境电商的本质是在传统国际贸易流通的基础上进行网络化和数字化，是网络贸易和传统国际贸易商务流程的结合。一方面，跨境电商能够通过企业与消费者之间的直接沟通，大幅降低货物成本，进而使利润率得到显著提升；另一方面，跨境电商能够利用互联网不受地域限制的特点进行跨区域采购，使采购活动变得更为便利。跨境电商的发展使企业开展国际经济贸易活动成为可能。通过网络营销可以简化传统营销的烦琐流程，也可以根据不同客户的需求提供个性化服务。此外，跨境电商的发展也能进一步降低企业的营销成本，提高营

① 海淘是指消费者在购物网站上浏览到其他国家的商品信息，通过电子订单向购物网站发送购物的需求，填写完信用卡号码确认无误后，由海外购物网站通过国际快递发货或由运输公司代理收货再转寄回国。

② 《2019—2020年中国跨境电商市场年度盘点及标杆企业运行监测报告》，载艾媒网，https://www.iimedia.cn/c400/67760.html，下载日期：2020年6月1日。

③ 《2019Q3中国跨境电商市场监测报告》，载艾媒网，https://www.iimedia.cn/c400/66934.html，下载日期：2019年12月4日。

④ 赖洁瑜：《“一带一路”战略下跨境电商发展的机遇与问题分析》，载《企业技术开发》2016年6月第17期。

销精准度与效率，进而强化企业参与国际贸易的竞争力。①

跨境电商品牌创造是中国跨境电商提升国际竞争力的重要内容。相较于欧美国家企业的品牌，国内许多企业的品牌并不为国外消费者所认可。如何创造品牌成为国内企业面临的一大考验。打造自身品牌是开拓市场和避免同质化竞争的有效措施。跨境电商能够有效打破渠道垄断，为我国企业创建品牌、提升品牌的知名度提供了有效途径。②此外，跨境电商也给传统制造业带来了“品牌出海”的机会。

2018 年，智能安全生活品牌萤石正式入驻亚马逊，发力海外线上市场。其实，萤石开拓海外市场已经有多年历史。截至目前，萤石在全球共有 2000 余家线下经销门店，800 余家形象店，业务范围覆盖全球五大洲，近 200 个国家。不过，萤石此前在海外市场的布局均为线下商场超市和经销门店等。基于进一步发展渠道的需求，萤石将目光转移到线上，将跨境电商作为公司未来发展的战略方向之一，以此来完善国际布局。依托公司强大的产品研发实力，萤石在产品和服务的深度和广度方面都有着其他小公司所不及的优势，登陆亚马逊第一年，年内出货量即破万台，2019 年上线欧洲 5 国，年增长 10 倍以上。众多制造业巨头们凭借着多年的制造沉淀，牢牢抓住数字贸易变革的机遇，借助跨境电商品牌出海，迎来厚积薄发之势。如大华旗下民用智慧物联品牌乐橙于 2019 年 9 月上线速卖通，面向俄罗斯市场，目标上线一年跨境电商销售 1 亿元；五金工具领域领军企业巨星科技，2015 年 7 月始组建电商运营和售后服务团队，其在亚马逊平台上线的 Goldblatt、WORKPRO 等自有品牌产品不逊于北美大牌产品，受到了美国、加拿大消费者的欢迎。③

① 张蓓:《“一带一路”战略下我国跨境电商面临的机遇与挑战》，载《商业经济研究》2017 年第 11 期。

② 赖洁瑜:《“一带一路”战略下跨境电商发展的机遇与问题分析》，载《企业技术开发》2016 年 6 月第 17 期。

③ 《品牌出海，跨境电商再造杭州制造新优势》，载《杭州日报》2019 年 11 月 15 日。

（三）“一带一路”背景下产业层面的结构转型升级

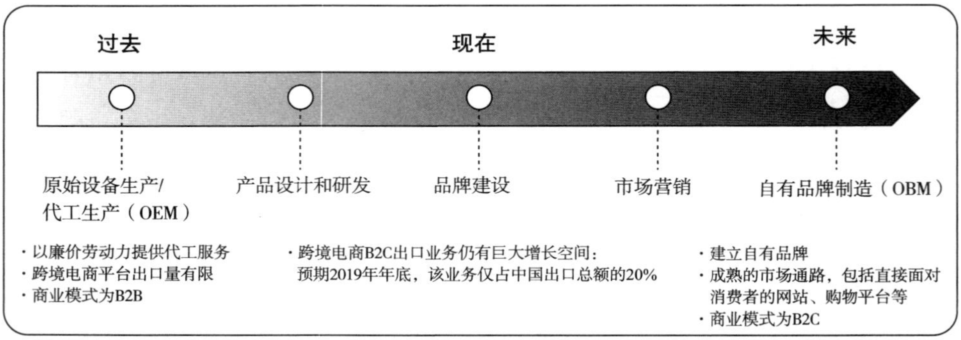

过去　　现在　　未来

原始设备生产/代工生产（OEM）　产品设计和研发　品牌建设　市场营销　自有品牌制造（OBM）

· 以廉价劳动力提供代工服务
· 跨境电商平台出口量有限
· 商业模式为B2B

· 跨境电商B2C出口业务仍有巨大增长空间：预期2019年年底，该业务仅占中国出口总额的20%

· 建立自有品牌
· 成熟的市场通路，包括直接面对消费者的网站、购物平台等
· 商业模式为B2C

图 2-2　中国企业产业结构转型方向

数据来源：Kantar Research，Data and Analysis[1]

从图 2-2 可以看出，中国企业在过去凭借着廉价的劳动力提供代工服务，以原始设备生产和代工生产（OEM[2]）为主。中国跨境电商平台出口量有限，而且商业模式以 B2B[3] 为主。目前，中国企业注重产品设计和研发、品牌建设以及市场营销。跨境电商 B2C[4] 出口业务有着较大的增长空间。在未来，中国企业将注重自有品牌制造（OBM[5]），搭建起成熟的市场通道，包括直接面对消费者的网站、购物平台等，商业模式也将从 B2B 转变为 B2C。

2019 年 3 月 22 日，艾媒新零售产业研究中心发布了《2018—2019 中国跨境电商市场研究报告》。据该报告显示，2018 年中国跨境电商交易规模达 9

① 《2019 中国跨境电商机遇与增长报告》，载电子商务研究中心，http://www.100ec.cn/detail--6535751.html，下载日期：2019 年 12 月 7 日。

② OEM（Original Equipment Manufacturer）代工生产，是指品牌生产者不直接生产产品，而是利用自己掌握的关键的核心技术负责设计和开发新产品，控制销售渠道。

③ B2B（即 BTB，Business-to-Business）是指企业与企业之间通过专用网络或 Internet，进行数据信息的交换、传递，开展交易活动的商业模式。它将企业内部网和企业的产品及服务，通过 B2B 网站或移动客户端与客户紧密结合起来，借助网络的快速反应，为客户提供更好的服务，从而促进企业的业务发展。

④ B2C（Business-to-Consumer）是指电子商务的一种模式，也是直接面向消费者销售产品和服务商业零售模式。

⑤ OBM（Original Brand Manufacture）即自有品牌制造，是指代工厂经营自有品牌，或者说生产商自行创立产品品牌，生产、销售拥有自主品牌的产品。

万亿元，同比增长11.6%，用户规模超1亿人。[①] 跨境电商在发展的同时能够促进传统外贸企业的发展，并推动外贸企业进行转型升级。据统计，国内目前有超过20万家企业在从事跨境电商业务，超过5000家电商平台企业的业务涉及跨境业务。此外，上下游相关供应商也对跨境电商行业产生了兴趣，国内外许多物流快递商、传统零售企业以及供应链分销商等都纷纷选择加入跨境电商的行业。这虽然极大促进了电商平台和本国第三方支付公司的发展，但是庞大的消费需求和崛起的跨境电商也对产业发展提出了新的挑战。因此，跨境电商发展的重心应逐渐转移到推动产业结构转型升级方面。跨境电商需要在目前国内服务行业的建设基础上重新打造完整的体系，重点强调合作与创新，从而提升产品制作工艺和质量水平，加强产品研发、设计以及销售，重新构建产业价值链和产业链。通过促进资源的合理配置，实现生产方式和产业组织方式的变革和升级。[②]

（四）“一带一路”背景下国家层面的政策推动发展

在“一带一路”倡议思想的推动下，政府出台了多项与跨境网络贸易领域息息相关的文件。国务院发布多项关于跨境电商的相关政策，包括《国务院办公厅关于促进跨境电子商务健康快速发展的指导意见》《国务院关于大力发展电子商务加快培育经济新动力的意见》等，海关总署、财政部、商务部等部门也分别发布了多项相关通知、政策。此外，在全国范围内共有包括杭州、天津、上海、重庆、北京和深圳在内的59个城市设立跨境电商综合试验区。

跨境电商不仅涉及网络贸易行业的发展，还承载着外贸企业转型的重要使命。因此，无论是地方政府还是国务院都对跨境电商持高度支持的态度。2015年6月16日，国务院办公厅发布《国务院关于促进跨境电商健康快速发展的指导意见》。该指导意见指出，近年来，我国跨境电子商务快速发展，已经形成了

① 《2018—2019中国跨境电商市场研究报告》，载艾媒网，https://www.iimedia.cn/c400/63893.html，下载日期：2020年6月1日。

② 张蓓：《“一带一路”战略下我国跨境电商面临的机遇与挑战》，载《商业经济研究》2017年第11期。

一定的产业集群和交易规模。支持跨境电子商务的发展，有利于用“互联网+外贸”实现优进优出，发挥我国制造业大国优势，扩大海外营销渠道，合理增加进口，扩大国内消费，促进企业和外贸转型升级；有利于增加就业，推进大众创业、万众创新，打造新的经济增长点；有利于加快实施共建“一带一路”，推动开放型经济发展升级。该指导意见以促进跨境电子商务健康快速发展为宗旨，涉及支持国内企业更好地利用电子商务开展对外贸易、鼓励有实力的企业做大做强和优化配套的海关监管措施等 12 条具体意见。①2018 年 7 月，北京市获批成为第三批跨境电子商务综合试验区。2018 年 9 月至 11 月，国家相关部门相继发布了《关于跨境电子商务综合试验区零售出口货物税收政策的通知》《关于完善跨境电子商务零售进口监管有关工作的通知》《关于完善跨境电子商务零售进口税收政策的通知》等一系列新政策，进一步加大了对跨境电子商务发展的支持力度。为全面深入推进中国（北京）跨境电子商务综合试验区建设，2018 年 12 月 18 日，北京市人民政府办公厅公布了《中国（北京）跨境电子商务综合试验区实施方案》。该实施方案中指出，要牢固树立新发展理念，牢牢把握首都城市战略定位，充分发挥服务业扩大开放综合试点的作用，积极探索适应跨境电子商务发展的体制机制，不断完善促进跨境电子商务发展的服务体系，逐步形成一套引领跨境电子商务发展的规则标准，加快跨境电子商务新业态新模式发展，培育经济发展新动能，更好满足人民日益增长的美好生活需要。②

（五）“一带一路”背景下沿线国家的基础设施改善

“一带一路”沿线的国家和地区通力合作，共同出资建设了公路、铁路、港口和机场等大量基础设施。例如，哈萨克斯坦凭借着优越的地理位置成为连接亚洲和欧洲的陆上纽带。早在 2013 年，哈萨克斯坦就与中国共同出资在连云

① 《国务院办公厅关于促进跨境电子商务健康快速发展的指导意见》，载中国政府网，http://www.gov.cn/zhengce/content/2015-06/20/content_9955.htm，下载日期：2019 年 12 月 9 日。

② 《北京市人民政府办公厅关于印发〈中国（北京）跨境电子商务综合试验区实施方案〉的通知》，载北京市人民政府网，http://www.beijing.gov.cn/zfxxgk/110020/gzdt53/2018-12/21/content_8c93627c33a247f1a5f42ad44157ab44.shtml，下载日期：2019 年 12 月 9 日。

港建设了物流基地。目前，哈萨克斯坦为了加强与中国的经济贸易活动，还扩大了对我国的小麦、肥料和稀有金属的出口力度。逐渐完备的铁路运输线路大大提高了货物的运送效率，如从哈萨克斯坦的阿拉木图通过铁路专线将货物运至连云港只需 10～15 天。此外，马来西亚计划在马六甲修建一个国际港口以助力中国海上丝绸之路的建设。巴基斯坦则早在 2013 年 2 月就已经宣布把瓜达尔港的经营权全部移交给中国海外港口控股有限公司。“一带一路”沿线国家基础设施的建设和完善，使得跨境电商业务在“一带一路”沿线的开展有了更好的基础和保障。①

2018 年 6 月 8 日，在中哈企业家委员会第五次会议上，京东物流 CEO 王振辉与哈萨克斯坦国家铁路公司 CEO 卡纳特·阿尔皮斯巴耶夫（Kanat Alpysbayev）签署战略合作协议。在中哈两国友好交往的背景下，双方将进一步紧抓“一带一路”契机，发挥各自的优势，重点在跨境物流、供应链网络构建等领域展开全方位深度合作，同时也将在电商、互联网金融等维度探索合作机会。京东物流表示，哈萨克斯坦是连接欧洲、亚洲贸易往来的重要纽带，是“一带一路”沿线的重要国家，是中欧班列、中亚班列的重要节点，其跨境运输通道影响力不断提升。在哈萨克斯坦国家铁路公司方面看来，中国是其第一大进口来源国和第二大出口市场。哈萨克斯坦互联网普及率达 53%，网络用户达 1350 万，2018 年第一季度电商市场同比增长 42%，正处于高速发展阶段，具有强大的潜力和快速发展的需求。在此背景下，京东物流和哈萨克斯坦国家铁路公司将在物流、电商及互联网金融等领域展开深度合作，共同建设以跨境物流为载体的“一带一路”国际供应链网络，毫无疑问是互利双赢的。此次合作一方面能够为京东物流进一步开拓海外市场提供支持，另一方面也能够提升哈萨克斯坦物流行业的发展水平。

① 靳喆：《“一带一路”战略下我国跨境电商发展的现状分析与对策》，载《世界海运》2017 年第 40 卷第 2 期。

二、"一带一路"背景下网络贸易的发展趋势

(一)"一带一路"倡议涉及省份的网络贸易发展现状

在"一带一路"倡议规划示意图中，重点圈定了18个省份，包括新疆、陕西、甘肃、宁夏、青海和内蒙古西北6个省份，黑龙江、吉林和辽宁东北3个省份，广西、云南和西藏西南3个省份，上海、福建、广东、浙江和海南沿海5个省市，内陆地区则是重庆。此外，"一带一路"倡议规划还重点提及要发挥港澳台地区在"一带一路"中的作用。

2018年10月23日，在第四届中国县域电商大会上，阿里研究院发布了"2017—2018年电商示范百佳县"排行榜。此次"电商示范百佳县"排行榜是基于阿里巴巴海量数据和专门的评价体系计算形成的。阿里研究院高级专家盛振中介绍说："评价指标体系包括3个一级指标和6个二级指标。其中，3个一级指标分别是电商创业指数、网购消费指数和电商服务指数。"[①]

表2-1 "2017—2018年电商示范百佳县"涉及省份分布情况

省份	数量	省份	数量
福建*	12	湖南	3
贵州	12	西藏*	2
江苏	7	宁夏*	2
河北	7	山西	2
云南*	7	甘肃*	2
江西	7	内蒙古*	2
河南	6	重庆*	2
新疆*	5	吉林*	1
四川	5	辽宁*	1
湖北	5	广西*	1

① 《"2017—2018年电商示范百佳县"排行榜揭晓》，载搜狐网，http://www.sohu.com/a/271223806_374222，下载日期：2019年12月10日。

续表

省份	数量	省份	数量
安徽	4	广东 *	1
陕西 *	3	海南 *	1

说明：作者根据阿里研究院发布的“2017—2018 年电商示范百佳县”排行榜整理得出，其中带“*”表示是“一带一路”倡议重点省份。

表 2-2 “2017—2018 年电商示范百佳县”各“一带一路”倡议重点省份分布情况

省份	数量	省份	数量
福建	12	吉林	1
云南	7	辽宁	1
新疆	5	广西	1
陕西	3	广东	1
西藏	2	海南	1
宁夏	2	浙江	0
甘肃	2	上海	0
内蒙古	2	黑龙江	0
重庆	2	青海	0

说明：作者根据阿里研究院发布的“2017—2018 年电商示范百佳县”排行榜整理得出。

从表 2-1 可以看出，“电商示范百佳县”在全国的分布并不均衡。“电商示范百佳县”总体分散在 24 个省份，其中拥有超过 10 个“电商示范百佳县”的有福建省和贵州省，仅有 1 个“电商示范百佳县”的有吉林省、辽宁省、广西壮族自治区、广东省和海南省。北京大学邱泽奇教授在第四届中国县域电商大会上做主题发言，他分析认为：“电商示范百佳县”有三个特点，即广泛性、多样性和不均衡性。广泛性体现在“电商示范百佳县”分布在 24 个省区，东中西部都有。多样性体现在“电商示范百佳县”呈现多样模式，有的县电商综合领先，如常熟、清河、安溪等各项指数均高于平均水平，有的电商创业领先，有的网购消费领先，还有的电商服务领先。而电商发展的不均衡性在区域之间、区域内部均存在。"电商示范百佳县"排行榜背后是综合实力的较量，排名领先的电商示范县大多在电商创业、网购消费和电商服务方面均具有领先性。①

从表 2-2 可以看出，在"一带一路"倡议重点圈定的 18 个省份中，"电商示范百佳县"集中分布在福建、云南、新疆、陕西、西藏、宁夏、甘肃、内蒙古、重庆、吉林、辽宁、广西、广东和海南 14 个省份，其余的浙江、上海、黑龙江和青海 4 个省份均没有"电商示范百佳县"。值得一提的是，新疆在"电商示范百佳县"排行榜中的表现十分突出，这得益于多方面的因素。以此次入榜的新疆维吾尔自治区巴音郭楞蒙古自治州若羌县为例，若羌县自 2016 年被列为国家级电子商务进农村综合示范县以来，坚持"政府引导、兵地共建、村企主体、市场运作、合作共赢"的原则，以"一组、一会、两区、一中心"（电子商务工作领导小组、电子商务协会、电子商务产业园区和电子商务创业孵化园区、电商运营中心）为核心，以农村产业发展和贫困人员增收为目标。努力构建"村商县管"模式，深入推进电商人才培训、特色品牌推广、示范企业培育、服务体系建设和贫困人员就业创业等 5 个方面的工作，成功创建"楼兰村尚"电子商务网销品牌，先后建成县级电子商务服务中心 1 个，乡（镇）服务站 5 个，村级服务点 14 个（其中贫困村 1 个）。2018 年 1—10 月实现网络销售额达 1.6 亿元。累计举行培训 56 期、86 场次，培训学员 8127 人次，其中基础电商知识培训 6532 人次（贫困户 598 人次）、电商创业培训 1595 人次、服务站长培训 483 人次，实现电商带动创业就业 32 人（贫困户 14 人）。②

① 《"2017—2018 年电商示范百佳县"排行榜揭晓》，载搜狐网，http://www.sohu.com/a/271223806_374222，下载日期：2019 年 12 月 10 日。

② 《"2017—2018 年电商示范百佳县"排行榜出炉，若羌县榜上有名》，载若羌县人民政府网，http://www.loulan.gov.cn/Item/59898.aspx，下载日期：2019 年 12 月 10 日。

（二）“一带一路”背景下网络贸易的发展潜力

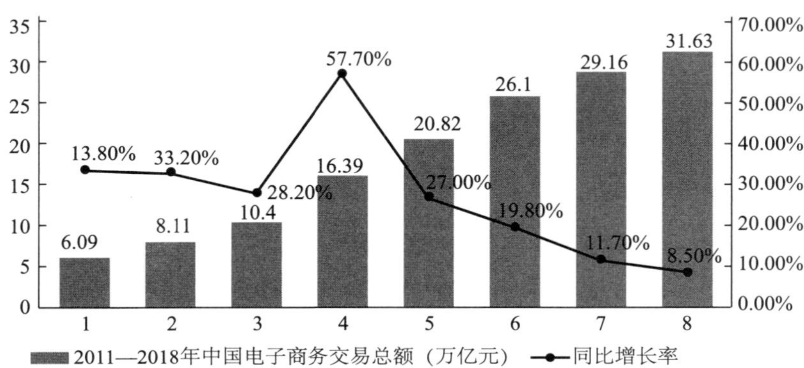

图 2-3 2011—2018 年中国电子商务交易总额[①]

数据来源：国家统计局

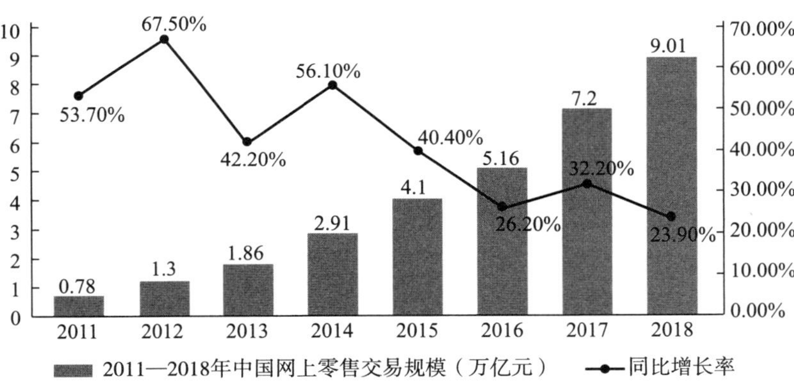

图 2-4 2011—2018 年中国网上零售交易规模[②]

数据来源：国家统计局

① 《中国电子商务发展指数报告（2018）》，载中文互联网数据资讯网，http://www.199it.com/archives/893021.html，下载日期：2019 年 12 月 13 日。

② 《中国电子商务发展指数报告（2018）》，载中文互联网数据资讯网，http://www.199it.com/archives/893021.html，下载日期：2019 年 12 月 13 日。

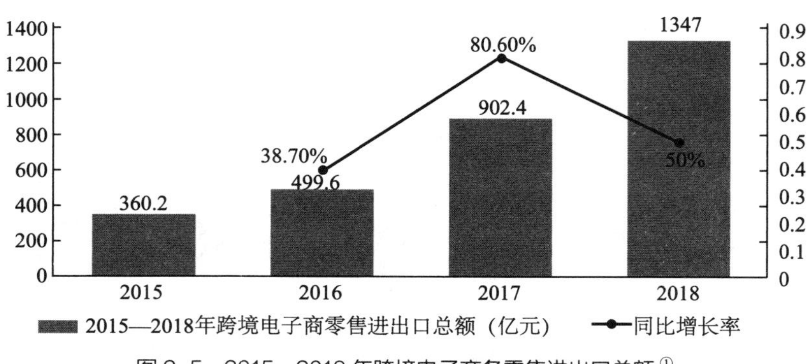

图 2-5　2015—2018 年跨境电子商务零售进出口总额[①]

数据来源：海关总署

从图 2-3 可以看出，自 2011 年以来，中国电子商务交易总额一直稳步增加，其中 2014 年的同比增长率高达 57.7%。虽然近些年增长幅度有所放缓，但是中国电子商务始终保持着良好的发展趋势，电子商务规模持续扩大。2018 年中国电子商务交易总额达 31.63 万亿元，同比增长 8.5%。从图 2-4 可以看出，随着网络购物方式的普及，中国网上零售交易规模不断扩大。2018 年中国网上零售交易额达 9.01 万亿元，同比增长 23.9%。从图 2-5 可以看出，近些年，中国跨境电商在进出口领域保持着较高的发展势头。2018 年跨境电商零售进出口总额达 1347 亿元，同比增长 50%，其中出口额达 561.2 亿元，同比增长 67%，进口额达 785.8 亿元，同比增长 39.8%。

2019 年 11 月 23 日，世界银行、阿里巴巴集团和中国国际发展知识中心在国务院发展研究中心发布《电子商务发展：来自中国的经验》。该报告指出，中国电商发展速度居世界前列，交易额占全球电商交易额的 40% 以上，中国电商在经济增长、产业创新、就业扶贫和改善社区方面的领先经验，值得全球发展中国家借鉴。世界银行东亚与太平洋地区副行长维多利亚 · 克瓦指出："中国的经验显示，发展中国家能够利用数字技术和电子商务创造就业和改善民生。我

① 《中国电子商务发展指数报告（2018）》，载中文互联网数据资讯网，http://www.199it.com/archives/893021.html，下载日期：2019 年 12 月 13 日。

们希望这个报告有助于进一步探讨如何通过数字技术和电子商务促进包容性增长。”[①]

近几年，电子商务在我国的发展势头迅猛，一大批代表性的企业涌现并逐步取得较高的市场份额，如阿里巴巴、京东和当当网等。这些企业并不满足于国内的竞争优势，正将目光投向国际市场。走出国门、拓展海外市场成为这些企业战略规划中重要的一环。目前，我国的电商产业除了传统的营销、支付和物流功能外，还拓展了金融、社交、通信等功能，这使得电子商务的产业链日趋成熟完善。[②]在“一带一路”背景下，我国电子商务的未来发展方向应当由注重数量逐渐转向注重质量。

---

① 《世界银行发布报告：中国电商交易额占全球40%》，载中国电子商会网，http://www.cecc.org.cn/news/201911/542916.html，下载日期：2019 年 12 月 15 日。

② 靳喆：《“一带一路”战略下我国跨境电商发展的现状分析与对策》，载《世界海运》2017 年第 40 卷第 2 期。

第三章

“一带一路”背景下网络贸易的政治挑战

【内容摘要】

近年来，国际网络贸易在中国经济发展中占据越来越重要的位置。随着“一带一路”建设的推进，我国对外网络贸易将更多地转移到“一带一路”沿线国家。该些国家包括少数发达国家及众多发展中国家，其经济发展水平不一。其中的发展中国家大多遭受政治局势不稳定、法律制度不健全、恐怖主义盛行的困扰，一些国家与中国还存在地缘冲突。因此，在进行国际网络贸易的同时，中国企业跨国经营的风险与日俱增。

第一节 “一带一路”建设中网络贸易的政治风险与防控

【知识背景 / 学习要点】

一、“一带一路”建设中网络贸易存在的政治风险

（一）政治风险概述

根据 Butler 和 Joaquin 的定义，政治风险是指东道国政府在跨国企业的经营中突然改变政策规则，从而使得投资者权益受损的可能性。① 造成政治风

① Butler K. C., Joaquin D. C., A Note on Political Risk and the Required Return on Foreign Direct Investment, *Journal of International Business Studies*, 1998, 29(3), pp.599-607.

险的因素有很多：包括东道国政局更迭、政策不稳定、地缘政治冲突、民族主义和宗教意识形态冲突、地区和局部战争、战乱和恐怖主义威胁等。“一带一路”沿线国家具有重要的地理位置和价值，东南亚、南亚、中亚、西亚乃至中东欧都是大国角力的焦点区域。俄罗斯力推“欧亚联盟”、欧盟积极推动“东部伙伴计划”、美国提出“新丝绸之路”和“印太走廊”设想，区域内热点问题不断，大国在伊朗、叙利亚、乌克兰等问题上进行博弈，地缘政治关系相对紧张，区域和国家风险显著。

无论从何种意义上看，“互联网 +”都意味着一个新时代的来临。这是因为以网络为主要载体的信息技术革命，对人类社会的政治、经济、文化和社会等领域都已经产生并将继续产生巨大的甚至颠覆性的变革。具体而言，它改变着既有政治经济秩序、社会结构和行为模式，改变着生产方式、生活方式、交往方式以及思维方式，并由此孕育出新型的政治、经济、文化和社会形态，推动着人类社会的制度变迁。这是一种潮流和趋势，我们是只能迎不能拒的，否则就会成为技术进步的弃儿，成为制度变迁的弃儿。因此，准确把握和判断“互联网 +”条件下社会转型的新趋向，就成为顺应技术进步而实现制度变迁的客观前提。“互联网 +”是以互联网平台为基础，利用信息通信技术实现各行业的跨界融合。它作为一把双刃剑，既有利于促进社会的发展和政治进步，也可能引发一定的社会危机和政局动荡。依托互联网平台迅速成长起来的网络贸易，在国际贸易中占据着越来越重要的地位，但同时面临着多重复杂的风险。随着“一带一路”建设的不断推进，跨境电商行业将会持续得到政策支持，这也促使亚马逊这类电商平台方能够进一步加强和政府的合作，为卖家提供更为有力的支持。比如在“一带一路”倡议的带动下，杭州成立了跨境电商综合试验区。亚马逊借助和杭州综试区的合作，通过签署出口跨境电商业务的合作备忘录，共同发展电商人才。现在亚马逊已经与杭州综试区开展了一系列的项目合作，以推动杭州本地及周边优秀的制造企业、品牌商、创业公司及中小企业依靠跨境电商实现转型升级。

在“一带一路”网络贸易面临的诸多风险中，政治风险历来是最重要、起着决定性作用的风险，也在一定程度上影响着经济风险、文化风险、法律风险等其他风险。从经验来看，一般自然资源和要素丰富的地方往往也伴随着地区冲突和宗教矛盾，政治很不稳定，是政治风险高发的地区。政治风险主要有以下几种表现方式：

1. 东道国国内风险

（1）东道国政体与政权不稳定风险。东道国政体是指东道国的政治制度的总称，包括政体结构、政府制定的政策、民族宗教政策等。一国政府腐败、政党斗争、政策偏向、利益集团占比与倾向、民族宗教矛盾等都是东道国政体风险的来源。不同的东道国，由于政体的不同，政府对经济运行的方针政策、执行力度和执行方式也有所不同，各个政治利益集团对社会经济生活的影响也不同，因而对国际网络贸易的立场和态度也存在差异。一般而言，在有议会的政体里，政府的决策意图、决策方式透明度较高，行为规范性较高，对外资持更开放包容的态度；而在一些专制国家，上述行为的透明度普遍较低，对网络贸易的态度也很难精确把握。

东道国政权的稳定性也会影响国际网络贸易。东道国政权不稳定，势必引起其贸易环境中各种构成要素的变化，从而对网络贸易效果产生影响。在政治动乱频繁发生的国家或地区，中国跨境电商面临的政治风险一般有两种：一种是政府层面的风险，包括政权动荡、无政府主义、国内政治混乱和国内暴乱等；还有一种是地方层面的风险，如恐怖活动、盗窃、勒索、抢劫等。总的来说，东道国政权不稳定给中国企业带来的不仅是投资利益的损失，还包括设备、人员的安全等。

（2）东道国政策不连续与意识形态风险。东道国政权的稳定性决定了政策的连续性。由于东道国不同政党的执政理念有所差别，政权更迭往往伴随着政策的调整和改变，由此可能引发政策不连续的风险。当东道国的政策出现不连续时，会造成社会经济的动荡不安，其贸易环境也会发生变化，这将直接影响到跨境电商的切身利益。例如，2011 年缅甸总统以环境保护为由，在不与我国相关部门沟通的前提下，单方面宣布暂停密松电站项目，给中方投资者带来巨大损失；2012 年，由于朝鲜单方面撕毁条约，导致中国的西洋集团损失 2.4 亿元；2015 年墨西哥政府取消中国高铁中标并叫停坎昆龙城中国商品集散中心项目，给中国投资者释放了在该国投资危险的信号。

此外，我国企业很大一部分都具有国有企业背景，许多西方国家会因为这些企业的国有化性质而对它们在政策上区别对待或持歧视性态度，由此产生了对中国企业的新风险，叫作意识形态风险。近年来，随着中国经济的迅速崛起，中国企业的扩张趋势也已成为世界各国关注的焦点，尤其是中国跨境电商企业的所有权性质和企业背景，导致“中国威胁论”甚嚣尘上，成为西方国家给中国企业“走出去”设置障碍、遏制中国发展的借口。直观的例子就是中国的企业，无论是国有企业还是民营企业，在美国的投资申请或并购报告常常被以危害美国国家安全为借口遭到驳回。例如，美国拒绝华为公司对美国企业 3COM 的收购申请、干扰中国鞍钢集团与美钢的合作发展项目、干预中国西色国际并购美国的尤金公司等。这些源于意识形态的差别化对待都对中国的跨境网络贸易产生了负面的影响。

需要指出的是，这种意识形态风险不仅存在于西方发达国家，也同样存在于发展中国家。由于意识形态风险的存在，中国企业遭受到了东道国的歧视性待遇，并受到了直接或间接的损失。针对中国在发展中国家对资源的投资，某些国家所提出的安全问题又变换成了“新殖民主义”和“掠夺资源的行径”。一些发展中国家一方面渴望获得中国先进的资源开发技术，另一方面又担心本国的资源被中方占有并控制。事实上，不仅西方国家，部分发展中国家（例如印度、墨西哥等）对具有国有企业背景的中国企业在该国的投资也采取不同的政策和态度。可以说，中国企业由于所有权性质而面临政治风险的情况很普遍。

（3）东道国政府干预与制裁风险。为了实现政府有关目标，东道国往往对本国的进出口贸易实行一定程度的干预。这种政府干预根据目的不同可以分成两类：一是为了实现本国经济的快速发展，通过引进外国先进的技术和大量的资金来促进本地经济的发展。出于这种目的，东道国一般实行的是非区别性的政府干预。二是为了保护本国企业、民族工业，排斥外来直接投资而实行的区别性的政府干预。非区别性的政府干预包括东道国政府制定有利于本国税收的转移价格政策，要求外国境外企业在人员聘用、原材料和零部件采购上使用一定比例的本国居民或本地商品。非区别性政府干预虽无针对性，但也会在一定程度上影响跨境电商的利益。而区别性的政府干预往往带有针对性，干预程度较为严重。比如只允许外国投资者以合资形式进行投资，且严格限制外资所占的股权比例；要求外国投资者支付一些额外费用（如特别税、经营辅助费用和其他无形费用等）；制定某些歧视外资企业的法律法规（如特别污染法、劳工法等）；鼓励本国居民抵制外资企业的产品和服务等。可以看出，无论是区别性还是非区别性的政府干预都在一定程度上影响了跨境电商企业的利益。

除政府干预外，东道国制裁给国际贸易造成的损失更大。制裁是指东道国政府对外资企业设置各种障碍，施加各种压力，从而导致外资企业亏损或破产的经济行为。从实践角度看，东道国政府所采取的制裁手段主要有：限制跨国企业将其在东道国投资的资本（包括实物资本和无形资产）以及所获得的利润汇出东道国；要求跨国企业将其在东道国冻结的资金再次用于东道国的投资；收回政府为跨国企业提供的政策优惠措施等。

（4）东道国官僚主义与腐败。有些东道国政府当权者会通过权力寻租的方式，将大量社会资源据为己有，导致社会资源分布不均，同时也给外国贸易者带来风险，即官僚主义风险。该风险一方面会提高中国企业国际网络贸易的成本，从而降低贸易收益，另一方面加剧了东道国市场竞争的不公平性，在一定程度上损害了跨境电商的利益，增加了贸易风险。除官僚主义外，东道国腐败问题也会增加我国跨境电商贸易的风险。尤其在很多发展中国家，由于文化因素，腐败问题已成为普遍现象，如墨西哥、俄罗斯以及许多非洲国家等。东道国官员腐败行为的存在为中国跨境电商增加了交易成本，使我国跨境电商无法按照国际惯例和市场规则进行交易，增加了海外网络贸易的政治风险。

（5）法律保障风险。我国目前并没有系统的可以用于“一带一路”经济建设的相关法律制度，沿线国家法律体系也存在较大差别。缺乏完善的法律，也就缺少公平合作的根本，这便使得我国众多跨境电商面对巨大的风险。有一些沿线国家甚至因为其政治倾向，在其法律制度上作出的规定会对中国企业有所歧视，例如澳大利亚运用所谓的“中性原则”来阻断或妨碍中国企业及其商品、服务等进入其境内。

2. 地缘政治风险

“地缘政治一词可以指地缘政治学理论，亦可指地缘政治现实。”苏联学者拉祖瓦耶夫提出了地缘政治的三种含义：“一是认为地缘政治突出了地理与政治之间的关系，研究的是地理因素对政治现象和重大政治问题的制约性；二是指列强依据有关的地理情况的分析而争夺世界或地区优势和权力的斗争，就是把国家间竞争，特别是全球性竞争的典型状况称之为地缘政治；三是把地缘政治看作是外交政策的工具，它从地理决定论的原则出发，规定外交政策的可能性和优先权。”① 地缘政治是关于权力和空间的关系，以往强调国家与领土间的关系，后来往往侧重于国家间的权力关系。陆俊元认为：“地缘政治是研究政治行为体通过对地理环境的控制和利用来实现以权力、利益、安全为核心的特定权利，并借助地理环境展开相互竞争与协调的过程及其形成的空间关系。”② 在国际关系中，权力、安全与利益是每一个国家命脉的关键，通过地理环境的控制、改变和利用，将改变国家间权力、安全与利益的平衡状态。所以地缘政治天然存在两个空间的考量，即能够增加国家权力的特定地理空间在哪里，以及能够对国家安全产生威胁或威胁国家利益的地理空间在哪里。特定的地理空间对多个国家都具有增加权利或者威胁安全的能力，所以国家间对于特定地理空间的争夺也就造成了国家间的冲突与动荡，甚至地区乃至世界地缘政治结构的变

① ［俄］拉祖瓦耶夫：《论地缘政治学概念》，载《现代外国哲学社会科学文摘》1994 年第 10 期。

② 陆俊元：《地缘政治的本质与规律》，时事出版社 2015 年版，第 86 页。

革。因此国家的地缘政治收益会受到不确定性的影响，从而形成了地缘政治的风险。在当代国际社会中，国家不再是唯一的行为体。次国家地区、超国家联盟，甚至恐怖组织等都能够进行地缘政治活动，所以地缘政治的风险成因也较为多样化，但是总体来看国家依然是主要的行为体。

地缘政治风险的概念是指激发国际行为体间地缘政治博弈或地缘政治格局变动的对外政策、行为和地缘政治事件。地缘政治风险发生于国际政治行为体的地缘政治互动关系中。地缘政治风险产生的原因往往是国际政治行为体所发布或执行的，无论是主观或客观具有地缘政治意义的对外政策或行为，从而引发相关国际政治行为体的忧虑、反制或者地缘政治结构的变动。其中还包括地缘政治互动进程中出现的影响政策发布或执行国的负面地缘环境因素。应当说地缘政治风险的发生与高涨将会制约政策制定与执行国的发展。地缘政治风险将使其浪费大量资源、陷入地缘政治斗争或战争泥潭，从而恶化地缘环境，引发结构性变动，威胁地区乃至世界的和平与发展。地缘政治风险往往难以预测，由于国际政治行为体的多样化，不同行为体间的特征不同。行为体特征的迥异导致其对利益和安全的关切程度不同，从而对相关政策、行为的反应程度也不相同。同时地缘政治风险是国际政治行为体在地缘政治互动中产生的，并不断变化的，需要的是一种动态的分析方式。①

"一带一路"倡议是2013年习近平总书记在访问哈萨克斯坦和印度尼西亚时，分别提出的建设"丝绸之路经济带"和"21世纪海上丝绸之路"倡议的总称。"一带一路"，一端连接着繁荣的沿海亚太经济圈，另一端连接着高度发达的西欧经济圈，中间穿过了拥有众多人口和广阔市场的欧亚大陆腹地，因此被认为是世界上最长、最具有发展潜力的经济大走廊。2014年12月底的中央经济工作会议将"一带一路"倡议列为与京津冀协同发展战略、长江经济带建设同等重要的程度。空间是事物存在的基本方式，包括政治过程在内的所有过程都必须落实在特定空间范围内，国家战略必须拥有明确的空间指向。"一带一路"倡

① 蒋姮:《"一带一路"地缘政治风险的评估与管理》，载《国际贸易》2015年第8期。

议虽然不是地缘政治战略，但是战略的空间内涵则产生了地缘政治意义，具有地缘政治意义的对外政策或战略会面临相应的地缘政治风险。

“一带一路”倡议的推进会得到不俗的地缘政治收益，但同时地缘政治风险也伴随而来。一共有两类地缘政治风险：一种是国际政治行为体对外政策与行为的推进引发的新地缘政治风险；另一种则是原有地缘政治事件或地缘环境恶化因素在国际政治行为体互动关系中的感染。作为一个具有地缘政治意义的对外政策与倡议行为，“一带一路”倡议的推进容易激发或者产生新的地缘政治风险。相关国际行为体诸如国家、次国家地区、超国家联盟等将会对“一带一路”产生欢迎、忧虑甚至反制的行为。由于欧亚大陆是地缘政治博弈的核心焦点，国际政治行为体间的互动行为甚至会导致地缘政治的结构性变动。一旦这些地缘政治风险高涨，都将会成为“一带一路”倡议推进的阻碍。同时，原有的地缘政治事件和地缘环境的恶化因素在战略推进中可能通过地缘关系进一步激发进而破坏“一带一路”倡议的进展，造成地缘政治风险。在“一带一路”倡议重点推进的地区中，东南亚、中亚、西亚都是地缘政治事件的高发地区，由于其国家能力不足、地方势力割据以及三股势力的强大，部分地区处于地缘环境恶化过程中。这类地缘政治风险在“一带一路”倡议推进的具体政策措施与投资或基础设施建设中将会成为巨大的阻碍。

“一带一路”作为中国崛起的一项对外倡议，在中国自身实力增强的同时，发挥着加速中国所处的东亚地缘战略辖区的进一步成熟，使地缘政治辖区得到更高阶段的发展与更大范围的拓展的作用。首先，“一带一路”倡议以互联互通为手段，加深东亚地缘战略辖区的紧密程度。从具体手段来看，就是通过交通设施的建设和资源管线网络的建设，使东亚地缘战略辖区间的关系克服自然地理上的阻碍。但是由于东亚地缘战略辖区内并非单纯由中国一个国家主导，辖区内部的地缘政治行为体紧密程度不高并且纷争不断，同时部分行为体内部政治秩序不稳定。中国在促进地缘政治辖区成熟的同时与周边国家经济的相互依赖会越发增强，并进行周边利益的整合。然而国家间利益认知各有差异，周边国家可能会产生依附于中国的恐慌。域外大国为了限制中国的发展态势，会对周边国家进行干涉，使周边国家所处地缘政治区加速成熟，并加强中国的地理局限壁垒。其次，中国加速东亚地缘战略辖区成熟的运动也会使地缘战略辖区扩大，与相邻的地缘战略辖区产生挤压。从“一带一路”具体措施来看，“一带一路”倡议的实施目的是寻求在辖区间各国丝绸之路或相关发展战略的对接与合作，而辖区间的交汇地区极有可能成为交流的门户。但是基于安全的考量以及为保障自身辖区的可持续发展，大国也会加速对其他域外大国在辖区交汇处蔓延的干涉，由此会使破碎地带更加破碎。而交汇地带呈现破碎状况，并成为大国博弈的地点，会增加中国地缘政治区向更高水平发展的成本。同时，由于东亚地缘战略辖区的扩大运动，使得与破碎地带和欧亚大陆交汇区的交流的地缘联系更加紧密。然而“三股势力”的威胁也由于地缘关系的拉近随之而来。从世界地缘政治结构上来看，中国加速东亚地缘战略辖区成熟与成长的行为是能够触动地缘政治结构的。而世界主要大国为了保障现有结构的利己态势也有可能会对中国采取制约行为。

“一带一路”倡议在推动东亚地缘战略辖区走向紧密的过程中时，沿线国家的内部问题频发使得互联互通的进展缓慢，甚至项目常有中断。这些沿线国家大部分属于发展中国家，甚至有部分曾被称为失败国家，例如巴基斯坦等。它们都长期面临着国家建设的机构性问题，存在国内民族分裂、地方势力割据、政府能力不足、宗教冲突不断以及政府频繁重组等问题。缅甸是孟中缅印走廊的支点国家，无论是油气管线资源还是交通基础设施的建设，都将穿越整个缅甸并与中国相连。但是长期以来缅甸的国内局势并不稳定。在政治权力的组成方面，昂山素季带领的民主联盟与缅甸联邦巩固与发展党，同军人利益集团方面内部斗争严重。宗教关系方面，缅甸内部伊斯兰教徒和佛教教徒的暴力冲突，由西部地区逐渐扩大到中部城镇。缅北地区地方武装冲突不断，已经波及中国边境与边民的安全。中国在缅甸的油气管线项目在缅甸境内就需要通过四个被地方割据势力控制的地区。中国在缅甸的互联互通基础设施建设将会无法避免地受到其国内冲突的影响。以 2011 年密松水电站的建设为例。作为一个初期得到良好认同的发电站项目，在动工前已经全面沟通的情况下，由于缅甸国内中央与地方势力利益分配不均，从而引发停工事件，致使中方企业受到巨大损失。此外，泰国作为泛亚铁路的支点国家由于其国内政局的动荡使中方的铁路建设项目经常搁置。2014 年泰国宪法法院裁定，泰国国会批准的基础设施建设项目涉嫌违宪，导致中泰间“大米换高铁”项目的流产。作为 2013 年亮点项目工程的中泰高铁由于英拉政府的下台转眼成为废纸，中方高铁项目损失严重。而 2014 年 7 月政变后泰国军政府上台与中国再次洽谈中泰高铁项目，这中间几经波折，朝令夕改，中泰合作充满变数。

3. 大国博弈风险

“一带一路”倡议所经地区直连欧亚大陆，自然资源丰富，地理位置特殊，是各大国博弈的重要战略地区，部分沿线地区和国家同时是由不同大国发起和领导的不同合作组织的成员。

2011 年，美国提出“能源南下、商品北上”为口号的“新丝绸之路计划”。随后，针对中国提出的“一带一路”倡议，美国又提出“亚太再平衡”战略，积极推进《跨太平洋伙伴关系协定》（TPP）和《跨大西洋贸易与投资伙伴协议》（TTIP），谋求构建一个以美国为主导的全球战略体系，来遏制中国的海上崛起。为此，美国积极拉拢印度、越南、缅甸和蒙古等国家，对中国“一带一路”倡议的实施构成了挑战。日本也在“一带一路”沿线地区经营多年，利用其丰富的海外投资经验实施亚行基建项目和中国竞争。韩国 2013 年提出建设“丝绸之路快车”和“欧亚经济统合”、“欧亚能源网”的三大欧亚计划都和中国的“丝绸之路”经济带倡议有交叉重合之处。此外，作为“一带一路”参与国的俄罗斯和印度，都是正在谋求经济发展的大国，在经济合作上与中国存在共同的利益追求，同时又在地缘政治上表现出和中国强烈的竞争关系。中亚地区被戏称为俄罗斯的“后花园”，是俄罗斯的战略要地。2002 年，俄罗斯发起“南北走廊计划”，2016 年又主动推进欧亚联盟，强化对独联体国家的影响和控制，对中国等其他国家进入“一带一路”沿线地区存有戒心。作为“一带一路”沿线另一大国的印度从“一带一路”倡议提出之初就抱有疑虑，始终未对“一带一路”倡议给出积极回应。2014 年莫迪政府提出发展印度自己的丝绸之路，计划跨印度洋海上航路与文化景观计划，拓展在印度洋地区的影响力。这些来自其他大国的战略博弈，将成为“一带一路”倡议推进进程中必须正视的风险。①

（二）政治风险成因

中国企业对外网络贸易一方面是“走出去”战略的客观要求，另一方面，对外贸易本身作为与世界经济联系的纽带之一，必然会受到国际经济政治环境的直接或间接影响。中国企业对外贸易遭遇的风险首先与国际宏观经济环境直接相关，如经济全球化发展的不平衡性、国际政治经济格局变化、金融危机频发等；其次，中国政府在风险防范、监督预警、政策干预方面的缺位也是中国企业对外网络贸易风险产生的原因之一；最后，中国企业本身在风险防范意识和能力、管理水平上的薄弱，是造成政治风险的主要内因。

1. 国际环境

继 2015 年首次发布《“一带一路”沿线国家主权信用风险报告》后，中诚信国际携手 VIS 集团再度发布《“一带一路”沿线国家风险报告（2017）》。本次报告从 2015 年的主权信用风险分析拓展至国家风险分析，从关注主权政府债务偿还风险转变为更加广泛的影响国际资本流动的风险，同时覆盖的国家范围也从 2015 年的 27 国拓展至 38 国。

本报告包括 38 个重点国家，覆盖中东欧、中亚、东南亚、南亚以及中东等“一带一路”必经区域，人口覆盖“一带一路”沿线整体国家的 63.5%，GDP 总量覆盖 49.6%。总体来看，沿线国家绝大多数为发展中国家，自然资源丰富、人口红利巨大，同时城镇化及基础设施建设水平较低，具有广阔的发展空间。但由于大多数沿线国家内部面临政治不稳定或政治稳定度及经济转型的压力，外部面临经济再平衡和资本外流风险，国家风险表现相对较弱。

---

① 苏馨：《中国对“一带一路”沿线国家直接投资的风险研究》，载吉林大学 2017 年学位论文。

具体来看，“一带一路”沿线国家风险呈现出以下特征：(1)沿线国家整体风险水平偏高，同时政治风险相对突出。在38个国家中，风险等级在高及很高的国家为14个，占比36.8%；风险等级在低及很低的国家占比仅26.3%。(2)区域间国家整体风险差异大，中亚、南亚地区的整体风险相对较高。从次级风险因素来看，东欧地区国家的经济风险较高；南亚地区的财政风险较为突出；中亚地区的汇兑风险和银行系统风险最高；除中欧外，整体沿线国家政治风险都较为显著。(3)与2015年相比，沿线国家的整体风险有明显变化。其中17个国家的整体风险有所上升，塔吉克斯坦、卡塔尔等国由于财政及汇兑风险的快速上升导致国家整体风险上升较快。与此同时，伴随全球经济的普遍回暖，21个国家的整体风险出现下降，其中立陶宛、捷克等中东欧国家由于经济的快速增长及财政状况的改善带动国家风险下降较快。

根据不同地区来看：中欧地区受益于悠久的工业传统和欧洲一体化进程，经济发展水平较高，整体来看国家风险较低。但匈牙利和克罗地亚由于经济体量较小，债务负担较大且外汇储备较低，国家风险相对较高。东欧地区国家风险在沿线国家中处于中等水平，但是乌克兰和白俄罗斯经济弹性较差，国内基本全面承压，银行体系稳健性和政府财政债务等表现也受到拖累，整体国家风险偏高。东南亚地区整体国家风险在沿线国家居中，得益于大规模的外来投资和出口带动，区域经济增速较快，但由于越南、老挝、缅甸等国基础设施及财政实力较为薄弱，对外部需求依赖程度较高，对外偿付能力易受外部冲击，整体国家风险相对较高。南亚地区国家风险整体偏高，各国财政实力普遍薄弱，金融市场发展不够充分，经常性账户逆差明显高于其余新兴市场国家，面临一定汇兑风险，且除斯里兰卡外，各国内政较为动荡、地缘政治风险突出，地区稳定性较差。由于俄罗斯经济衰退和原油价格下降，近年来中亚地区的国家风险整体处于中等偏高水平。其中，资源匮乏的塔吉克斯坦和吉尔吉斯斯坦的国家风险很高。中东地区以产油国为主，近年来随着国际油价的降低，产油国普遍出现经济增长放缓、财政和对外偿付实力下滑的特征。同时中东地区地缘政治风险较高，使得中东地区整体国家风险在沿线国家中处于中等偏高的水平。

2. 政府层面

（1）各国国内政情的差异。中国与“一带一路”沿线国家交往，必然受到这些国家国内政情的影响。由于历史传统、经济发展和社会文化的差异，沿线国家分别形成了独特的政治模式，且政权稳定性也各有不同。在对“一带一路”沿线70国的政体、政党制度和政权稳定性进行综合分析后发现，“一带一路”沿线国家政体复杂多样，共存在“总统制”、“议会共和制”、“君主制”、“君主立宪制”、“人民代表大会制”和“主席团制”六种政体，其中总统制最为普遍。

表3-1 “一带一路”沿线70国的政体统计

政体	国家数量
君主制	6
主席团制	1
人民代表大会制	2
议会共和制	25
君主立宪制	7
总统制	29

总统制国家29个，集中分布在中亚和东欧，多数为苏联加盟共和国；议会共和制国家25个，主要集中在南亚和中欧（土耳其已转为总统制）；君主立宪制国家7个，主要分布在东南亚和西亚，分别为泰国、马来西亚、柬埔寨、不丹、约旦、巴林和西班牙（巴林在2002年完成宪政改革后实行两院制，但王室依然掌握国家权力）；君主制国家6个，除文莱外，沙特阿拉伯、阿联酋、阿曼、科威特和卡塔尔均为海湾阿拉伯国家，这6国也全部为伊斯兰国家。中国的两个社会主义邻国，老挝和越南实行人民代表大会制。波黑则实行主席团制，由波斯尼亚、塞尔维亚和克罗地亚三族共治。在“一带一路”沿线70国中，61国实行多党制。老挝、越南和土库曼斯坦三国实行一党制。沙特阿拉伯、阿联酋、阿

曼、科威特、卡塔尔和巴林等海湾君主制国家禁止政党活动。

（2）各地区热点问题矛盾突出，大国干预明显。

南亚：南亚是世界上风险较高的地区之一，恐怖主义和分裂势力严重威胁着地区安全。国家之间也因为领土、宗教和种族等原因而矛盾重重。经济上，南亚国家普遍面临经济增速缓慢、基础设施严重不足、能源短缺、货币疲软、通货膨胀压力居高不下等问题。

东南亚：东南亚地区局势基本保持平稳，但面临政治和经济发展转型的压力，不确定因素有所增加。政治上，深化政治转型是东南亚国家普遍面临的挑战。民众维权意识高涨，但同时也会引发一些社会和政治动荡，民族和宗教矛盾也开始显露出来。在西方势力的推波助澜下，要求政治多元化的呼声越来越大，近期乌克兰危机的外溢效应也对这些国家造成了一定的影响。

中亚：中亚地区总体形势保持稳定，经济增长速度有所放缓。外交和安全方面，“俄进美退”态势相对明显，俄罗斯与中亚国家的经贸合作更趋紧密。同时安全风险不容忽视，宗教极端主义和恐怖主义仍是重大安全威胁。各国边境冲突时有发生，这也在一定程度上影响了地区稳定。

西亚：西亚地区局势的不确定性有增无减，未来发展趋势仍显扑朔迷离。西亚地区诸多国家国内政治不稳定，政局的混乱带来经济金融政策的变化，各国国内多存在商业政治的腐败和法律的漏洞。

欧洲：欧洲国家与美国联系颇深，对我国“一带一路”网络贸易的发展可能会实施一些政治上的妨碍。另外，由于黑海地区重要且复杂的地缘政治结构、罗马尼亚周边局势的不稳定性以及罗马尼亚国家转型的特殊性，其国内仍有出现政治风险的可能性。可能出现的政治风险主要体现在：第一，周边局势的不稳定性和区域局势的复杂性可能影响罗马尼亚国内政治社会的稳定。罗马尼亚北侧与乌克兰接壤，自 2014 年以来，乌克兰国内爆发了举世瞩目的政治危机，罗马尼亚外长科尔泰勒安曾表示，乌克兰局势已经对国际和区域安全构成了严重威胁，并要求北约军队进驻罗马尼亚。作为西方和俄罗斯博弈的关键地带，罗马尼亚国内各个政治派别亦可能受到政治意识形态的驱动而爆发一些潜在的政治危机。第二，罗马尼亚国内政治转型与政治腐败可能对国家整体的政治生态产生很大的负面影响。尽管经历了 20 多年剧烈的政治和经济转型，罗马尼亚国内的制度建设，尤其是法制建设仍然缺乏完备的制度规范和有效的法律约束力。包括罗马尼亚前总理纳斯塔赛在内的多名高级别官员均受到了各类腐败问题的指控。事实上，在旧的政治秩序和新的政治体系对接过程中，政治经济领域腐败问题的出现有其客观性，然而这一既有的问题也在很大程度上影响了进出口贸易对公平与法治环境的期待，并很有可能在现实中阻碍中国企业在部分高收益行业的贸易进度。第三，东欧、中亚等地区复杂的政治局势以及黑海地区的各类民族运动使部分难民涌入罗马尼亚，甚至有恐怖分子与组织牵涉其中。乌兹别克斯坦曾公开表示，该国逃亡罗马尼亚的难民中存在恐怖分子，他们大多属于极端宗教组织的成员。恐怖分子存在的可能性为罗马尼亚本身相对欠稳定的政治社会环境又增加了某种不确定性。对于中国跨境电商而言，对象国国内安全成本的上升可能促使其重新考虑对其网络贸易的收益与产出比，并更加谨慎选择贸易国别。

（3）我国政府在网络贸易风险防范领域尚不成熟。从西方发达国家对外贸易的发展历程来看，政府在对外贸易中发挥着主导作用，这种主导作用分为国内和国际两个层面。从国内层面上看，政府的主导作用主要体现在国内立法、管理措施、财政金融支持和提供海外投资保障及海外服务体系等；从国际层面上看，主要有双边投资保护协定及多边投资保护协定。与发达国家相比，中国在国际协调、市场组织引导和国内立法等方面都有明显的差距。主要体现在：国际协调缺位、网络贸易保险制度亟待构建，以及国内立法相对滞后等方面。

总体上，这些法规存在政出多口、管理混乱、执行效力低等问题，部分法规甚至相互抵触，最重要的是针对中国跨境电商网络贸易的基本法缺失，这种立法上的滞后和缺位不利于中国跨境电商网络贸易的市场监管、风险防范和利益保护。

3. 企业层面

除国家宏观环境和政府层面的原因外，企业自身的因素也很多，如网络贸易风险意识和能力薄弱、经验不足、由网络贸易领域集中带来的风险集中度高等。

（1）中国企业风险防范意识薄弱。中国企业尤其是国有企业，在网络贸易中，更多的是考虑国家政策需要和战略意图，对于东道国的特殊经济政治和社会结构没有足够的认识，盲目贸易现象严重。企业在网络贸易时需要具备一个风险管理框架，包括准备工作、明确目标、规范流程等。而中国企业网络贸易的失败很大程度上是由于前期的调查研究工作不充分、不全面，导致准备工作不足造成的。另外，还有 80% 的风险来自企业的经营管理过程。

当前，中国企业“走出去”存在一些不容忽视的问题，如风险防范意识不强、风险识别能力较差、缺乏应对风险的有效手段等，由此所造成的风险损失也是非常巨大的。

（2）中国企业国际网络贸易经验缺乏。相较于发达国家，中国仍处于工业化转型期和“走出去”战略的起步和探索阶段，海外网络贸易经验缺乏，主要表现在国际化经营能力不足。这种不足源于以下两个方面：一是企业风险规避能力较弱。中国企业的决策者对风险信息的评估还是习惯性地基于决策者本人的主观判断，缺乏科学的风险评估工具。其决策过程也缺乏客观性和科学性，导致主观判断的风险程度与实际相比相差很大，由此给企业带来不必要的损失。二是国际化人才较为缺乏。主要体现在我国跨境电商在人事制度、评价体系和奖惩体系上与国际上其他跨国企业差别很大，企业缺乏应对风险的国际化和高素质的人才，会给企业在网络贸易过程中增加风险。

二、“一带一路”建设中的网络贸易政治风险防控

目前，国际上的对外直接投资保险制度已经初见成效，形成了较为完整的体系。海外投资保险制度是世界主要资本国间通行的制度，美日等发达国家都

根据各自对外直接投资实践建立了本国的海外投资保险制度。这种制度在降低东道国投资环境的不确定性和投资风险损失方面具有直接的作用。海外投资保险制度目前共有三种模式，即美国模式、日本模式和德国模式。美国模式是指双边主义，即投资保险制度必须以投资国双方签署双边投资保护协定为前提，这种制度对缔约国具有很强的约束力，能够对本国企业的对外直接投资企业提供强有力的保护。日本模式是典型的单边主义，它只根据日本的国内法规定，而不管是否与东道国签署了投资保护协议，受害企业均可从日本的海外投资保险中获得补偿。这种模式迫使很多日本企业在遭受风险后向东道国当地政府寻求救济，使得企业在风险补偿方面处于劣势。德国模式则是混合模式，兼有双边保护和单边主义的特征。我国可以借鉴国际上的先进保险经验，为跨境电商的国际网络贸易设置两种政治风险投保种类：一种是外汇管制风险。东道国往往以国际收支困难为理由实行外汇管制，通过政策甚至立法的方式限制或禁止跨境电商将其收入及合法利益汇往本国。另一种是战争内乱风险。往往是一些不可预见的东道国内部或波及东道国的战争内乱，使得外国跨境电商财产遭受重大损失，无以为继。

上述提到的风险都属于不以企业意志为转移的政治风险，往往与东道国法律、政治及社会有关，而不包括自然灾害和一般的商业风险，后者如经营理念不善、商业欺诈等。

中国应对“一带一路”地缘政治风险可以从五大路径出发：首先，从地缘政治结构层面审慎推进避免引发结构动荡。其次，在辖区内层面加强多阶层利益协调与公共外交；辖区间层面贯彻求同存异原则构建多主体共建机制；破碎地带层面保障美俄续存与展现非传统安全问题的中国作为。再次，在理论层面创建与传播“一带一路”倡议的合作型地缘政治想象。最后，在企业层面加强自身风险管控与应对。

（一）地缘政治结构层面：审慎推进避免引发结构动荡

世界地缘政治结构由海洋辖区、心脏地带辖区、东亚辖区和南亚辖区四个辖区组成。科恩认为中国作为东亚地缘战略辖区的主要构成区域，是辖区内的主导者。一旦中国推进东亚地缘战略辖区的运动过快，则可能会出现辖区间的激烈碰撞与地缘政治结构的反制。“一带一路”倡议加速东亚地缘战略辖区内部的紧密联系同时也在扩大辖区的影响范围，这都是在中国国家实力跃升成为世界第二位的基础上建立起来的。但是无论是与美国相比还是与欧盟以及世界其他发达国家相比，中国人均资源严重不足，中国要避免在“一带一路”上四处出击，不要在战略价值有限的地区浪费了过量的资源。中国实力还不足以支撑中国对于沿线投资地域的安全保护，所以也不应在风险高发地区投入大量资源，以避免地方动荡和武力冲突造成血本无归。例如，在利比亚和伊拉克的石油投资就因为政权的更迭和恐怖组织的袭击导致投资失败。中国需要吸取这样的教训，在“一带一路”建设中保持审慎的态度。

同时要注意，中国“一带一路”倡议的内核是经济合作，并不是军事实力。所以“一带一路”建设并不是寻求欧亚大陆的权力追求或权力真空的填补，而是要寻找能够提供较为稳定的安全环境作为投资地点和基础设施互联互通支点。美俄作为欧亚大陆传统角力的两大地缘政治棋手国，其地缘政治博弈与地方利益集团的博弈已经形成了动态平衡。中国“一带一路”倡议的推进不能破坏原有的均衡体系，因为中国“一带一路”倡议的推行依赖于原有结构的平稳环境。在中国实力的重要转型期，中国崛起需要一个平稳的环境而非动荡的格局。中国“一带一路”倡议的推进必须以多主体共同推进为核心，以优化“一带一路”沿线地区地缘环境为目的，将经济合作与互联互通建设作为手段。在推进上有限选择伙伴关系密切、地缘环境较好、战略条件较好的国家，分阶段地逐步推进。以“软实力”和“巧实力”稳步推动东亚地缘战略辖区的成熟和运动。中国必须做好沿线国家地缘政治风险的评估与预测机制，基于全球治理的理念推动“一带一路”地缘政治风险的多元治理。

（二）辖区内层面：加强多阶层利益协调与公共外交

中国在东亚地缘战略辖区内并不是唯一的主导者，越南作为东南亚地区经济与军事的地区性强国与中国在南海地区存有海洋领土争端。越南在东南亚地区具有重要的影响力，科恩认为越南在东亚地缘战略辖区内部具有一个小的地缘政治区。而这个地缘政治区对于中国加速东亚战略辖区的进一步紧密联系形成了挑战。虽然越南在东亚地缘战略辖区中尚无挑战中国的实力，但是在辖区外大国的支持与干涉下，越南将会在地区内阻碍中国的脚步。中国应尽早与越南等地区强国进行沟通，或选择暂避锋芒，寻求发展的间接路线。东亚地缘战略辖区内部成员间发展差异较大，许多国家内政并不平稳，国内利益集团博弈严重，国家能力严重不足，政府朝令夕改。中泰高铁的反反复复以及中吉乌高铁的一波三折都反映出，无论是大国干涉还是国家政权变更的影响都将通过其国内利益集团的斗争表现出来。这些国家照搬西方民主代议制政体，但是在民主价值尚未确立的情况下，政权组织形式沦为国内部落、军人利益集团、各类政党包括极端组织博弈的舞台，政权更迭频繁。中国互联互通建设项目往往沦为这些国家政治进程的牺牲品。以往我国在与这些国家建立联系时主要以国家与国家的对等层面为主。但是这些国家的政权能力薄弱，对于国土的掌控能力有限，地方割据势力往往成为部分关键领土的实际主宰者。中国在推进“一带一路”互联互通建设中应当注重多层面的沟通与利益的协调。在政府层面获得认可的同时，尤其要注意获得地方利益集团的认可与拥护，这是中国落实互联互通项目进程的有力保障。因为沿线国家的政府更迭频繁，地方势力的承诺与保障会更加有效。而要获得地方势力的保障，则项目落地进行时要照顾地方利益集团的利益分配问题。例如雇佣当地员工创建就业岗位，引用当地产品和资源加深经济互动等。这些虽然会增加互联互通项目进度的成本，但是比起项目中断引起的损失，这种与地方利益协调的方式是保障项目稳步推进的更佳选择。

（三）辖区间层面：以求同存异原则构建多主体共建机制

由于辖区间交汇地区层面脆弱的特殊性，使得以单中心为主导的区域计划往往受到多方抵制从而频频中断。中国刚开始在此区域推进“一带一路”倡议，不能因中国的介入使该地区多年以来形成的权力动态平衡产生剧烈变化。中国

“一带一路”倡议以经济合作为主，因而无法对此地区的权力真空进行有效填补。所以中国推进的“一带一路”倡议在此层面应当注重与多国的对接和多中心的共同推进。以“一带一路”推进对地缘环境的优化为主打，寻求各国家的利益共同点，从小处着手，多国共同在“一带一路”框架下推进基础设施建设与互联互通项目。同时在多国共同推进的过程中，首先应当考量俄罗斯的战略诉求，因为欧亚大陆汇合区的稳定将直接威胁俄罗斯的国家安全与传统利益。同时也需要注重与印度的关系。“一带一路”倡议的空间规划重点是横向的东西大陆贯通与纵向的南北海陆联接，以此形成欧亚大陆网络状空间交互，使对立的海权与陆权走向统合。中国应当争取吸引印度作为共同推进的一方主体，加强“一带一路”倡议的空间支撑。

（四）破碎地带层面：保障美俄续存与展现非传统安全问题的中国作为

非传统安全问题在紧密的地缘关系中会蔓延到其中的每一个国家和地区。中东破碎地带的非传统安全问题的核心是“三股势力”问题[①]。“三股势力”的广泛存在以毒品制运和跨国犯罪为资金来源，以动荡的地区作为生存依托。所以解决中东地区主要的非传统安全问题的根本在于治理“三股势力”问题。由于“三股势力”属于多国共同面对的非传统安全问题，使得治理手段与方式必须寻求多主体共同参与。治理“三股势力”问题，一方面是中国对“一带一路”倡议推进中所遭遇风险的积极应对，另一方面也有利于解决中国国内“三股势力”问题。中国在“一带一路”倡议推进中应当积极展现中国的大国责任，在不触及权力动态平衡的问题上展现中国作为。例如与上合组织成员国加快反恐力度，共同参与境外反恐行动，打击跨境毒品交易与跨国犯罪。中国可以结合大湄公河流域的联合执法经验，将两大反恐平台联合。同时，与美国寻求反恐合作，围绕破碎地带的“三股势力”问题，以中巴伙伴关系为桥梁，组建“一带一路”的反恐平台，在平台运行中加深与多方的利益协调与情报交互，为“一带一路”倡议推进铺设地缘环境安全保障。

① “三股势力”分别指宗教极端势力、民族分裂势力以及国际恐怖势力。

（五）理论层面：创建与传播“一带一路”合作型地缘政治想象

“一带一路”是一个具有空间地理规划的倡议，并且中国具有一定的对欧亚大陆的改造能力，倡议发布伊始就引起了各国地缘政治学家与政策制定者的诸多争论。因此，“一带一路”倡议也陷入了由地缘政治的悲观逻辑而引发的各国对于中国的高度担忧之中。与以往各大国地缘色彩战略不同的是，中国“一带一路”倡议的核心并不是军事权力而是经济合作，运行方式也是多中心共建而并不单主体推进，“一带一路”倡议体现的是合作共赢的理念。为了消减各国的战略疑虑和降低战略抵制与对抗发生的风险，中国应当通过“一带一路”倡议的合作形式，建立合作型地缘政治想象。让“一带一路”成为合作的代言词而并不是冲突性地缘征服。首先，应是国家领导人层面的合作型理念的倡导与宣传；其次是学者层面对“一带一路”合作性质的挖掘；最后，是大众喜闻乐见的文化作品中要将“一带一路”谱写为合作的篇章。而地缘政治想象并非只是单纯的创建，更是在地缘政治互动中的传播。所以，要加强各国与多方利益集团的交流与访问互动，同时也要推动国际间学者层面对“一带一路”合作型理念的正向解读，另外要善于使用全媒体手段，加深“一带一路”合作型内涵影视、文学作品等在国际层面的传播。

（六）企业层面：加强自身风险管控与应对

企业作为政治风险的承受主体，仅靠政府层面的保护措施是远远不够的。并且一部分的政治风险源于企业自身的管理不善，以及风险管理能力上的缺失。因此只有提高企业自身的政治风险应对能力，加强企业政治风险管理能力，才能真正有效地规避政治风险带来的影响。而这需要企业在参与跨国经营过程中加强属地化管理，遵纪守法，履行社会责任，从而提高中资企业在当地的企业形象；在开展跨国经营前借助政府、第三方评估咨询机构以及自身风险评估部门，对东道国的政治风险进行全面评估；在政治风险管理过程中，加强政治风险预防、预警与应急管理，建立一套科学的风险预警体系与风险应急机制，从企业内部加强对政治风险的控制。具体来说，企业可以在以下几个方面进行努力。

1. 加强企业自身管理和形象建设

中资企业在外国开展跨国经营中面临的许多政治风险往往起源于该国部分政治势力及该国民众对中资企业的误解与歧视。因此加强中资企业自身管理和企业形象建设，能有效地规避这一类政治风险，增进当地民众、政府对中资企业的理解与支持。结合中资企业的情况，以及部分中资企业在企业形象建设上的尝试，企业应该在加强自身管理与形象建设方面注意以下两点：第一，加强属地化管理。属地化经营指开展跨国经营的企业在东道国按照当地的法律法规和人文因素，以及国际上通行的企业管理惯例进行经营和管理。实现属地化管理意味着跨境电商在进行网络贸易的过程中，在涉及人员任用和运输方面的问题时，尽量在东道国雇用当地的劳动力，使用当地的资源，了解当地的法律法规和风俗习惯。加强属地化管理，让当地民众更多地参与企业的经营活动，一方面，能为缓和当地的失业状况做出贡献，赢得当地民众与政府的支持；另一方面，在突发事件发生时，当地雇员的参与能提高企业的应对能力和转移能力，从而减少企业的损失。此外，属地化管理能大大降低企业运营管理成本，于企业于社会助益良多。第二，遵纪守法避免冲突的发生。中资企业在东道国的网络贸易过程中应多注意当地的法律与政策，由于没有详细调查当地情况而与地方法律政策相冲突的矛盾往往带来比较严重的后果，因此要尽量避免因与当地法规冲突而引起的风险。

2. 加快跨境电商的海外仓库建设

物流是跨境电商贸易的重要支撑，同时海外仓库在物流中也起到关键的中转作用，因此加快我国跨境电商的海外仓库建设具有重要的战略意义。如果能够在相应的国家和地区中设立自己的海外仓库，首先，能够降低物流成本的投入。从我国向海外仓库运输的货物都是以批量运输的方式进行的，所以在物流中能够直接获取可观的经济效益，并降低了单位物流的成本。其次，建立海外仓库后，能够为消费者带来更为便捷的售后服务。待退换的商品只需要直接在海外仓库所在地进行处理，避免了商品再次进行通关、商检、跨境运输等环节，极大地节省了时间，有利于提高消费者的满意度。最后，在货品的销售方面，实现了货物以批量的方式一次性通关，提升了运输效率。消费者下单后，直接从当地的海外仓库发货，也提高了货品的配送效率。因此，基于以上优点，可以进行我国政府与优秀电商企业之间的合作，或者与当地的运营主体建立合作伙伴关系，积极地在“一带一路”沿线国家地区之间建立跨境电商海外仓库。[①]

在实践操作中，由于受到企业因素、地域因素等内外环境的影响，海外仓库的建设工作面临着较大的操作难度。因此需要在建立海外仓库前期做好大量的调研准备工作。考虑到跨境电商企业抗风险能力较弱的现状，需要政府和具备较强能力的大型国有企业、成熟的大型跨境电商企业进行合作，对建立的海外仓库制定统一化、规范化的标准，然后向中小型跨境企业开展出租业务。在地域因素方面，海外仓库的长远发展应与当地环境有效的融合，确保能够被当地的政府和人民所接受。这需要对仓库管理人员进行严格的培训，深入当地去调查宗教、文化、习俗等现状，在管理工作中充分尊重当地的法律法规和风俗，强化运营质量的提升，通过优质的服务来获取当地政府和人民的支持。

3. 加强政治风险评估工作

这可以从以下三点进行：第一，拓宽政治风险信息获取渠道。一般情况下，企业可以通过以下几种方式获取政治风险信息：一是外交部、商务部等政府部门发布的预警信息，这一类信息可信度高，但常常具有滞后性；二是当地媒体发布的预警信息，这一类预警信息较为及时，但其可信度有待商榷；三是专业风险评估机构发布的风险地图、风险年报等评估报告，比如中国出口信用保险公司每年发布的《国家风险分析报告》、裕利安宜信用保险公司每年发布的《裕利安宜经济研究国别报告》、贝氏评级公司每年发布的《贝氏评级国家风险分析报告》、英国政治风险服务机构（PRS）每月发布的《国家风险指南 ICRG》等，这

① 刘小军、张滨：《我国与“一带一路”沿线国家跨境电商物流的协作发展》，载《中国流通经济》2016 年第 5 期。

一类风险评估报告对部分重要国家的政治风险都有较为深入的分析，但同样有一定的滞后性；四是企业在当地开展跨国经营过程中获得的一手信息，这一类预警信息最为及时也较为可靠，但不同企业获取一手信息的能力不同，所获得的政治风险信息也不够全面。综上所述，目前企业获取信息的每一种渠道都有其优势也有其不足，因此企业应综合利用上述各渠道，建立完善的信息收集网络与政治风险评估数据库，对企业在国外开展网络贸易所面临的政治风险进行全面、深入的分析，同时有计划地发布国外当地政治风险周报、月报、年报，确保信息共享。第二，建立常态化联络机制。企业应建立起常态化联络机制，这个联络机制的主体包含国外政府、军方、业主、中国驻外国大使馆、经济商务参赞处、各情报部门等相关机构，保持同各方常态化的紧密联系，接受来自这些部门的指示与要求，获取当地的最新预警信息。在必要时向这些部门寻求政治、军事、物质援助。第三，在企业内成立风险管理部门，开展风险识别与管控工作。企业的风险评估不能仅靠政府以及第三方机构提供的信息，在企业内培育风险管理文化、聘请风险评估专业人才、设立风险防范专项基金、成立风险管理部门也是至关重要的。政治风险评估工作应贯穿企业跨国经营的生命全周期：在开展跨国经营前，风险管理部门要对东道国进行全面深入的实地考察，对当地的政治形势、法律法规、文化风俗习惯、市场竞争等各方面进行深入的了解，并对其中可能引发政治风险的重大风险源进行分析上报。对于存在严重政治风险隐患的项目，审慎投资，切不可盲目开展跨国经营；在网上交易阶段，企业应该按照风险分担的原则进行合同中的风险分担设计。在合同条款中，尽可能地让国外业主、政府方面承担更多政治风险；在开展跨国经营的过程中，加强对主要风险源的动态监控。对于重大隐患应该及时上报企业主管部门，确保风险源处于可控状态，采取积极有效的规避措施，最大化地减少政治风险对企业带来的损失。

第二节 典型案例

【知识背景 / 学习要点】

中国海外贸易大幅增加是我国企业响应“走出去”号召的必然结果。然而，就在我国企业“走出去”频创佳绩的同时，国外社会政治风险对我国境外企业造成损害的报道也日渐增多。近年来爆发的典型案例包括：

2009 年中国在利比亚承包的工程项目涉及合同金额 188 亿美元，但后来获得的保险赔偿只有不到 4 亿元人民币，损失惨重，政治风险在利比亚动荡中被充分暴露。譬如中国葛洲坝集团在利比亚投资的住宅项目于 2008 年 12 月开工。该工程属于利比亚政府规划、国家财政出资的百万家庭安居工程，分布在两省五地，包括 7300 套居民住房以及必要的配套设施。葛洲坝集团于 2009 年 9 月就该合同向中国信保投保了出口信用保险。2011 年 2 月，受当地局势的影响，葛洲坝集团在利比亚的工作人员全部撤离，项目暂时中止，最终获赔 1.62 亿元人民币。此外 2008 年中国建材在利比亚投资水泥厂项目时，中国建材将中国水泥技术引入利比亚，很快得到北非市场的认可，2010 年 7 月公司就该项目向中国信保投保了出口信用保险。水泥厂项目也因当地紧张局势而暂停，全部工作人员撤回国内。

2011 年缅甸总统以环境保护为由，在不与我国相关部门沟通的前提下，单方面宣布暂停密松电站项目，给中方投资者带来巨大损失。事件经过主要是：2011 年 9 月 30 日，缅甸总统登盛宣布在其任期内搁置密松电站项目。密松电站项目涉资 36 亿美元，是当时中国在缅甸的最大投资项目，也是缅甸计划修建的最大规模水电站。缅方单方面宣布中止此项目，引发了中国投资者、政府和社会舆论等多方面的高度关注，甚至有观点认为密松事件是中缅关系的转折性事件。密松事件发生后，中国电力投资集团公司加大了对缅甸各阶层的宣传沟通力度，并采取措施积极做好移民安置，避免停工厂址遭破坏。中电投还应缅甸政府的要求，尽快将原来建设的9.9万千瓦施工电源电站——小其培水电站转换成商业化电源，直接向密支那地区供电。2015年1月21日，在小其培水电站商业化运行协议签字仪式上，缅甸电力部长钦貌梭向中电投公司表示衷心感谢，并承认，小其培水电站惠及当地民众，为当地创造了大量就业机会。小其培水电站是中电投受邀投资缅甸后建成的第一座电站，其建成投产后，当地民众获得了稳定的供电，工商业也因此得到快速发展。

2011年利比亚内乱对大量中资企业造成严重损失。

2012年中国员工在苏丹和埃及遭到劫持。

2012年由于朝鲜单方面撕毁条约，导致中国的西洋集团损失2.4亿元。

2014年越南骚乱再次造成大量中资企业财产损失甚至人员伤亡。

2015年斯里兰卡新政府上台后暂停了中国企业投资建设的科伦坡港口城项目。科伦坡港口城的1/3将由中国公司拥有并开发，其余的2/3交由斯里兰卡开发。项目的二期投资将达到130亿美元。中国公司将吸引国内和世界的投资者，包括美国和印度的公司，也可以到填海造地得到的土地上投资。中国港湾有限责任公司提供的资料显示，项目直接投资14亿美元，带动二级开发投资130亿美元，创造超过8.3万个就业机会。港口城市项目是2014年9月习近平主席访问斯里兰卡时开工的，但就在斯里兰卡总统2015年3月26日访问中国之前的几个星期，该项目被斯叫停，斯里兰卡总统举证说“缺乏政府批准”，涉嫌规避当地法律以及回避相关环境要求。然而，实际情况是印度从中作梗，印度领导人习惯于把南亚次大陆看作自己的势力范围，容不得任何本地区以外的大国介入南亚事务。中国在斯里兰卡的投资对印度来说，无异于进入其“后院”，印度是对此非常担忧和不满的。因此，印度采取一系列措施对抗中国的“一带一路”倡议。首先，印度启动“季风计划”反制中国的“一带一路”倡议。印度的目标是规划一个“印度主导的海洋世界”，包括东非、阿拉伯半岛，经过南部伊朗到整个南亚，向东则通过马六甲海峡和泰国延伸到整个东南亚地区。

其次，印度获得美国的支持，为了保护其在印度洋的利益，尽全力加大对斯里兰卡的投资。

2015 年墨西哥政府取消中国高铁中标并叫停坎昆龙城中国商品集散中心项目，给中国投资者释放了在该国投资危险的信号。

2016 年，中泰及中蒙合作项目的暂停。大国博弈、政局动荡、环境敏感等问题对“一带一路”倡议下海外投资项目的可持续性带来了巨大的挑战。中泰铁路作为“一带一路”倡议下标志性的铁路建设项目却历经坎坷。2016 年 3 月 22 日国家发改委副主任宁吉喆在博鳌论坛指出中泰铁路将在 5 月份开工建设，然而就在 3 月 25 日，经历大国博弈，特别是“日本插足”和“泰国政坛地震”之后，泰国单方面宣布合作缩水，决定自筹资金投资中泰铁路项目，不向中方贷款且不修建北段的出境铁路线，使得这条铁路的经济价值大幅降低。“一带一路”建设中标志性的基础设施建设项目面临夭折的危险。2015 年 11 月，中国和蒙古发表联合声明，宣布中蒙将联合发展大型工业项目，其中包括多座水电站，中国进出口银行已向蒙古方面提供 10 亿美元贷款，以开工建设埃金高尔水电项目。然而，2016 年 6 月 6 日，俄罗斯与蒙古会晤期间，叫停中国“一带一路”援蒙水电站投资项目。俄方指责水电站建设会破坏贝加尔湖生态环境，并立即冻结该项目，表示经世界遗产中心作出决议之前，不进行任何项目的实施。

未来，随着我国企业“走出去”的步伐不断加快，暴露在国外社会政治风险中的中国企业海外资产将更为巨大。政府和企业都要审慎对待未来可能发生的政治风险，提前做好防御监控措施，增强自身的抗风险能力。

第四章

“一带一路”建设中网络贸易的经济风险

【内容摘要】

“一带一路”沿线的大部分国家属于发展中国家。发展中国家普遍存在市场经济不发达、营商环境不佳、产业结构不合理等制约经济发展的因素。因此，在带来广阔的投资空间的同时，要更加理智客观地分析海外市场所蕴藏的经济风险。纵使“一带一路”的建设将给我国带来较大的经济效益，其内蕴含的经济风险也不容忽视。我们要正视风险，迎接挑战，把风险之路变为机遇之路，防范经济风险，完善国家间合作机制和“一带一路”建设机制。

第一节 “一带一路”建设中网络贸易的经济风险与防控

【知识背景 / 学习要点】

一、“一带一路”网络贸易中存在的经济风险

（一）经济风险概述

2019 年 11 月 5 日，习近平主席出席第二届中国国际进口博览会开幕式，提出继续推进共建“一带一路”。中国将秉持共商共建共享原则，坚持开放、绿色、廉洁理念，努力实现高标准、惠民生、可持续目标，推动共建“一带一路”高

质量发展。[①]“一带一路”可以有效发掘区域内市场潜力，促进投资和消费，创造需求和就业，同时扩大我国对外投资，提高外国市场对我国商品及服务的需求及消费。随着我国跨境电商的快速发展，网络贸易在“一带一路”建设中发挥着越来越重要的作用，不仅提供大量就业岗位，缓解了国内就业压力，而且有利于我国向外输出过剩产能和资本。放眼看来，“一带一路”存在可观的收益，但其潜在的风险同样不能被忽视。

经济风险主要指东道国经济形势变化或经济政策调整导致对外投资收益降低的可能性。“一带一路”沿线多数国家经济基础较薄弱，市场经济制度不健全，经济结构单一，经济稳定性较差。金融系统较为脆弱，国内金融市场不发达，容易受到世界经济低迷和国际金融市场波动的影响。因此，对外直接投资面临的市场风险和运营风险较为突出。

对外贸易是衡量一个国家经济发展的重要指标。随着经济全球化和大数据、云计算等信息技术的高速发展，传统的外贸进出口模式已经不能全方位满足发展的需要。跨境电商作为外贸经济发展的新动能，以互联网与对外贸易的相互渗透及有机融合为特点，因其高效、便捷、开放和低门槛的优势而受到我国进出口企业及消费者的青睐，在“一带一路”贸易中占据着越来越重要的地位。

中国已进入“互联网 +”时代。“互联网 +”是将互联网的创新成果与经济社会各领域深度融合，推动技术进步、效率提升和组织变革，提升实体经济创新力和生产力，形成更广泛的以互联网为基础设施和创新要素的经济社会发展新形态。在全球新一轮科技革命和产业变革中，互联网与各领域的融合发展具有广阔前景和无限潜力，已成为不可阻挡的时代潮流，正对各国经济社会发展产生着战略性和全局性的影响。[②]数字贸易已培育出多种贸易新业态和新模式：一方面，在数字贸易的背景下，碎片化的订单、个性化的需求使得跨境电子商务

① 习近平：《开放合作命运与共》，载《人民日报》2019 年 11 月 6 日第 3 版。

② 《国务院关于积极推进“互联网 +”行动的指导意见》（国发〔2015〕40 号）2015 年 7 月 4 日发布。

这种贸易新业态蓬勃发展；另一方面，数字贸易促进了多种产业深度融合，催生了包括采购、仓储、加工、配送和信息服务在内的一体化供应链管理模式。①

跨境网络贸易不但冲破了国家间的障碍，使国际贸易走向无国界贸易，而且对于正在面临转型升级困境中的“中国制造”来说，其构建了开放、便利、高效的贸易环境，拓宽了中国企业进入国际市场的路径，优化了外贸产业链，为品牌创立和产品创新提供了便利的平台和宝贵的机遇。我国的跨境电商在“一带一路”建设中的机遇主要有以下几点：

1.“一带一路”倡议为跨境电商发展提供政策支持

随着“一带一路”的建设发展，一系列优惠和扶持政策陆续出台。为了使电子商务与国际贸易深度融合，成为新的经济增长点，相关部门相继出台了鼓励和规范跨境电商发展的政策。

表 4-1　扶持规范跨境电商政策

时间（年）	制定单位	文件（会议）名称	主要内容
2012	发改委、海关总署	中国跨境贸易电子商务服务试点工作部署会	中国跨境贸易电子商务服务试点工作全面启动，郑州、上海、重庆、杭州、宁波作为5个试点城市将“先行先试”
2013	国家外汇管理局	《支付机构跨境电子商务外汇支付业务试点指导意见》	确定在上海、北京、重庆、浙江、深圳等5个地区开展支付机构跨境电子商务外汇支付业务试点
	商务部等9个部门	《关于实施支持跨境电子商务零售出口有关政策的意见》	将跨境电子商务零售出口纳入海关的出口贸易统计，提出了对跨境电子商务零售出口的支持政策以及出口检验、收结汇等6项具体措施
	商务部	《关于跨境电子商务零售出口税收政策的通知》	跨境电商零售出口可享退免税

① 马述忠、房超、梁银锋：《数字贸易及其时代价值与研究展望》，载《国际贸易问题》2018年第10期。

续表

时间(年)	制定单位	文件(会议)名称	主要内容
2014	海关总署	《关于增列海关监管方式代码的公告》	增设了监管方式代码“9610”“1210”
	海关总署	《跨境电子商务服务试点网购保税进口模式问题的通知》	对保税进口商品及金额的规定,规范保税进口运作模式
	国家税务局	《关于外贸综合服务企业出口货物退(免)税有关问题的公告》	明确了外贸综合服务企业可作为退税主体的情形和要求
2015	国务院	《国务院关于大力发展电子商务加快培育经济新动力的意见》	提出推动电子商务走出去,抓紧研究制定促进电子商务发展的指导意见,鼓励面向“一带一路”沿线国家的电子商务合作
	国务院	《国务院办公厅关于促进电子商务健康快速发展的指导意见》	在国内企业发展、海关监管、检验检疫、进出口税收、支付结算、财政支持、综合服务、行为规范、国家合作等方面进行了部署
2016	国务院	《关于同意在天津等12个城市设立跨境电子综合试验区的批复》	同意在天津市、上海市、重庆市等12个城市设立跨境电子商务综合试验区
	发改委	《营造良好市场环境推动交通物流融合发展实施方案》	鼓励快递企业发展跨境电商业务,建设国际分拨中心、海外仓,加快海外物流基地建设
	国务院	《国务院关于促进外贸回稳向好的若干意见》	促进外贸回稳向好
2017	国务院	《国务院关于进一步扩大和升级信息消费持续释放内需潜力的指导意见》	积极稳妥地推进跨境电子商务的发展
2018	商务部等20个部门	《关于扩大进口促进对外贸易平衡发展的意见》	加快出台跨境电子商务零售进口过渡期后的监管具体方案;复制推广跨境电子商务综合试验区成熟经验做法
	国务院	《国务院关于同意在北京等22个城市设立跨境电子商务综合试验区的批复》	同意在北京等22个城市设立跨境电子商务综合试验区
	国务院	《国务院关于印发优化口岸营商环境促进跨境贸易便利化工作方案的通知》	进一步优化口岸营商环境,实施更高水平的跨境贸易便利化措施

续表

时间（年）	制定单位	文件（会议）名称	主要内容
2019	国务院	《国务院办公厅关于加快发展流通促进商业消费的意见》	扩大跨境电商零售进口试点城市范围，顺应商品消费升级趋势，抓紧调整扩大跨境电商零售进口商品清单
	国务院	《国务院关于进一步做好利用外资工作的意见》	进一步做好利用外资工作，稳定外资规模，优化外资结构

资料来源：国务院、商务部等官方网站。

2.“一带一路”倡议为跨境电商开辟了广阔的市场

“一带一路”为沿线国家和地区的经济发展创造了发展机遇，也对中国经济的发展提出了更高的要求。近年来，中国传统对外贸易发展速度放缓，跨境网络贸易却保持了快速增长的态势。我国“丝路电商”合作不断深化。据海关统计，2018 年，我国跨境电商零售进出口总额达到 1347 亿元，同比增长 50%；我国与柬埔寨、科威特、阿联酋、奥地利等国跨境电商交易额同比增速均超过 100%。[①] 截至 2019 年 8 月，我国已与 19 个国家建立电子商务合作机制，通过召开电子商务工作促进会与企业对接会等，帮助相关国家企业利用电子商务开拓国际市场。目前，中国的跨境网络贸易市场主要分布于美、英、德、法等发达国家。同时，随着新兴市场的不断崛起，俄罗斯、巴西、印度等市场由于本国网络贸易并不发达但需求旺盛，正成为中国跨境网络贸易的新兴市场。中国制造的产品物美价廉，在这些国外市场上具有较大的竞争力。此外，亚洲周边市场如东南亚市场，由于国内制造业相对薄弱，也是具有较大市场潜力的地区。国内网络贸易并不发达的中东欧、拉丁美洲、非洲等地区，也将是未来中国跨境网络贸易市场的增长点。目前，国外对中国制造的大量需求促进了中国跨境电商的迅速发展，“一带一路”更是为这一顺应国际市场的新发展提供了诸多保证。

① 《商务部召开例行新闻发布会（2019 年 2 月 21 日）》，载商务部官网，http://www.mofcom.gov.cn/article/ae/ah/diaocd/201902/20190202836938.shtml，下载日期：2019 年 11 月 30 日。

3.“一带一路”推进了跨境物流体系建设

“一带一路”建设涉及70多个国家和地区，并且随着国际认可度的提高，成员还处于动态增加之中。然而，客观审视“一带一路”区域，其空间距离横跨亚洲、非洲和欧洲，如此长距离空间跨度的经济合作必然对物流提出较高的要求，尤其是在网络贸易迅猛发展的当下。[①]为了提升物流效率，各国均积极致力于物流软硬件设施的建设和完善，“一带一路”为其快速推进提供了契机。中欧班列的大量开行、国际陆港和海外仓库的建立不但开创了新陆地物流运输的贸易方式，而且改变了以往“投资—生产—贸易”的传统经济合作形式，形成了“运输物流—贸易—生产—运输物流—贸易—生产”新的经济循环形式和国际分工格局。[②]2018年中欧班列共开行6300列，同比增长72%，其中返程班列2690列，同比增长111%。

（二）经济风险成因分析

1. 国际环境

国际环境中最主要的影响因素是经济全球化发展的不平衡性。经济全球化无疑是20世纪以来全球经济发展的最重要特征。经济全球化带来了全球生产、贸易、投资、金融等领域的协同一体化，促进了科技创新，推动了生产要素在全球的流动，促进了国际分工与合作，各国经济相互依赖，由此引发各国在经济上的融合。同时，经济全球化也是一把双刃剑，伴随着经济全球化的不断深化，其发展不平衡性所带来的负面影响也日益显现，导致许多新问题的产生，其负面效应主要包括以下三个方面：

（1）加剧了世界经济发展的不平衡性。这种不平衡体现在三个方面：一是发展中国家与发达国家之间的不平衡在全球范围内进一步拉大，甚至部分发展中国家有被边缘化、孤立化的趋势。目前大多数发达国家都已进入后工业社

① 韦斐琼：《“一带一路”战略红利下跨境电商发展对策》，载《中国流通经济》2017年第31卷第3期。

② 裴长洪、刘斌：《中国对外贸易的动能转换与国际竞争新优势的形成》，载《经济研究》2019年第5期。

会，大多数发展中国家仍处于由农业国向工业国过渡时期。二是发达国家之间的不平衡。主要体现在发达国家之间由于国内经济增长速度不同所带来的国际经济地位的此消彼长。三是发展中国家之间的不平衡。主要体现在发展速度上，这源于发展中国家的国别差异，由于文化与历史的原因，发展中国家之间实行的经济政策各有不同，由此带来的结果是发展中国家之间在发展速度和发展水平上差距拉大。特别是在二战后，原有的发展中国家中出现了一批新兴工业化经济体，在一些经济指标上已经接近或达到了发达国家的水平。

（2）加大了全球性经济危机爆发的可能性和危害性。经济全球化促进了各个国家的相互联系，由此带来的结果是任何一个国家或地区的经济出现危机都有可能通过全球化的网络迅速蔓延到其他国家和地区。随着全球经济联系的日益紧密，给经济的监管和调控增加了难度，能源价格波动、金融秩序失控、大国经济衰退等诱发全球经济衰退甚至危机的可能性增大。一旦发生危机，其传导速度和影响的深度都有可能超越以往的全球经济危机。

（3）加剧了世界经济发展的矛盾和冲突。由于经济全球化发展的不平衡性，各国之间的矛盾和冲突不断加大。无论是发达国家和发展中国家之间，还是发达国家之间均存在经济利益分配的冲突和矛盾。各国间的贸易战、货币战、投资战接连不断，并蔓延至全球。例如，发达国家利用自身在全球经济中的优势地位对发展中国家进行各种经济限制。据联合国统计资料显示，发达国家对发展中国家进口的制成品征收的平均关税是它们对其他工业化国家进口产品征收关税的 4 倍。在投资政策方面，投资保护主义在 2008 年金融危机后尤为明显，2010 年世界各国新出台的与投资有关的新措施中有近 1/3 属于监管和限制措施，这些限制措施主要集中在以自然资源为基础的产业和金融服务业。

金融危机带来的直接影响：金融危机的实质就是供求失衡的经济危机，由此引发金融市场动荡、经济衰退、市场需求减少、贸易和投资保护主义抬头等不利后果，这些不利因素都增加了中国跨境电商的风险。

一方面，经营风险增大。金融危机带来了市场价格冲击。金融危机使得国际大宗商品市场和国际货币市场的价格剧烈波动，对我国跨境电商产生负面影响，如成本上升、利润减少等。此外，金融危机增加了中国在境外企业的经营风险。金融危机波及广泛，从虚拟经济到实体经济，尤其是制造业将面临巨大的损失。市场环境恶化、竞争加剧、利润空间减小等使得很多境外企业面临关停压力。

另一方面，贸易保护主义抬头。金融危机导致部分国家投资和贸易保护主义抬头，尤其是针对我国的各种形式的贸易保护措施层出不穷。中国主要的贸易伙伴，无论是发达国家还是发展中国家，出于自身利益考虑，不仅加大了对我国出口产品的反倾销、反补贴等方面的措施力度，还对我国跨境电商的网络贸易设置了更多的障碍，这种投资和贸易保护主义倾向增加我国企业走出去的贸易风险。

2. 国内环境

（1）我国跨境电子商务海关监管存在的问题。一是大量的海淘带来监管压力。代购是国内消费者购买境外商品较常见的模式之一，代购商家会通过海淘的方式购买大量的商品，然后在国内进行销售。采用海淘方式的大多是一些个人和小型代购企业，他们通过亲自携带境外商品入境，之后由国内快递渠道邮寄商品。海关监管无法对每一个代购商家和每一个代购商品进行检验，这很容易造成偷税漏税问题，同时也难以保障入境商品的真实性和质量。虽然国家出台了与海淘业务相关的政策，要求所有个体代购商积极接受海关检查，主动申报所购买的商品，但由于海淘贸易数量十分庞大，加之代购商自身存在侥幸心理，导致海关相关监管工作压力增大。①

二是海关缺乏与其他部门的配合渠道。目前我国跨境电子商务管理体系尚不完善，该体系涉及的监管部门众多，如海关部门、检验检疫部门、税务部门等，每个部门的工作范围和工作重点不同，所采取的指导方针和管理方案也有很大的差别。在监管进境商品的过程中，主要存在部门与部门配合渠道单一、

① 李强：《试论我国跨境电子商务海关监管模式》，载《价格月刊》2019 年第 10 期。

没有形成全方位配合和监管、数据对接不及时、意见不统一、人力资源调配力度差等问题，降低了海关监管效率，加重了海关监管压力。

三是海关统计方式存在问题。主要是纳入了按照“三单比对”方式进出境邮包、快件。这种统计方法的前提是企业愿意主动与海关系统对接。对于灰色报关的 B2C 和 C2C 业务，特别是通过海淘、代购等方式购买的境外商品，以及采用一般贸易方式报关进出境的 B2C 业务无法采取有效方式统计出来。据国家邮政局发布的《2018 年中国快递发展指数报告》统计，2018 年跨境快递业务量达到 11.1 亿件，同比增长 34%，这给监管和统计工作带来了巨大的挑战。此外，统计范畴排除了外贸综合服务等 B2B 业务，导致最终数据不能真实反映行业的实际发展状况。

（2）在知识产权领域，“一带一路”沿线各国的知识产权保护制度差异明显。知识产权保护环境呈现复杂化和多元化，中国企业在沿线布局国际业务时不可避免地面临着涉外知识产权风险。国家间法律、制度和文化等的差异使得处理涉外知识产权纠纷更加棘手，企业整体涉外业务都可能会因此陷入被动的境地。①

同时，我国跨境电商行业知识产权保护意识普遍不高。跨境电商行业作为飞速发展的互联网新兴行业，不同于传统的批量大宗货物交易的贸易方式，跨境电商的主体往往是中小企业，面对的国内外客户也具有不确定性。主体多样，人员素质参差不齐，企业、消费者都缺乏足够的知识产权意识，盗版、仿冒、售假等现象层出不穷，知识产权侵权问题严重。

（三）“一带一路”主要经济风险

“一带一路”沿线大部分国家是发展中国家。发展中国家普遍存在市场经济不发达、营商环境不佳、产业结构不合理等制约经济发展的因素。因此，在利用广阔的投资空间的同时要更加理智客观地分析海外市场所蕴藏的经济风险，

---

① 温军、张森、蒋仁爱：《“一带一路”倡议下知识产权与标准化国际合作的战略思考》，载《国际贸易》2019 年第 7 期。

特别是投资和市场运营等层面的风险。[①]

1. 投资风险

（1）投资结构不均衡。“一带一路”倡议的提出，为我国对外投资发展提供了广阔的空间。但在“一带一路”框架下推进对外投资将会在投资主体和投资行业上面临一定的风险。首先，从投资主体结构上看，中央级的国有企业是“一带一路”投资的主要引领者，而地方企业和民营资本的参与程度普遍不高。[②]到2014年上半年为止，中央企业对沿线国家的投资金额达864.5亿美元，占投资总量的67.4%。同时，部分东道国对国有资本投资实行较为严格的行业准入限制，将对我国以国有企业投资为主的投资产生不利影响。从投资行业结构上看，现阶段投资主要集中在基础设施和能源方面，但这些行业属于关系国家经济命脉的行业，容易受到政府的干预。虽然“一带一路”建设在投资主体和行业方面集中，有助于形成规模化效应，但是同时也要求企业完善风险分散机制。

（2）投资收益难保证。“一带一路”由于覆盖面广，地缘政治因素复杂，地区冲突不断，加之投资主要集中在基础设施领域，投资的周期长，中国企业的投资收益面临不可预测的风险。沿线国家大多数是发展中国家和落后国家，其经济发展水平差异非常明显，有的国家经济结构单一且增长速度缓慢，抵御外部经济风险的冲击能力弱，难以形成稳定的经济贸易环境。目前我国将大部分资金都投放于基础设施的建设，但这些项目工期长，涉及高额款项且短期盈利状况不理想，甚至投资收益难以回收前期的贷款和建设成本。另外“一带一路”沿线大部分国家的币值小，货币流通性差，缺乏进行利率及汇率风险对冲的工具。中国对外投资交易时用当地货币，导致与人民币进行汇兑过程中存在很大的风险。2006年至2015年6月间，中国对“一带一路”沿线国家投资失败的43个项目中有31个为基建类投资，涉及金额达477.8亿美元，项目与金额占比分别为72.09%与62.21%。

① 郑翔益、杨达：《警惕“一带一路”战略的经济风险》，载《中国集体经济》2017年第25期。

② 周保根、田斌：《“一带一路”投资合作风险的深入评估及应对》，载《国际贸易》2016年第11期。

（3）投资平台和机制建设的滞后性。便利的投资平台和合理的投资机制是促进投资合作的加速器。“一带一路”由于空间跨度广，我国自身海外投资经验不足，沿线国家的金融投资基础设施薄弱，内外因素共同作用下导致“一带一路”投资平台和机制建设滞后。从国内来讲，我国自身的投资管理、投资政策协调存在诸多不合理的地方。在投资管理方面，我国注重事前的投资审批，忽视投资的事后监管。我国对外直接投资管理制度中存在的行政审批缺乏效率和透明度、国家对外直接投资主管部门权限不清和职能交叉、管理制度同步性差等阻碍对外直接投资发展，使得对外直接投资管理机制建设滞后。从国外来讲，由于沿线多为转型和发展中国家，投资准则不完善，各国在投资准入、投资保护、政府采购等方面没有统一的标准，增加了投资制度的沟通协调难度。除了显性的政策沟通协调问题外，部分国家或地区存在隐性的贸易壁垒，这种带有政治目的的经济壁垒短时间内难以攻破。如中亚地区进出口手续烦琐，完成出口手续耗费时间长达数月，关税税率比较高。

（4）投资风险评估和保障不完善。项目风险的准确度量和评估是保证投资盈利的前提条件，合理的投资保障能帮助企业或个人将经济损失最小化。投资风险评估需要有全面的信息作支撑，我国风险评估机构整体上存在对外风险评估经验不足、信息不对称等问题，风险评估过高过低都会影响投资活动的顺利进行。长期以来，我国部分企业在拓展海外市场时存在评估视角上的误区，只重视发展与东道国政府或上层精英的关系，而忽视了反对派、非政府组织或社会舆论的声音，难以对投资项目形成全面、准确、可靠的评估。投资保障是否完善关系到我国海外工作人员的权益，同时也影响与沿线国家合作的可持续性。随着“一带一路”倡议的推进，我国对外劳务合作数量相应增加。据商务部统计，2019 年 1 月至 10 月，我国对外劳务合作派出各类劳务人员 39.3 万人，较上年同期增加 0.1 万人；其中承包工程项下派出 17.3 万人，劳务合作项下派出 22 万人。但我国对外投资的信息服务、应急措施、风险预警方面还比较薄弱，海外投资的商业保险种类比较单一，保险费率比较高，难以将海外工作人员的风险承受压力最小化。

2. 市场运营风险

市场运营风险作为经济活动的前端风险，对资源利用效率、企业信用、资金状况都有直接的影响。如果缺乏对市场运营风险的辨识能力，势必会影响企业的可持续发展。

（1）物流运输风险。物流运输作为现代商品贸易的灵魂，是“一带一路”建设的重要组成部分。“一带一路”物流运输系统的发展决定着内陆及中亚、东亚等地区融入“一带一路”政策的速度和深度。现代物流运输作为高速发展的新型行业，其特点和发展趋势决定了其比一般行业的风险种类更多，影响更大。国内物流运输的发展状况会影响国际物流运输的效率和成本，只有内外各种物流运输标准、要素、信息的有效衔接，才能实现互联互通的国际物流运输通道。当前，学术界对于跨境电商物流的定义没有统一的说法，普遍认为跨境电商物流是指消费者在电商平台下单后，一国商家将货物通过海运、空运或陆运，经由海关报关通行后配送至另外一个国家或地区的行为。跨境电商以零售为主，物流一般不采用传统集装箱海运的方式运输。我国跨境电商物流发展良好，但也存在着不少的问题，尤其是与物流水平较高的国家相比。根据世界银行 2018 年全球物流绩效指数（LPI），经济发达国家和地区的全球物流绩效表现持续居于领先地位。2018 年，德国（4.20 分）、瑞典（4.05 分）、比利时（4.04 分）排前三。而中国物流综合水平相对较低，LPI 得分为 3.61 分，全球排名为第 26 位。

首先，“一带一路”大多沿线国家物流运输的基础设施和装备比较落后，存在规模化和集约化水平低、多式联运不发达、物流时间长、物流费用高、逆向物流难、退换货麻烦等问题。物流业没有统一的服务标准，行业间缺少合作与交流。这些因素共同制约着我国物流运输跨区域、跨行业、网络化的发展，制约着物流运输网络向国际纵深方向的延伸。外部自然条件状况是制约物流运输成本的核心要素。“一带一路”由于涵盖的地域广阔，沿线自然环境恶劣，建设互联互通的国际运输大通道成本高，物流通道基础设施建设滞后。比如，我国和中亚一些国家的铁路标准不统一，导致铁路运力明显不足；民航方面，我国具备与中亚相关国家通航条件的大型机场少，直航航线更少；其他方面的基础设施连接情况也比较差，这些因素都直接影响着跨境电商物流的健康快速发展。① 物流的标准化是构建国际运输系统化的前提，而"一带一路"沿线国家在铁路轨距、公路标志和公路等级方面存在比较大的差异，物流运输的安全性和标准化难以确保。由于"一带一路"物流运输的距离远，难以建立统一的物流信息数据库，物流信息在传递和共享过程中存在失真的情况。物流信息的偏差不但会导致物流成本倍增，而且还会引发一系列难以调和的贸易冲突。跨境电商物流对于跨境电商的发展具有重要的作用。

其次，通关问题。跨境网络贸易是一种综合性的外贸平台，它涉及海关、国检、国税、外管等部门，是把外贸各环节整合在一起的一种新经济形式。与传统国际贸易相互分离又相互关联的模块经济不同，互联网背景下国际贸易的发展是一个整体，任何局部的缺失和低效都会大大降低整个贸易过程的效率，最终影响我国跨境电商在整个国际贸易中的竞争力和影响力。目前，随着跨境电商主体的不断增加，相关部门对跨境电商的监管也相继出现了问题。跨境商品以保税方式进入我国市场，需要接受海关、工商、质检、税务等部门的监督管理，由于部门之间信息无法达到共享，从而易出现政出多门、多头管控的局面，使得跨境商品入境手续烦琐。此外，通过邮局进行邮寄的跨境商品，很多商家利用邮局只提供总包清单和路单的漏洞，很多商品的邮寄都以个人形式寄出，致使海关无法监管。

(2)融资风险。"一带一路"海外基础设施及项目运营所需要的资金总量大。据亚洲开发银行估计，亚洲地区基础设施建设每年需要投入8000亿美元才能支撑目前的经济增长，区域基础设施建设还需要额外投资数千亿美元。现有的亚洲开发银行、世界银行等多边金融机构难以提供足够的资金支持，民间

① 刘小军、张滨:《我国与"一带一路"沿线国家跨境电商物流的协作发展》,载《中国流通经济》2016年第5期。

资本担心基础设施投资周期长，参与意愿低，巨大的资金缺口成为融资的源头性风险。融资渠道多元化是有效化解资金缺口的手段，而融资渠道单一是现阶段贯穿“一带一路”开发过程中的一大难题。部分“一带一路”沿线国家存在经济发展相对落后、行政审批效率低、金融环境不佳等问题，缺乏通过资本市场筹集资金的能力和经验，造成融资结构性矛盾突出。不断完善跨境投融资机制，创造更多的投融资机会，掌握不同类型的多元化融资需求才能解决资金缺口大、融资渠道单一的问题。

我国中小企业跨境电商缺少资金，融资困难。“一带一路”倡议的实施为我国中小外贸企业与沿线国家和地区发展跨境贸易提供了有利的环境。根据商务部的估算，目前在跨境网络贸易平台上注册的新经营主体中，90%以上是中小企业和个体商户。在实体经济与网络贸易并行发展的当下，中小外贸企业的资金需求仅仅依靠以大银行为主的金融机构很难得到满足，而民间融资的成本又非常高且存在风险。例如，浙江中小外贸企业缺乏规范的管理和财务公开模式，缺乏合适的信用证明和贷款条件，难以得到相应的资金注入。[①]

（3）汇率风险。汇率风险是市场风险的重要组成部分，是指以外币计价的资产或负债因汇率的变动而引起的价值下跌或上升造成的损益，广泛存在于国际贸易、国际投资等金融活动中。“一带一路”推行过程中汇率波动风险贯穿在整个投资行为的结算和回收中，具有变化性强、难预测的特点。“一带一路”沿线60多个国家，大多数都属于高风险国家，各国的汇率制度差异大，汇率波动的风险高。同时，大多数国家的币种偏小，在国际上的流通受到限制，外加部分国家存在汇兑限制，导致我国走出去的企业面临双重甚至多重汇率风险。汇率波动和外汇管制的变化速度和频率快，会使本来盈利的项目蒙上阴影。因此，管控汇率风险已经成为走向海外的企业需要首先解决的问题。

（4）税务风险。“走出去”的企业面临税制不确定性强的风险。无论是税

① 褚学力：《金融互联互通支持中小企业跨境电商发展探索——基于我国与“一带一路”沿线国家和地区经济发展的思考》，载《中国流通经济》2016年第11期。

制的适应性风险还是变动性风险都会影响企业的盈利水平和积极性，成为对外投资经营不可忽视的一大风险。一方面，由于经济全球化以及数字经济的快速发展，各种经济交易活动和金融安排日趋复杂，从而纳税人数量以及跨境商业活动频繁，其中存在的问题也日益凸显，例如国际逃税、避税问题，不同国家征管权限的局限以及跨国商业活动中信息不对称等问题，导致各国税收征管存在困难。另一方面，由于沿线国家税制差异较大，某些国家和地区税制较为复杂，“走出去”企业和个人在参与“一带一路”建设中面临较大的税收风险。①

“一带一路”沿线国家数量众多，大多数国家都是发展中经济体或新兴经济体。由于各国经济发展情况、政策目标和征收管理水平的不同，所采用的税制体系结构差异较大。②总体而言，“一带一路”沿线国家的税制体系可以分为三类：以直接税为主体的税制体系、以间接税为主体的税制体系、以直接税和间接税并重的“双主体”模式。总的来看，发达国家多以直接税为主体，发展水平较高的发展中国家多采用“双主体”模式，大多数发展中国家以间接税为主体。③各国税收法律制度体系的差别，导致税种、税率、计算方法等方面存在许多差异。

税务风险影响了“丝路电商”企业经营、经济发展和税收公平性。其一，增加了跨境电商企业的经营和税收合规成本。作为“丝路电商”企业，需要花费较高的成本了解并适应不同国家的税收规则。此外，不同国家对税收征管的认识存在差异，缺乏交流合作，可能导致双重或多重征税的问题。其二，阻碍了资源要素的跨国流动。碍于“一带一路”区域内部复杂多变的税制状况，“一带一路”投资者跨境投资的信心不足，企业开展对外网络贸易的动力不足，同时消费者也对购买境外商品或服务的期望值不高，这将会给落实“一带一路”倡议、推

① 崔晓静、熊昕：《中国与“一带一路”国家税收征管合作的完善与创新》，载《学术论坛》2019年第4期。

② 朱为群、刘鹏：《“一带一路”国家税制结构特征分析》，载《税务研究》2016年第7期。

③ 魏升民、韩永辉、向景：《“一带一路”国际税收合作的现状、问题与对策》，载《南方金融》2019年第8期。

进跨境电子商务合作与发展的进程带来不利影响。其三，提供了避税机会。当前“一带一路”沿线各国在加强国际避税的监管合作方面仍存在空白，为部分企业进行避税提供了机会。这不仅不利于维持税收公平，还影响了国家正常的税收收入。

二、“一带一路”网络贸易经济风险防控

（一）政府应如何防控网络贸易经济风险

1. 完善区域经贸协调合作机制

首先，要加快发展区域贸易，加强国内外海关、过境运输等方面的合作，综合运用多种运输方式，降低地区间合作成本，以此来增强各区域之间的联系，为“一带一路”的实施提供必要基础。同时扩大双向区域合作，引导我国相对优势产业走向世界，建设跨境经济合作区。推动经济基础及设施的互联互通，规划好各交通要道，形成连接亚太经济圈及欧洲经济圈的物流网络，统筹安排跨国运输的班次及运量，实现效率最大化。

其次，加快推动多边贸易会谈。大力敦促 FTA 等双边、多边经济商业会谈，加快拓展国际经济贸易发展空间，积极介入国际投资、国际税收、国际技术转让和国际人员流动等领域中的法律法规建设。建立“一带一路”国家双边及多边体制下的贸易便利化并且加快其进一步落实。

在数字贸易国际规则制订中与相关方开展合作。中国可以在探讨制定数字贸易国际规则中与俄罗斯、印度、印度尼西亚等新兴经济体和欧盟及其成员开展不同程度和不同形式的协同，共同抗御美国的霸凌，争取制定对新兴经济体和其他发达经济体较为有利的数字贸易规则。①

总之，尽可能全面地利用一系列双边机制，引导和协调“一带一路”建设项目的实施。另外，“一带一路”的推进模式，需要建立一个经济合作开发署这样的机构来推动，需要构建专业化、规范化、国际化的公共服务组织来推进，需要

① 贾怀勤：《数字贸易的概念、营商环境评估与规则》，载《国际贸易》2019 年第 9 期。

成立一个“利益共享、风险共担、理念相同的共同体”。

2. 稳步推进适应跨境电商发展的管理模式改革

在政府层面，推进跨境电商管理模式改革，应当做好四个方面的工作。一是明确相关部门各项政策的预期目标，协调政策安排，并且提供一定的政策过渡期，以便市场主体了解和掌握具体政策内容。二是改变监管思路，主动探索适应跨境电子商务发展需要的新型服务监管模式，切实解决跨境电商通关难、退税难等问题。① 三是加强海关、检验检疫机构的监督通关效率。四是建立和完善跨境电商统计制度，为有效实施相关政策、规范行业发展提供必要的基础。具体而言：

（1）加强政府对跨境电商及相关企业的政策倾斜。目前，我国各地已经将“一带一路”沿线国家基础设施建设作为工作重点。我国“一带一路”的实施资金来源广泛，但是在许多地方尤其是跨境电商物流基础设施的建设上仍存在着资金供应不到位的问题，因此增加政府投资必不可少。政府的投资需有针对性地服务相关企业，实现政企合作，最大化资金利用效率。跨境电商的基础设施建设不仅包括道路、仓库、电商孵化园、网商园等的建设，也应包括跨境电商平台等配套设施。道路、仓库等的建设可以加快物流效率，减少物流周转次数；建设大型云平台则可以实现物流信息的传输与更新，提高物流的客户服务水平。

政府部门应加大对跨境电商行业的政策扶持力度，助力其发展。首先，政府应出台一系列在互联网背景下有利于外贸企业发展的政策。例如，可以在检验检疫、海关、退税、融资、物流等环节设立“绿色通道”。其次，通过制定一些建议类的政策法规，来引导跨境网络贸易企业制定科学合理的发展规划。再次，也需制定惩罚类的政策法规，对严重影响和阻碍跨境网络贸易健康发展的行为要加大处罚力度。最后，加大对跨境电商、第三方支付平台、国际物流等相关企业的税收优惠力度和资金支持力度，帮助第三方支付平台构建安全的支付

① 郭四维、张明昂、王庆等：《新常态下的“外贸新引擎”：我国跨境电子商务发展与传统外贸转型升级》，载《经济学家》2018 年第 8 期。

环境，助力物流公司建立全球性的物流配送体系。

（2）加强海关、检验检疫机构的监督通关效率。在互联网背景下，跨境电商的发展前景很美好，但是也面临着诸多问题，检验检疫监管和海关通关方面面临新的挑战。国家及相关部门应从以下几点着手：首先，质检部门要对跨境电商参与主体实施有效监督，进而对进口的产品做到“源头可追溯，过程可控制，流向可追踪”。其次，创新检验和通关流程，利用“互联网”和“物联网”的技术，线上线下全面监控。另外，针对不同的企业进行分类管理和监督，提高产品查验和通关效率。最后，加强我国与中亚国家海关在通关、检验检疫、认证认可、标准计量等领域的合作，简化查验手续，开展“信息互换、监管互认、执法互助”合作等方式，降低双边贸易交易成本，提高通关效率，提升贸易便利化水平。①

（3）建立和完善网络贸易税务登记制度。互联网背景下开展跨境贸易的中小企业以及个人越来越多，税务机关对于征税对象的管理远远滞后于跨境电商增长的速度，产生了很大的管理缺陷。很多企业出现了偷税、漏税的不法行为，造成了国家税收的大量流失。因此，建立和完善网络贸易税务登记制度对于国家来说迫在眉睫。①加强税务机关信息化建设，加快与互联网、银行、第三方支付平台、网络贸易企业、物流公司的联网速度，与相关部门共同监督管理网络贸易活动。②加强与互联网平台的合作。对于网上注册登记过的企业，必须去税务机关进行备案登记，拿到税务机关特定的税务登记号后才能在网上进行后续的经营管理。事后税务机关要对这些电商企业的相关信息进行严格审核，并进行备案存档，便于日后税务征收工作的进行。通过这种方式，税务部门能够在第一时间了解企业的经营状况，避免偷税漏税现象的发生。

国家税务总局在2018年的民营企业座谈会后，为了税收工作更好地服务民营经济发展，切实履行好税务部门职责，提出积极支持新经济、新业态、新模

① 田原、张滔：《“一带一路”倡议下中国与中亚国家经贸合作现状及展望》，载《国际贸易》2019年第8期。

式发展政策。各级税务机关要坚持包容审慎监管的原则，积极培育民营企业新兴经济增长点，大力支持企业做大、做优、做强。切实执行好跨境电商零售出口“无票免税”政策，落实鼓励外贸综合服务企业发展的措施，积极支持市场采购贸易方式发展，不断研究完善适应新经济、新业态、新模式发展要求的税收政策、管理和服务措施，助力民营企业增强创新能力和核心竞争力。①

（4）健全跨境电商统计制度。真实可靠的跨境电商统计数据，是实施相关政策和规范行业发展的重要基础。建议官方数据覆盖两个层面，一是监管部门数据，二是国家试点城市数据。监管部门数据主要是海关数据，但应对跨境零售数据作出更全面的统计，特别是要涵盖以寄递方式出入境的商品数据。②对于外贸综合服务平台和其他交易后阶段产生的业态，应适应行业发展实际和特点，适时调整统计范畴。官方试点数据主要是针对现有 35 个跨境电商综合试验区，发布主体既可以是商务部门，也可以是试点城市。

3. 推进跨境网络贸易和传统产业的结合

跨境电商作为拉动对外贸易的新形式，是借助互联网和传统产业的融合，帮助中国制造企业走出去，扩展其海外市场的有效途径。政府层面，应该鼓励具有一定竞争优势的传统外贸企业自建跨境电商平台，利用 O2O、B2B、B2C 等网络贸易新模式，拓展其国际市场，促进传统产业的转型升级。另外，传统产业也可以借助海外仓 2.0 和大数据平台，在两个国家同步打造跨境电商产业园即两国双园的模式，将本国的传统优势产业和国外的旺盛消费需求进行准确的市场对接。如“重庆跨境电商汽摩产业园”就是首次统筹推进重庆跨境电商“生态经济圈”同传统产业发展的实践。像这样的例子还有很多，如“渝客快购”和“三柴发动机”等都开通了跨境网络贸易通道，将我国的产品销往俄罗斯、土耳其与东盟国家。

① 《关于实施进一步支持和服务民营经济发展若干措施的通知》（税总发〔2018〕174 号），2018 年 11 月 16 日发布。

② 周勍、王健、冯馨仪：《关于改进跨境电商统计方法的建议》，载《国际贸易》2019 年第 5 期。

生产厂商对销售渠道的选择与生产厂商和贸易中介的能力有关，即生产厂商能力较弱而贸易中介能力较强时生产厂商会选择开拓线上销售渠道；贸易中介对销售渠道的选择与生产厂商对销售渠道的选择以及贸易中介的能力有关，即只有当生产厂商选择开拓线上销售渠道的时候，能力强的贸易中介才会选择跟随生产厂商开拓线上销售渠道。跨境电商 B2C 销售渠道的应用有提升消费者福利，降低社会总福利的效应。根据以上结论，提出以下政策建议：第一，鼓励中小型生产厂商通过跨境电商 B2C 销售渠道进行产品销售，从而带动传统贸易中介向跨境电商新型贸易中介转型，促进跨境电商产业发展；第二，完善跨境电商 B2C 监管机制，整顿跨境电商 B2C 市场，降低跨境电商 B2C 销售模式，降低社会总福利的效应，推动跨境电商 B2C 产业健康快速发展。[①]

4. 培养综合型的专业跨境电商人才

与境内电商的工作环节相比，跨境电商涉及国际贸易和网络贸易两大领域，由跨境电商应用、跨境电商服务和跨境电商环境三个环节组成一个完整的组织架构，跨境电商人才需求集中体现在这三个环节。跨境电商应用环节是指参与主体之间的商务沟通和交易，主要可以分为 B2B 和零售业务（B2C、C2C）两种，需要从业人员完成企业与企业、企业与消费者、消费者与消费者之间的信息沟通和交易行为。跨境电商服务环节涉及各类相关服务，从业人员完成外贸综合服务、跨境支付金融服务和物流货代通关服务等，是实现跨境电商不可缺少的组成部分。跨境电商环境由于交易双方“跨越关境”被海关关境分隔，从业人员涉及海关、税务、商检和外汇管理等多个部门，面临不同的法律、制度和文化语言环境。跨境网络贸易未来巨大的发展潜力必定对人才有旺盛的需求，因此加速培养一批具有专业跨境电商技能的人才已刻不容缓。

5. 加强跨境物流网络体系建设

（1）创新物流模式。在改善我国原有物流模式的同时，借鉴国外先进经验，

① 马述忠、陈奥杰：《跨境电商：B2B 抑或 B2C——基于销售渠道视角》，载《国际贸易问题》2017 年第 3 期。

结合我国自身跨境电商物流的实际，提出了新的物流模式，其中比较有代表性的模式有下面几种：一是海外仓。海外仓是一种跨境物流形式，引导企业将商品批量发送至国外仓库，以实现本地销售、本地配送。海外仓多源于企业的内生需求。借助海外仓，企业能够及时把握国外市场商机，扩大利润空间，提升产品竞争力。为推进中国跨境电子商务的可持续发展，国家已经将建设海外仓列入“十三五”发展规划。有别于境外仓的国家主导建设，海外仓建设应当以企业为主导。因此，国家应辅以各种激励和支持措施鼓励产品国际竞争力强的企业积极参与海外仓建设。[①] 立足已有发展基础和“一带一路”经济区跨境电子商务的发展需求，第一，尽可能重合境外仓和海外仓，既有助于提升仓储配送效率，又能有效降低成本。第二，鼓励产品在“一带一路”经济区国家和地区市场占有率高的企业积极参与海外仓建设，确保仓储配送与产品性质高度匹配。第三，由于海外仓是企业依据对市场需求的预期提前进行库存的，所以存在因市场需求变化导致产品积压的风险，为此，政府应当适时地为企业提供及时准确的市场信息，或者畅通企业获取信息的渠道，以降低企业参与海外仓建设与发展的风险。二是“直邮——山东模式”模式。直邮模式主要是针对我国进口跨境电商的，是指消费者在购买境外商品之后，通过国际物流发送，直接送达消费者手中，对于跨境物流的费用和时间都进行了优化。山东省是我国与多个“一带一路”沿线国家进行跨境电商货物进出口的枢纽。目前，此模式已在全国开始普及，这使得运输的时间与费用都大大降低，增加了贸易量。同时，也缓解了航空运能不足的问题，为跨境电商企业节省了成本。三是“保税发货——上海自贸区”模式。自贸区（或保税区）模式是指预先将商品送至自贸区（或保税区）仓库，通过跨境网络贸易实现商品的销售，即在自贸区或保税区的仓储就完成分拣、包装等，通过集中运输实现商品的物流过程。对于跨境电商商家来说，上海自贸区提供的仓储、海关、运输等一体化服务，使得商家可以在区内囤货，

① 王娟娟、杜佳麟：《“一带一路”经济区跨境电子商务发展模式探索》，载《中国流通经济》2016年第30卷第9期。

采用批量保税进出关的方法降低物流费用。商家还可以享受各项优惠政策，尤其在物流、通关、商检、收付汇、退税等方面缩短物流时间，提高效率，降低物流成本。对于跨境电商消费者来说，由于该平台的商家已在海关备案，可以确保商品的可靠性。而且可以通过二维码绿色通道通关，通关手续比之前一般通关更便捷，可以有效缩短时间，提高效率。

（2）增加新试点城市，推进新服务模式。海外仓在国内外的出现都较晚，但是种种优势使得其发展迅速。目前我国在海外仓模式上要落后于其他发达国家。要实现这一创新模式的大范围推广，必须首先解决其发展中的各种约束因素。海外仓的建立受多种因素限制：在海外地区需要注册具备进口资质的企业；合适的仓库场地；有好的当地物流渠道对接。在对这些外部限制因素的解决过程中必然需要政府加大支持力度，例如，在选取试点国家时，仅凭企业自我往往难以实现与合作国的对接，这就需要政府出面与当地政府进行协商，签订国家间合作协议，逐渐促进该模式的成熟，进一步使之得到广泛应用。同样，海外直邮、保税发货等通关服务新模式，也需进一步推广。当前我国采取“先试点、后推广”的方式，至 2016 年试点城市已从 5 个发展到 17 个。虽然各试点城市发展态势良好，所实施的模式也卓有成效，但是这还远远不够。在未来各项基础设施建设逐步到位的情况下，国家有必要进一步增加试点城市，将初期的试点城市作为中心，将海外仓模式扩展到全国各二三线城市，实现对跨境电商物流限制的突破。

（3）完善政策规范，提高通关速度。在“一带一路”背景下，我国先后推出了多项相关法律法规，但是各法规政策之间交叉较多，甚至不同法规会产生冲突，对于物流效率提升产生阻碍作用，尤其是在通关方面还存在许多不足。当前，我国需要进一步完善规范我国跨境电商物流方面的相关政策与法规，提高跨境电商进出口货物的通关速度。例如，建立跨境电商进出口检验检疫模式，对跨境电商进出口产品实施备案或是准入管理，实施集中申报、集中办理等便利措施。针对跨境电商海外退货，将退换的产品进行专门统计，网上交易记录、物流记录等信息都可以作为商品出口的认证凭证，免收进口关税，规范物流模式。在推行无纸化通关及无纸化征税方面，我国可以借鉴欧盟全面实现电子报关的新方式，促进跨境电商报关、报检、收汇、退税、结汇等高效便捷地完成，缩短通关时间从而进一步优化物流模式，提升物流效率。

6. 完善跨境电子支付和结汇体系

跨境电子支付方式便利度和结汇体系的完善程度是跨境电商企业开拓和发展业务的重要因素，同时也对终端消费者的选择产生影响。应当采取优化和便利化措施完善我国跨境电子支付和结汇方式。(1)积极响应“一带一路”倡议，支持跨境电子支付服务企业向“一带一路”沿线国家和地区延伸业务，允许试点支付企业办理境外收付汇和结售汇业务，并允许支付企业集中办理付汇相关手续。[①] 同时，与“一带一路”沿线国家和地区合作，进行电子口岸结汇、退税系统以及跨境电商平台等企业系统的对接。(2)加强支付、结汇环节的安全管理。在此过程中，外汇管理部门要充分发挥自身的监督管理职能，保证交易的有序进行和支付环节的安全性。政府以及有关金融监管机构应积极发挥自身监管作用，规范并约束第三方交易支付平台，为跨境电商发展营造良好的环境，使各方参与者能够放心大胆地开展跨境电商交易活动。[②] 同时国家应不断制定和完善相应法律法规，来更好地保护消费者权益。

(二)企业应如何防控网络贸易经济风险

1. 加强企业机构管理和建设，优化供应链体系

企业是众多参与国际贸易主体中最核心的部分，在跨境网络贸易活动中发挥着重要的作用。要保证企业在跨境网络贸易活动中适应互联网的快速发展，必须时刻加强企业的管理经营和不断优化供应链体系。同时企业管理信息系统的定期维护也是非常重要的，还要不断提高人员服务质量和生产技术水平。首

① 姜菁斐:《关于我国与“一带一路”国家发展跨境电商的思考》，载《国际贸易》2018 年第 6 期。

② 纪淑军:《“一带一路”战略视角下发展跨境电商问题与对策研究》，载《中外企业家》2019 年第 5 期。

先，企业要重视和加强管理信息系统、供应链管理信息系统、支付安全管理信息系统和人力资源信息管理系统的建设。在建设和完善的过程中，企业可以同时建立相应的数据库，这不仅可以提高企业的工作效率，还可以方便日后企业信息的查找。整个过程不仅会提高员工的综合素质，还可以提高企业的管理和盈利水平，进而为跨境 B2B 网络贸易的发展提供良好的条件。其次，优化供应链体系的同时充分发挥供应链效应。大多数跨境电商企业在采购环节都存在过程不透明、管理不完善的现象。此外，企业要积极与外部合作商共同制定统一的供应链管理方案，努力发挥供应链效应的影响作用。另外，要全面深化改革企业和机构自身建设问题，企业家们必须找准定位，发挥核心实力，进行实地调查研究，制定多元发展战略，创新技术，发展新兴产业，实行有效的管理措施，提高生产效率，增强决策质量。项目的设计与实施要重视兼顾市场盈利与社会责任目标，注重长远发展，进而同步落实国内全面深化改革之目标，为“一带一路”全面实施提供保障。

后期主要以市场为主进行资源整合，使产品从标准化走向定制化，从行业拓展走向深度挖掘。具体而言，一是供应链根据市场变化进一步调整优化，以减少外部影响、提升响应速度和缩减成本为目标；二是产品研发部门之间形成系统网络，利用大数据平台实现公司内部研发互联互通，以解决数据孤岛难题；三是数据与组织结构融合起来，除了部门设置，还需要公司日常流程网络化、简单化；四是将渠道进一步推进本土化，实现各模块良性循环。①

2. 推动产品创新，实施品牌战略，树立品牌的知名度和信赖度

首先，跨境网络贸易对企业产品提出了新的要求，传统的劳动密集型和资源密集型的产品竞争力减弱，消费者越来越看重产品的丰富性、独特性及创新性。跨境电商需积极参与国际合作，打造先进制造业的国际品牌，提高自己的国际竞争力。另外，还需要推进产品创新建设工作、扩大创新宣传培训，以营造

① 王树柏、张勇：《外贸企业数字化转型的机制、路径与政策建议》，载《国际贸易》2019 年第 9 期。

企业内部“自主创新”的积极氛围。

其次，企业应该树立自己的品牌意识，注重产品优质化和差异化，注重创新，以优质的服务和高质量的商品赢得国外消费者的信赖，将“中国制造”转变为“中国创造”。在日益激烈的市场竞争环境中，品牌效应显得尤为突出。一个品牌知名度的大小直接决定了这个企业的市场影响力和市场销售额。互联网平台的开放性和共享性，让各大中小企业以及个人都涌入网络贸易市场中，海外消费者面对纷繁复杂的商品品牌，只能凭借网络品牌来进行筛选。同时客户对企业或者第三方电商平台的信赖度越高，就越趋向于购买该企业或者与该平台合作企业的产品，因此塑造有知名度的网络品牌和加强企业和第三方商务平台的诚信度，对于跨境电商企业的发展壮大尤为重要。具体我们可以从三个方面加以改进：一是加强企业信息化建设，完善企业网站信息，便于客户全面了解企业和产品信息。同时也要加强与网络服务商的合作，提高国外客户访问企业网站的速度，降低客户流失率。二是企业和第三方电商平台要加强网站维护，提高网站多语种化的程度，加强海外客户的归属感和亲切感，提高客户黏性。据IDC（互联网数据中心）数据研究指出，网购人群通过母语网站进行购物的概率是通过其他语种网站购物的4倍，有95%的人习惯输入母语进行产品搜索。因此，加强多语种化建设是推动跨境电商企业走向国际化的重要举措。三是第三方电商平台要加强对申请入驻平台企业的信息、资质的审查，确保入驻企业的高质量，防止网络诈骗现象的发生。同时定期对网站入驻企业运行状况展开客观评比，并公布考评结果，加强企业用户和消费者对网站的信任度，给客户提供一个放心购物的环境，提升企业和第三方电商平台的可信赖度，促使更多的企业和消费者加入该电商平台。

3. 制定符合企业发展的网络贸易战略规划

在任何经济形态下，企业战略规划的制定都是必不可少的，在复杂多变的国际市场中，制定一个合理的长远的战略就更为重要。跨境电商企业要明确制定战略规划的意义和作用，并及时了解国际市场的供求变化和竞争对手的发展状况，掌握国际市场最新的动态，适时调整进出口战略规划。企业应尽早从线下走向线下线上融合发展，积累电子商务等信息技术手段和工具的应用经验，培育相应的能力，方能保证持续的竞争力。[①]

随着网络的普及，移动手机用户规模日益增大，为移动网络贸易的迅速发展奠定了坚实的用户基础。电商企业据此应该作出合理的决策，积极研发移动APP，在新一轮的电商大战中抢占先机。全球在线支付平台 PayPal 发布的报告指出，中国内地在跨境网购目的国中排名第三。移动跨境网购将会是未来发展的主流，中小企业应该抓住时机，努力研发移动 APP，让更多的国外用户通过移动 APP 购买自己中意的产品，同时感受最为便捷的网购服务。因此制定合理的网络贸易战略规划对于促进跨境电商企业赢得用户，抢占国际市场，走向国际化起着非常重要的作用。

4. 建立和完善人性化的国际客户关系管理系统

传统的国际贸易是以卖家为中心的贸易模式。在互联网背景下，开展国际贸易更多地开始关注买家的感受和体验。在这种新的经济业态下，企业开始意识到客户关系管理（CRM）的重要性。CRM 的核心思想是想客户所想，根据客户的需求，为他们量身打造属于自己的个性化服务。好的客户关系不仅有利于交易的顺利进行，还可以帮助外贸企业更好地把握市场机会，作出正确的战略决策。面对日益激烈的外贸市场环境，企业要从各个角度进行突破，力求获得生机，人性化的 CRM 无疑是最好的突破口。随着跨境网络贸易的逐渐成熟，越来越多的国家和消费者参与其中，企业要想占据市场，赢得客户，就要针对不同国家的客户定制不同的服务，从语言、文化、习俗、法律、技术水平等方面入手，分类管理，深入了解客户喜好，制订不同的市场营销方案。通过建立和完善这种人性化的客户关系管理系统，增加客户忠实度，提高企业在国际市场中的竞争力。

① 岳云嵩、李兵：《电子商务平台应用与中国制造业企业出口绩效——基于“阿里巴巴”大数据的经验研究》，载《中国工业经济》2018 年第 8 期。

5. 加快完善售后服务体系

目前，跨境购物已经成为一种流行趋势，但是售后服务缺乏保障是阻碍跨境网络贸易迅速发展的重要原因。如何解决和完善售后服务成为目前跨境电商的首要任务。洋码头提出了在国内建立退货仓的提议，即国内买家如果发生退货，只需要承担到国内退货仓的运费，然后一次性将退货发回到国外商家手中，减少了退货周期，提高了效率和客户满意度，也降低了买卖双方的退货运费。

跨境电商企业要重视售后服务在企业经营管理中的重要作用，建立专业化的售后团队，想客户所想，增强客服的服务意识。如果有消费者进行售后维权，售后客服一定要积极配合消费者进行相关信息的记录和查询，解决顾客的退换货需求，减少购物过程中的不满，维护消费者的合法权益，减少客户购物的后顾之忧，加强客户对企业的忠诚度。完善的售后服务体系能够帮助企业塑造良好的企业形象，为企业下一轮的销售和新市场的开拓奠定一个良好的口碑基础。因此，建立和完善售后服务体系对于企业的长久发展至关重要。

第二节　典型案例

【知识背景 / 学习要点】

在本节的案列分析中，选取甲集团作为分析对象。选取甲集团是因为该企业基于自身的优势与中国国际商会就发展跨境电商达成了战略合作协议，以期把中国跨境电商推广到海外去。这对于该企业海外业务的发展简直就是锦上添花，也进一步说明了互联网对于国际贸易的影响。

一、甲集团的简介及存在的优势

（一）甲集团的简介

甲集团于 1990 年在中国南京开始创业之路，历经空调专营、综合电器连锁、全品类互联网零售三个阶段。目前在中国和日本拥有两家上市公司，年销售额超过3000亿元，拥有员工18万人，是中国最大的商业企业，位居中国民营企业前三强，是中国商业的领先者。

在传统零售企业受到互联网行业不断冲击的大环境下，甲集团董事长张某独具前瞻性地作出“甲集团互联网零售转型”的明智决策。早于同行业，甲集团在2009年就开始“触网”进行互联网转型，2013年开始低调进军电商。在国际国内经济下行的大环境下，甲集团整体的经济运行情况还是比较乐观，2012—2016上半年期间营业收入不断增长，但是增长率波动比较大；线上业务市场规模在不断扩大，且增长较快，增长率波动较小，2014年之后增速加快，可见甲集团的互联网转型比较成功。

（二）甲集团存在的优势

2014年年底，甲集团低调布局跨境电商，与天猫、亚马逊等抢占万亿级市场蛋糕。在进军跨境电商领域方面，甲集团相较于亚马逊显现的三大优势：

1. 用户 + 渠道

甲集团作为传统的商业巨鳄，拥有上千家传统门店，拥有坚实的用户基础和广阔的销售渠道。在互联网的时代，得用户者得天下。甲集团借助自身近6年的互联网在线系统投入和营销投入，建成了比较完善的运营体系。成为继天猫国际、亚马逊直邮之后的第三大电商巨头。甲集团借助线下门店的实力、完善的线上系统和物流体系以及海外布局乐购仕（LOAX）的市场占有率，在跨境电商这块万亿级的市场蛋糕抢夺战中稳操胜券，这些优势是纯电商平台的亚马逊很难在前端抗衡的。

2. 品牌支持

世界各国的品牌商家都特别现实，他们在选择进入一个新市场时，考虑最多的不是这个市场的影响力，而是该市场的销售额。中国市场就是这么一个比较特殊的市场。在引进品牌商方面，亚马逊的优势可能比较明显，因为系统优势，数据可以快速同步，在支付方面和汇率换算方面也拥有比较高的效率。但是在供应链后方，品牌商是否能及时快速地给亚马逊进行商品的配送、仓储以及售后方面的支持，这些都没有一个肯定的答复。因为亚马逊在中国的用户规模和销售规模并没有想象中的那么好，因此对于追求长远利益的各品牌商来说，他们对亚马逊的支持热情会慢慢减退。而甲集团在中国市场拥有线上线下广泛而忠实的用户基础，销售规模也与日俱增，品牌商更愿意通过这样一个平台或者渠道进行品牌的推广和运营。因此在品牌支持方面，甲集团比亚马逊的优势更明显。

3. 一体化解决方案

随着海淘的日渐兴起，通过网络进行海外购物已经成为一种趋势，但是人们在享受这种利好的同时也得承担一些风险。通过网络进行海外购物会涉及汇率、配送、售后等诸多问题。与国内网购不同，跨境网购发展还不够成熟，相关的体系和法律法规不够完善，人们进行交易的各个环节不是特别畅通。要解决这些问题，建立完善的全球供应链、物流仓储配送体系和健全的售后服务体系是目前的主要任务。

在跨境物流仓储建设方面，亚马逊在中国属于中等水平，而甲集团的仓储建设在中国可以算是一流水平，目前已经建立了广州、杭州、郑州、宁波、苏州这几个保税仓，未来计划在更多的城市建立保税仓。2016 年，作为全球最大的自动化物流仓储中心——甲集团南京雨花二期物流基地的建成进一步把甲集团在物流仓储方面的优势推向巅峰。此外，甲集团加大了供应链的建设和完善，除了日本的乐购仕，甲集团还拥有中国香港、美国市场的自营采购团队，之后会进一步加快海外直采队伍的建设。甲集团凭借庞大的线下门店和完善的在线系统，使其在售后服务方面比纯电商优势更明显，这也是亚马逊难以匹敌的一个方面。

二、甲集团互联网成功转型及抢占跨境电商市场的原因

（一）完善的跨境物流体系

2014 年 2 月，甲集团拿到国内首个国际快递牌照。截止到 2015 年年底，

甲集团已经在广州、杭州、苏州、宁波完成了保税仓的建立和跨境监管服务平台的数据对接工作，承接了来自美国、韩国等国以及中国香港、台湾等的商品配送。2016 年甲集团在郑州设立了保税仓，并拥有了美国—杭州、韩国和香港—广州、澳洲—郑州等多条国际航线，很大程度上提升了甲集团的跨境物流服务水平。

甲集团跨境物流体系的完善，解决了海淘族漫长的订单等待过程。甲集团采取保税仓备货模式加上自身遍布全球的保税物流仓储体系，让跨境物流配送周期由原来的 20 多天压缩到了现在的 3～5 天，并保证货物物流全程可追踪，这对于热衷于海外产品的消费者而言就是一个奇迹。商品配送的及时性是客户满意度提高的一个重要组成部分，跨境物流体系的建设和完善对于甲集团的成功转型和抢夺跨境电商市场至关重要。

（二）强大的大数据分析处理能力

现在是大数据和互联网的时代，拥有大数据就会更加准确地对市场作出判断和预测，这对于一个企业的长久发展至关重要。甲集团借助自己强大的大数据分析能力，反向推动供应链铺货。通过大数据的反推能力，分析用户可能感兴趣的产品类别，提前从海外调拨相关产品到保税仓备货。只要客户一下单，就可以从保税仓发出，国内通常配送时间加 1 天的报关时间就可以把海外产品送到消费者手中，大大提高了消费者跨境购物的急速性体验。

（三）自有支付工具

跨境电商的迅速发展必须面临支付方式和税收政策方面的挑战，跨境业务发生的外汇流动必然会涉及资金结售汇与收付汇。跨境业务的支付环节是完成交易的最后一步，支付的多样化和便捷性是决胜“最后一公里”的关键。因此打通支付环节对于抢占跨境电商市场至关重要。2011 年 1 月，南京甲集团易付宝网络科技有限公司成立，2012 年获得了由中国人民银行颁发的第三方业务许可证，标志着甲集团拥有了自己的第三方支付公司，甲集团可以充分利用自有的支付工具助力自己加快互联网转型和跨境电商市场的抢夺。

（四）线下实体店与线上虚拟店铺的完美结合

甲集团利用自身优势，以海内外双重实体门店为依托，通过开放平台发展跨境自营电商。同时甲集团对海内外实体店经营状况的掌握，也有利于其对线上产品供应的选择。甲集团线下体验，线上购物的 O2O 创新模式，让甲集团在跨境电商争夺战和甲集团的互联网转型中脱颖而出。

乐购仕原是日本一家家电连锁企业，2009 年甲集团收购乐购仕之后，乐购仕主动向免税零售转型，构建了全日本最大的免税零售网络。2014 年乐购仕在甲集团易购开设旗舰店，开启跨境电商的发展。继日本之后，甲集团开始在中国香港部署跨境网络贸易。中国香港是甲集团线上线下协同发展、全品类经营的战略要地。甲集团利用香港的地理优势，面向东南亚市场，进一步完善其海外采购平台，打通跨境购物全流程。有分析人士称：要在香港发展互联网零售，需要走线上线下相结合的道路，甲集团在这方面具有天然优势。O2O 的创新模式不但为低迷的香港零售业找到了新的突破口，而且也为甲集团顺利入驻香港提供了很大的便利。

（五）领导者的前瞻性决策

2009 年甲集团收购日本乐购仕时，由于乐购仕的严重收缩、持续亏损，在当时曾一度引起热议：“甲集团的这个决定到底值不值？”历经六年之后，2015 年乐购仕销售增长超过 50%，利润增幅更是达到了 138%，乐购仕用自己的发展肯定了甲集团董事长张某六年前的决定，同时也让我们赞叹张某的这种超凡眼光。这不仅是对一个企业、一个市场的准确判断，也是对一种商业模式的超前布局。这一决定开启了甲集团国际化的新征程，推动了甲集团的互联网转型，开启了甲集团的智慧新十年。

除此之外，甲集团在扩展线下门店的同时也加大了对线上运营的投入。张某认识到，跨境电商迅速发展的关键点还包括支付环节的顺利支付和结汇、物流配送方面的快捷性和及时性、售后方面的可靠保证，并且适时对这些方面进行了建立和完善。张某极具前瞻性的决定不但让甲集团快速立足跨境电商巨头行列，而且对甲集团的互联网转型和国际化进程指明了正确的方向。

（六）产品品质的保证和风险的可控性

海淘在爆炸式发展的同时，消费者的投诉与不满也在增加。甲集团海外购的上线，让人们不出国门照样感受国外的产品和服务，减少不必要的风险。

据甲集团海外购相关负责人称，甲集团有自己的自营团队。甲集团海外产品采购全部由品牌商、总代理、直采完成，然后通过直邮或者保税仓出货的方式由甲集团物流配送到消费者手中，以此保证消费者所买的海外产品是正品。就算遇到产品破损，也可以联系甲集团售后完成商品的退换货，减少了海淘族担心的退换货风险。此外遍布全国的保税仓物流体系，让甲集团完全可以给消费者提供快捷高效的服务，减少传统海淘过程中订单调包、产品变质的风险。

第五章

“一带一路”沿线国家的法律体系分析与比较

【内容摘要】

“一带一路”包括“丝绸之路经济带”和“21 世纪海上丝绸之路”，涉及 65 个国家和地区，包括东亚的蒙古国，东盟 10 国（新加坡、马来西亚、印度尼西亚、缅甸、泰国、老挝、柬埔寨、越南、文莱和菲律宾），西亚 18 国（伊朗、伊拉克、土耳其、叙利亚、约旦、黎巴嫩、以色列、巴勒斯坦、沙特阿拉伯、也门、阿曼、阿联酋、卡塔尔、科威特、巴林、希腊、塞浦路斯和埃及的西奈半岛），南亚 8 国（印度、巴基斯坦、孟加拉国、阿富汗、斯里兰卡、马尔代夫、尼泊尔和不丹），中亚 5 国（哈萨克斯坦、乌兹别克斯坦、土库曼斯坦、塔吉克斯坦和吉尔吉斯斯坦），独联体 7 国（俄罗斯、乌克兰、白俄罗斯、格鲁吉亚、阿塞拜疆、亚美尼亚和摩尔多瓦）和中东欧 16 国（波兰、立陶宛、爱沙尼亚、拉脱维亚、捷克、斯洛伐克、匈牙利、斯洛文尼亚、克罗地亚、波黑、黑山、塞尔维亚、阿尔巴尼亚、罗马尼亚、保加利亚和马其顿）。截至 2019 年 10 月底，中国已经同 137 个国家和 30 个国际组织签署 197 份共建“一带一路”合作文件，[①] 商签范围由亚欧地区延伸至非洲、拉美、南太、西欧等区域。不同国家由于地理位置差异以及文化背景的不同，导致其社会法律体系 [②] 也不尽相同。

本章将选取具有代表性的国家，对其社会法律体系进行分析与比较。

① 《已同中国签订共建“一带一路”合作文件的国家一览》，载中国“一带一路”网，https://www.yidaiyilu.gov.cn/xwzx/roll/77298.htm，下载日期：2019 年 12 月 8 日。

② 法律体系，法学中有时也称为“法的体系”，是指由一国现行的全部法律规范按照不同的法律部门分类组合而形成的一个呈体系化的有机联系的统一整体。简单地说，法律体系就是部门法体系。部门法，又称法律部门，是根据一定标准、原则所制定的同类规范的总称。

第一节　新加坡法律概括

【知识背景 / 学习要点】

一、新加坡概括

新加坡地处马来半岛南面，北部以柔佛海峡为间隔与马来西亚相邻，南部以新加坡海峡为屏障与印度尼西亚相望。由新加坡岛及附近 63 个小岛组成，其中新加坡岛占全国面积的 88.5%。处于太平洋与印度洋的连接线上，扼守马六甲海峡南部出入口这一航运关卡。基于其独特的地理位置，新加坡在国际地缘政治、全球经贸互通、海上交通运输等领域具有举足轻重的重要地位。

二、新加坡的重要意义

在“一带一路”建设中，新加坡具有咽喉要道与连线枢纽的重要意义。

（一）地理交通的枢纽点

基于马六甲海峡拥有通往中东、欧洲的最短路程以及较低的海运成本，又是世界重要的转口港及联系亚、欧、非、大洋洲的航空中心，因此新加坡是我国的海上利益输送渠道，尤其是能源输入要道的至关节点。

（二）地缘政治的斡旋点

新加坡虽为小国，却是亚太地区的重要主权实体、东南亚国家中的主要政治经济体、东盟组织的“隐形领导者”。既是美国重返亚太的支持者，也是中国的贸易与投资伙伴。新加坡凭借其“大国平衡外交”策略在亚太区域地缘政治生态圈内斡旋博弈，主张在亚太建立美、中、日、印战略平衡格局；突出经济外交，积极推进贸易投资自由化，已与多国签署双边自由贸易协定，加入了《全面与进步跨太平洋伙伴关系协定》（CPTPP）；倡议成立亚欧会议、东亚－

拉美论坛等跨洲合作机制，积极推动《亚洲地区反海盗及武装劫船合作协定》（ReCAAP）的签署，根据协定设立的信息共享中心已于2006年11月正式在新成立。目前新加坡共与175个国家建立了外交关系，[①] 是“21世纪海上丝绸之路”的一个重要的协调点。

（三）经贸互通的合作点

我国与新加坡经贸交往由来已久。从2013年至2018年，中国已连续6年成为新加坡最大贸易伙伴，新加坡连续6年成为中国第一大投资来源国。[②] 中国是新加坡的最大贸易伙伴，也是重要的人民币离岸中心。两国之间具有经贸互通合作的良好基础。两国合力打造互联互通、金融支撑、三方合作三大平台，加快苏州工业园区、天津生态城和重庆战略性互联互通示范项目向更高质量发展，继续推进“陆海新通道”的建设，促进两国的经贸合作。

（四）文化交流的汇集点

“一带一路”提出的“五通”要求中，非常重要的一点是“民心相通”。作为中国之外唯一以华族人口占多数的国家，新加坡的华人比例已经占据74%，是该国最大的族群。坚实的民意基础和社会基础是该国参与建设“21世纪海上丝绸之路”的最大底气。

对我国所提出的“一带一路”倡议，新加坡是有所保留的。其对中国伸出“总体上积极响应、实质上又谨慎克制”的橄榄枝。从正面的角度来看，新加坡对我国的“一带一路”极度关注，希望在“一带一路”的建设进程中扮演重要角色。新加坡总理李显龙明确表示“一带一路”的倡议可以带动整个亚洲及中亚的发展，新方将积极响应建设“21世纪海上丝绸之路”的倡议。从另一个角度来看，新加坡也采取了谨慎克制、有所保留的态度立场。新加坡对“一带一路”所缔造的以中方为主导的亚洲贸易体系仍然抱有强烈的不安全感。

---

① 《新加坡国家概况》，载外交部网，https://www.fmprc.gov.cn/web/gjhdq_676201/gj_676203/yz_676205/1206_677076/1206x0_677078，下载日期：2019年12月8日。

② 《中国同新加坡的关系》，载外交部网，https://www.fmprc.gov.cn/web/gjhdq_676201/gj_676203/yz_676205/1206_677076/sbgx_677080，下载日期：2019年12月8日。

三、新加坡法律制度概况

（一）新加坡宪法的产生和发展

1829 年英国将新加坡、马六甲、槟榔屿三块殖民地合并成海峡殖民地；1867 年，海峡殖民地移归英国殖民部管辖，成为英属殖民地。通过英王敕令的形式颁布了《海峡殖民地宪章》，在海峡殖民地建立起完整的组织体系。根据该宪章，海峡殖民地效仿西方“三权分立”的模式，建立起自己的政治体制，并按照英国的法律思想与传统实行法制管理。

二战后，英国重新对新加坡进行殖民统治，英国政府与新加坡各派政治力量通过谈判于 1958 年 5 月达成关于新加坡实行内部自治协议；同年 12 月，英国女王颁布敕令公布《新加坡自治宪法》。根据此宪法，新加坡于 1959 年 5 月举行立法会议选举，成立了由人民行动党执政的新加坡自治邦政府；1963 年 7 月，新加坡经过全民公决，同意新、马合并，并成为马来西亚联邦的一个州。为适应政治地位的变化，新加坡颁布了《新加坡州宪法》。由于联邦内部在一系列问题上的分歧，政治动荡，经济发展速度迟缓，加之二战后种族矛盾没有缓和，新加坡再次呼吁独立。1965 年 8 月 9 日，新、马两国领导人发表分离或独立宣言，新、马正式分离；1965 年 12 月，议会制定了《新加坡共和国独立法》。该法规定，从 1965 年 8 月 9 日起，新加坡正式独立，成立新加坡共和国；同时《新加坡共和国独立法》与《新加坡州宪法》共同组成《新加坡共和国宪法》。1979 年，新加坡议会修改宪法，将两个法律正式合并成一个宪法典，即《新加坡共和国宪法》。1991 年 1 月，新加坡议会对宪法中有关总统的选举、任期、权限作了若干修订，之后，新加坡又根据国情需要对宪法作出多次修改。[①]

（二）新加坡的宪政制度

1. 总统

新加坡共和国采用议院内阁制度，总统为国家元首，是国家权力的象征，也

① 张树兴主编：《东南亚法律制度概论》，中国人民大学出版社 2015 年版，第 69 页。

是国家机构的重要组成部分。形式上，总统是最高国家权力的执行者，对内对外代表国家。

1992 年议会颁布民选总统法案，规定从 1993 年起，总统由议会选举产生改为民选产生，任期由 4 年改为 6 年；总统必须是新加坡公民；罢免总统必须有国会议员总数 2/3 以上的多数同意。总统在法律上是政府的最高责任者，但他必须在内阁和内阁部长的协助下行使其权限。总统委任议会多数党领袖为总理；总统和议会共同行使立法权。

总统须由无党派人士参选，当选后须持无党派立场，不涉足政治派别矛盾。其职责是：保管国家储备金的第二把钥匙；委任获多数议会议员支持的议员为总理；拒绝解散议会；否决有关调整公积金投资等法案；否定机构和政府公司的预算；赦免死囚等罪犯，但须听取内阁的建议。

总统可行使宪法赋予的 5 项否决权：

(1)可以拒绝让政府动用历届政府所积累的储备金。

(2)否决政府提名某些人出任公共部门要职的决定，也可以否决政府免除要职职务的决定。这些要职包括大法官、议会议长、总检察长、审计总长、三军总长、警察总监、贪污调查局局长等。

(3)根据内部安全法成立的顾问委员会建议释放某名政治犯，而政府不同意的，总统可以下令释放这名政治犯。

(4)如果总理拒绝批准贪污调查局局长继续对某人进行调查，总统可以推翻总理的决定，允许调查局继续调查工作。

(5)根据维持宗教和谐法，政府可以向行为违反这项法令的人发出限制令。

2. 议会

议会实行一院制，议会与总统构成了完整的新加坡立法机构，议会中的多数党领袖将获总统任命为政府总理。然后再由总理推荐内阁部长和部门首长，经总统任命后组成内阁与政府。政府对议会负责，并接受议会的监督与质询。一届议会(以及政府)的任期最长为 5 年，但是总统可以决定提前解散议会，举行大选，大选必须在议会解散后的 3 个月内举行。

议会议员分为民选议员、非选区议员以及官委委员，其中，民选议员从全国 13 个单选区和 16 个集选区（2015 年大选）中由公民选举产生，选举权及被选举权为年满 21 周岁以上的公民所享有。集选区候选人以 3～6 人一组参选，其中至少 1 人为马来族、印度族或其他少数种族，同族候选人必须同属一个政党或均为无党派者，并作为一个整体竞选。非选区议员从得票率最高的反对党未当选候选人中任命，最多不超过 6 名，从而确保议会中非执政党的代表。官委议员由总统根据议会特别遴选委员会推荐任命，任期两年半，以反映独立和无党派人士的意见。

议会设正、副议长各 1 名，议长可以是未担任部长或政务秘书的议员，亦可从非议员人士中选出，议会议长在议会首次召开后选举产生，当总统和总统顾问理事会主席均因故无法行使国家元首职权时，将由议会议长代为行使职权。①

议会至少每年召开 1 次，每次相隔 6 个月。总统有召集国会的权力。召开国会的最少人数为除议长外所有议员的 1/4；通过决议和法案除特殊情况外，须有出席议员半数以上同意。新加坡在 1969 年设置了总统评议会，该评议会由 21 人组成，委员由内阁提名、总统任命；该评议会的任务是报告有关对人种或宗教团体产生影响的事项以及审议国会制定的法案或从属立法是否有不当之处，并审查正在实施的成文法。因此该评议会实际上具有上院和宪法法院的性质。评议会可对法案是否违宪进行审查，但财政法案和总理证明的紧急法案不在此限。②

3. 政府

新加坡的内阁是负责新加坡所有政府政策和事务的国家机关。对内是最高国家行政机关，是议会的执行机关，管理公共事务、推行国家政策、提议法律的制定；对外代表新加坡共和国政府处理国际事务，与世界各国保持和发展国家间关系。内阁由总理、副总理、各部部长、常务秘书和常务副秘书组成，任期一

① 陈兴华主编：《东盟国家法律制度》，中国社会科学出版社 2015 年版，第 88～90 页。

② 张卫平：《新加坡法律制度概况》，载《东南亚研究资料》1985 年第 3 期。

般为 5 年，与议会相同。

新加坡的政府组织形式实行责任内阁制，行政大权集于内阁，特别是集于总理。内阁总理一般是由在议会中占多数席位的政党领袖担任，由总理提名组成，内阁成员通常为议会议员，内阁总理和有关部长定期向议会汇报工作，集体对议会负责；议会对内阁表示不信任或通过不信任案时。内阁应当集体辞职或提请总统解散议会，重新举行大选，但是如果新选出议会仍对内阁通过不信任案，内阁必须立即辞职。

总理是新加坡共和国的最高行政首长，其职权主要有，可不经议会批准或同意改组政府，设置部级机构，规定内阁工作程序，划定各部职权范围，提名各部部长，制定总的政策指导方针。如果议会不支持对总理表示信任的提案，那么总理可请求总统解散议会，但议员如选出新的总理，则解散权立即终止。

新加坡没有地方行政机构，全国在地理上分为中央区、内市区、外市区、新镇区、内郊区、外郊区共 6 个地区，但这些区都不设行政机构，中央政府直接处理全国各项事务。公民咨询委员会、民众联络所、居民委员会等社区组织作为沟通政府与居民之间的桥梁，担负起准政府的职责，协助政府机关处理一些社区的日常事务。从 1986 年起，政府在镇一级设立"市镇会"，但它同样不是行政机构，其主要作用是将社区负责人组织起来，让他们参与当地事务的决策。1997 年后，新加坡开始设立"市长"的职位，但市长同样只是社区服务性质的，负责推动市政与社区发展理事会合作开展社区工作。[①]

（三）新加坡的司法体系

根据新加坡《解释法》第 2 条的规定，新加坡的法律"意味着新加坡国会的法律，也包括在新加坡具有法律效力的新加坡或马来西亚的所有条令或者法律"。根据宪法的规定，法律由国会制定，所有国会议员都有提出法案或修改法案的权利。但有关租税的课赋、增减以及政府借贷的法案须有部长署名的总统意见才能修改。法案取得出席议员半数赞成即告成立，由总统认可后成为法

① 陈兴华主编:《东盟国家法律制度》，中国社会科学出版社 2015 年版，第 90～91 页。

律。新加坡的法律产生除由国会制定外，还有一种从属立法，即指根据法律、条令以及其他法律权威所制定的且具有立法效果的枢密院令、总督令、总统发出的禁严令、部长制定的条例、命令和法院的命令和裁决。但这种委任立法须送交总统审议会进行审查，因为新加坡适用英国法原则，所以立法要受到严格的司法审查。从属立法的上述命令、条例、规则等要在官方报纸上公布。新加坡除成文法外，也适用不成文法。不成文法指英国法、判例、习惯法。新加坡虽然已经独立，但是仍沿用英国普通法和衡平法。即使现在也认为民事和刑事案件可以上诉到英国枢密院司法委员会。独立后由于在各个领域制定相应的成文法，所以英国法适用的范围也逐渐受到限制。这种规定自身也受到众多批判，因此常常进行修改，以限制普通法和衡平法的适用范围。新加坡也适用英国的判例拘束的原则，但有所限制；原则上不受新加坡以外法院判例的拘束，但上诉到枢密院司法委员会的案件，其判决对新加坡的法院有拘束力。上诉法院的判决对自身有拘束力，高等法院的判决对区法院和地方法院有拘束力，下级法院的判决则没有拘束力。新加坡仍适用习惯法，由于华族占新加坡总人口的77%，所以习惯法主要是来自华族的各种习惯规则，尽管现在已有不少成文法，但习惯法在新加坡的法律中仍占有重要的位置。新加坡也适用伊斯兰法，主要适用对象是伊斯兰教徒，主要用于调整婚姻家庭方面的社会关系。

1969年修改宪法后，宪法中才规定了有关的司法制度。根据1980年宪法典的规定，司法权属于“最高法院”和“下级法院”。与立法和政府有着重要关系的是最高法院。该法院沿袭了英国司法法院的传统，对违反宪法条文的法律、命令等可根据“逾越权限”的原则宣布其无效。最高法院是由高等法院、上诉法院、刑事上诉法院三院组成。该法院与英国法院一样，对侮辱法庭的行为有处罚权。高等法院原则上是由一名法官进行审理的，对处以死刑的刑事案件由两名法官合议。开庭的场所和时间以及其他法官的工作由首席法官决定。高等法院受理一审刑事和民事以及上诉的案件。1969年新加坡废除了刑事陪审制，根据法律的规定，最高法院的法官必须具有执业10年以上的律师资格或从事10年以上的司法工作，并由总理提名、总统任命。上诉法院审理不服高等法院的民事判决的上诉案件，除了特别规定外，无论该案件是高等法院的一审判决还是上诉审判决。上诉法院由首席法官和其他法官组成三人以上为奇数的审判庭。上诉法院一旦受理上诉案件，就意味着原判决停止执行。当事人必须在原判决作出后14日内以书面形式向上诉法院事务局长提出上诉通知。案件审理后，刑事上诉法院可以作出确认、取消、变更、发回更审等决定，也可以在审理中自己提取新的证据。刑事上诉法院的法庭组成与上诉院相同。

新加坡的下级法院指区法院、地方法院、少年法院、检尸官法院。区法院管辖一审民事和刑事案件，由7名法官组成。受理的民事案件要求诉讼标的的数额不得超过500新加坡元，超过这个数额的案件则由高等法院受理。区法院受理的刑事案件要求最高徒刑不超过7年者。但在检察官起诉，被告人同意时，除处以死刑和无期徒刑的案件外，其他刑事案件也可以受理。新加坡现有地方法院14所，这种法院受理的案件比区法院受理的案件要少些。民事案件原则上要求诉讼标的的数额在1000新加坡元以下。受理的刑案件要求最高有期徒刑不超过3年者。同时还可以在最高法院的委托下，帮助进行证据调查，询问证人等司法活动。少年法院，根据新加坡《青少年法》的规定，少年法院受理16岁以下青少年的违法案件。案件不公开审理，对案件内容的新闻报道也要受到一定的限制，审判庭还须有两名非专职的法律工作者（其中一名为女性）担任陪审员。在新加坡的法院系统中还有一种检尸官法院。该法院由检尸官组成。检尸官的职权是对人的伤亡进行调查，若发现有可能追究刑事责任时，则可以发布逮捕、起诉的命令。除了正规的法院外，新加坡还设有审理劳动纠纷以及其他社会经济纠纷的特别法院，这种法院属于准司法机构。除此之外，根据新加坡《穆斯林法》的规定，还设有“沙里彝阿”法院即伊斯兰法院。该法院院长由总统任命。该法院受理当事人为伊斯兰教徒的案件或当事人根据伊斯兰法所涉及的婚姻纠纷如离婚、婚姻无效和家庭遗产纠纷，如遗产争议、抚养、赡养等。[①]

① 《新加坡法律制度概述》，http://www.doc88.com/p-9445405726586.html，下载日期：2019年12月8日。

第二节　印度法律概括

【知识背景 / 学习要点】

一、印度概括

印度位于亚洲大陆突出印度洋的南亚次大陆，国土面积居世界第七，北与中国、尼泊尔、不丹毗邻，西北与巴基斯坦交界，东北与孟加拉国、缅甸接壤，南方与斯里兰卡、马尔代夫隔海相望。印度三面临海，东临孟加拉湾，西濒阿拉伯海，南连印度洋，北倚喜马拉雅山。海岸线长 5560 公里。印度约有 13.24 亿人口，居世界第 2 位。印度有 100 多个民族，其中印度斯坦族约占总人口的 46.3%，其他较大的民族包括马拉提族、孟加拉族、比哈尔族、泰卢固族、泰米尔族等。世界各大宗教在印度都有信徒，其中印度教教徒和穆斯林分别占总人口的 80.5% 和 13.4%。

印度是世界四大文明古国之一。公元前 2500 年至公元前 1500 年之间创造了印度河文明。公元前 1500 年左右，原居住在中亚的雅利安人中的一支进入南亚次大陆，征服当地土著，创立了婆罗门教。公元前 4 世纪崛起的孔雀王朝统一印度，公元前 3 世纪阿育王统治时期达到鼎盛，把佛教定为国教。公元 4 世纪笈多王朝建立，形成中央集权大国，统治 200 多年。中世纪时期小国林立，印度教兴起。1398 年，突厥化的蒙古族人由中亚侵入印度。1526 年建立莫卧儿帝国，成为当时世界强国之一。1600 年英国开始入侵印度，1757 年印度沦为英殖民地，1849 年全境被英占领。1947 年 6 月，英国通过“蒙巴顿方案”，将印度分为印度和巴基斯坦两个自治领。同年 8 月 15 日，印度独立。1950 年 1 月 26 日，印度宪法正式生效，印度成立共和国，同时仍为英联邦成员。[①]

① 《印度国家概况》，载外交部网，https://www.fmprc.gov.cn/web/gjhdq_676201/gj_676203/yz_676205/1206_677220/1206x0_677222，下载日期：2019 年 12 月 8 日。

二、印度司法体系

（一）法院体系

印度法律制度比较成熟，主要沿承英美法系。印度的律师总数仅次于美国，位居世界第二，目前执业律师超过百万。印度的法院分为三级，依次为最高法院、高级法院、区法院和乡法院。目前有29家高级法院，近500家区法院和几千家乡法院。大多数律师为个人执业者，大的律师事务所主要分布在德里、孟买、加尔各答以及其他设有高级法院的城市。律师事务所的规模一般都不大，仅有几家事务所拥有律师超过百人，并在其他城市设有分所。印度原是英国的殖民地，其司法体制带有很深的英国模式的烙印，同时，也受到其他普通法系国家和地区的影响。印度虽然是一个联邦制国家，但是其法院系统是一元化的。最高法院居于最高位置，其职权范围涵盖高等法院以下各级法院的职权，其判决各级法院都必须遵循。印度各高等法院由1名首席法官和若干名法官组成。由于情况不同，各高等法院法官的人数差别很大。高等法院法官的任职资格是：必须在印度国内担任法官至少年满10年或在高等法院连续担任律师至少满10年。高等法院所有的法官、非常任法官以及代理法官的退休年龄为62岁，此前不得免职，除非本人辞职或因行为失检及不适任而被总统依宪法程序免职。但总统可以在征询最高法院首席法官意见后，将高等法院的法官从某个高等法院调职到另一高等法院。印度最高法院对印度政府与一邦或数邦之间、邦与邦之间的争执案件，拥有排他性初审管辖权。印度境内任何高等法院的判决、宣告或终局命令，无论属于民事、刑事或任何其他诉讼，若高等法院证明该案件涉及解释宪法的实质法律问题，则当事人可以向最高法院提出上诉。最高法院在审理此类案件时，出庭法官至少为5人。印度最高法院在发挥其护宪功能的过程中，曾废除了许多联邦和邦的法律、法令。最高法院法官一律由总统任命，但是，由于总统是由联邦议会和邦议会议员组成的选举团选举产生的，难以完全避免政治倾向性，而它实际上大多只履行礼节性的职能，名义上由他任命最高法院法官保证最高司法机构的独立性、公正性和权威性。实际上，依照宪法关于总统在行使其职权时需根据以总理为首的部长会议的建议行事的规定，总统任命印度首席法官及其他法官通常是由政府内政部推荐、按照总理的建议作出的。最高法院法官的退休年龄为65岁。①

（二）诉讼程序

在印度，民事、商事诉讼程序由《民事诉讼法典》规定，《民事诉讼法典》包括基本原则和程序细则两个部分，对于细则规定，各邦高等法院在行使邦立法和司法解释权时可以撤销、改变或增加。

印度的《民事诉讼法典》以对抗制为基础，其主要特点为：一方当事人必须了解对方的案情；庭审时一方当事人必须向对方出示其所依据的一切文件；双方当事人分歧的论点，由法院在第一次审理案件时，以争论点的形式加以具体化；必须准许当事人提供证据以支持其诉讼，该方当事人或对方当事人可要求传讯询问所有证人；在判决书下达前必须口头审讯各方当事人等。该法典规定，提起诉讼必须要求书面诉状（起诉状或书面陈述）。关于预审，法律未作统一规定，但法院在第一次审案时，需要从各方当事人处了解，究竟他对对方当事人诉状内陈述的事实是承认还是否认，以了解诉讼要点。为此目的，法院可以口头咨询任何当事人或代表当事人的任何人。

关于民事案件审理程序，主要以英国法的程序规则为基础，但有某些差别和特点。比如在印度没有通过陪审员审理民事案件的情况，提起民事诉讼必须支付法院诉讼费，否则法院不予受理，但穷苦人的诉讼除外。可利用法律援助方面的规定解决这一问题，根据《宣誓法》的规定，诉讼中任何一方可提出另一方或证人应受其宣誓陈述内容的制约。②

---

① 程幽燕：《印度法律制度和律师制度》，载《中国律师》2015年第12期。

② 国家开发银行编著：《"一带一路"国家法律风险报告》，法律出版社2016年版，第340～341页。

（三）仲裁制度

表 5-1　印度仲裁制度内容

依据	《仲裁法》对仲裁程序作出了规定，适用于印度包括邦在内的所有仲裁案件及其所有当事人。但其他法律作出专门规定的除外
仲裁协议	1. 仲裁协议必须采用书面形式 2. 可在仲裁协议中提出仲裁人的名字，也可不提名
仲裁事项	可为现在的或将有的争议
程序	《仲裁法》规定了某些原则性的程序条款，除非当事人持相反意见，这个条款将在每一份仲裁协议中得到默认。实际上，商业仲裁的当事人通常采用由商会或贸易协会制定的仲裁规则，法院在这类仲裁案件中倾向于给予较大的程序上的自由
仲裁裁决与执行	在作出裁决以后，法院作出一份用裁决的术语作出的判决，这种判决同法院的其他判决一样可以执行
国际仲裁	印度当事人如有协议提交外国仲裁，即使外国的仲裁程序与印度的仲裁程序不同，也可以采用

第三节　泰国法律概括

【知识背景 / 学习要点】

一、泰国概述

泰国，全称泰王国（The Kingdom of Thailand），位于东南亚中南半岛中部，它的西部与北部与缅甸和安达曼海接壤，东北边是老挝，东南是柬埔寨，南边狭长的半岛与马来西亚相连。泰国面积 51.3 万多平方公里，位于中南半岛中南部，与柬埔寨、老挝、缅甸、马来西亚接壤，东南临泰国湾（太平洋），西南濒安达拉海（印度洋），泰国全国共有 76 个一级行政区，其中包括 75 个“府”与直辖市的首都——曼谷，曼谷地处湄南河入曼谷湾的河口平原北岸，是全国的政治、经济、文化交通中心，东南亚第二大城市，也是全国最大的工商业城市。[①]

泰国目前有6900多万人口，全国共有30多个民族，泰族为主要民族，占人口总数的40%，其余为老挝族、华族、马来族、高棉族，以及苗、瑶、桂、汶、克伦、塞芒、沙盖等山地民族。泰语为国语。泰国90%以上的民众信仰佛教，马来族信奉伊斯兰教，还有少数民众信仰基督教、天主教、印度教等。

泰国在1238年形成较为统一的国家，先后经历素可泰王朝、大城王朝、吞武里王朝和曼谷王朝，原名暹罗。16世纪，葡萄牙、荷兰、英国、法国等殖民主义者先后入侵。1896年英法签订条约，规定暹罗为英属缅甸和法属印度支那间的缓冲国，暹罗成为东南亚唯一没有沦为殖民地的国家。19世纪末，拉玛四世王开始实行对外开放，五世王借鉴西方经验进行社会改革。1932年6月，民党发动政变，改君主专制为君主立宪制。1939年更名泰国，后经几次更改，1949年正式定名泰国。

泰国目前政治上实行君主立宪制。二战后军人集团长期把持政权，政府一度更迭频仍。20世纪90年代开始，军人逐渐淡出政坛。2001年，泰爱泰党在全国大选中胜出，塔信担任总理，2005年连任。2006年9月发生军事政变，塔信下台。2007年举行全国大选，人民力量党获胜，党首沙玛出任总理。2008年9月，沙玛被判违宪下台，人民力量党推选颂猜接任总理。12月，宪法法院判决人民力量党、泰国党和中庸民主党贿选罪名成立，予以解散，颂猜下台。12月15日，民主党党首阿披实当选总理。2011年5月，阿披实宣布解散国会下议院，7月举行全国大选，为泰党赢得国会下议院过半议席。8月，英拉政府成立。2013年12月，英拉宣布解散国会下议院，重新大选。2014年2月，泰国举行下议院选举，因反对派抵制，部分地区投票无法顺利举行。3月，宪法法院判决大选无效。5月22日，军方以“国家维稳团”名义接管政权。7月31日，国家立法议会组成。8月21日，立法议会选举“国家维稳团”主席、陆军司令巴育为新总理。24日，巴育就任总理。2015年8月、2016年12月和2017年

① 陈兴华主编:《东盟国家法律制度》, 中国社会科学出版社2015年版, 第177页。

11 月，巴育三次调整内阁。2016 年 10 月 13 日，九世王普密蓬・阿杜德去世，哇集拉隆功国王即位。2019 年 3 月 24 日泰国举行新一届大选。6 月 5 日新届国会上下两院投票选举总理，巴育高票当选连任。7 月 10 日国王御准新一届内阁名单，7 月 16 日全体阁员宣誓就职。①

二、泰国法律的渊源

泰国是大陆法系国家，其法律制度受法国影响最大，泰国的法律和法规在生效前都必须在《政府公告》上公布，与其他大陆法系国家一样，判例不是泰国法律的渊源，习惯、权利和正义的一般规则也不是法律的渊源。

泰国法律的渊源有：(1)宪法，是由议会审议，上奏国王殿下，根据敕令发布御赐的具有最高法律地位的法律。(2)法律，指由国会建议和批准、国王颁布的法律规范。(3)紧急法令，指内阁建议国王颁布的法律规范。(4)王室命令，指国王在取得国会授权并由相应机构部署后颁布的法律规范。(5)国家行政院，革命党发布的通告。(6)内阁规章和通告。(7)市政条例，指市政府在其管辖权限内发布的规范。(8)卫生特区规章。(9)地方自治条例，指除曼谷市政府和卫生特区外的省行政机关在其管辖权范围内颁布的地方性规范。(10)特区郊区条例。

三、泰国的法律制度

(一)泰国的法律体系

泰国的法律体系是民法体系和法典化的法律体系，主要的成文法典包括《民商法典》《刑法典》《民事诉讼法》《刑事诉讼法》《税法和土地法》，其法律内容，既借鉴了建立法典体系的其他国家的法律，又继承了泰国的传统法律。泰国的最高法律是宪法，宪法以外还有法律、皇家法令、紧急法令、部级通告、

① 《泰国国家概况》，载外交部网，https://www.fmprc.gov.cn/web/gjhdq_676201/gj_676203/yz_676205/1206_676932/1206x0_676934，下载日期：2019 年 12 月 8 日。

其他政府通告以及地方政府规定。宪法的目的是促进和保护人民的权利和自由，保证公众参与治理以及限制国家权力的行使，提高国家政治体制的运作效率和稳定。宪法的措施和原则，全部围绕以上目的进行制定，法律的条款通常作比较宽泛的规定，并授予国家机关发布规章和通告的权利。

泰国是采用法典法律体系的国家，其法律主要分两大类，主体法和程序法（又叫实施法）。泰国的成文法律属于主体法。成文法主要有宪法、法案、条例、紧急法令、法令、部级法规和社团公告等类型。泰国的商法和民法是结合在一起的，这一方面是为了便于执行，另一方面也是由于起草该法的时候泰国的商业活动还不够成熟。随着对外贸易的蓬勃发展，在商业领域中，一些专门的法律也被制定出来，为各行业设立相应的原则，例如保险法、大众公司法。但截至目前，泰国尚无一部专门的对外贸易法，也未形成一套系统完整的对外贸易法律体系。就广义的对外贸易而言，与其有关的法律法规则融入了泰国的刑事法律、民事法律、管理与金融法律、商业法律和运输法律等法律条文中。①

（二）泰国的司法

作为大陆法系国家，泰国以成文法作为法院判决的主要依据。司法系统由宪法法院、司法法院、行政法院和军事法院构成。

宪法法院的主要职责是对部分议员或总统质疑违宪、已经国会审议的法案及政治家涉嫌隐瞒资产等案件进行终审裁决，以简单多数决定裁决结果。宪法法院由1名院长以及14名法官组成，由上议院议长提名呈国王批准，任期9年。行政法院主要审理涉及国家机关、国有企业及地方政府间或公务员与私企间的诉讼纠纷。行政法院分为最高行政法院和初级行政法院两级，并设有由最高行政法院院长和9名专家组成的行政司法委员会。最高行政法院院长的任命须经行政司法委员会及上议院同意，由总理提名呈国王批准。

军事法院主要审理军事犯罪和法律规定的其他案件。军事法院分为初审军事法院、军事上诉法院和最高军事法院三级。初审军事法院分为省军区军事

① 张树兴主编：《泰国法律制度概论》，西南交通大学出版社2017年版，第13～14页。

法院、战区军事法院、曼谷军事法院和军事单位法院四种，军事上诉法院属于军事系统二审审判机关，全军共设有两个上诉法院。最高军事法院是军事系统内部设置的最高级审判机关，主要受理被告军人不服军事上诉法院判决的刑事案件。

司法法院主要审理不属于宪法法院、行政法院和军事法院审理的案件，分最高法院（大理院）、上诉法院和初审法院三级，并设有专门的从政人员刑事厅。另设有司法委员会，由大理院院长和 12 名分别来自三级法院的法官代表组成，负责各级法院的任免、晋升、加薪和惩戒等事项，司法法院下设秘书处，负责处理日常行政事务。最高法院的判决是最终判决。如果被告不服，可以向国王上书请求赦免。①

泰国是 1923 年《日内瓦仲裁条款草案》、1927 年《日内瓦执行外国仲裁裁决公约》以及 1958 年《纽约公约》的成员国，泰国于 1959 年无条件加入《纽约公约》，1965 年 3 月，泰国政府制定相关的法律公约与国内法的形式确定生效。但当时由于军政府掌权，没有设立国会，所以一些法学家认为，由于泰国国会从未正式承认该公约，因此泰国并非公约成员国，但泰国法院和执业律师一般认为泰国是公约的成员国并遵守公约的规定。

1. 承认与执行仲裁裁决的范围

泰国并未对《纽约公约》作互惠保留，所以所有的外国仲裁裁决均可适用公约，不论作出裁决的国家是否是公约成员国，按照《仲裁法》第 23 编的规定执行国内仲裁相对简单。若一方当事人在泰国没有足够的资产来履行仲裁裁决，根据 1958 年《纽约公约》的规定可在任何有足够财产的公约国执行该仲裁裁决。

1987 年，《仲裁法》第 6 章按《日内瓦公约》和《纽约公约》的要求规定了如何执行外国仲裁裁决。《仲裁法》中并未使用“外国仲裁裁决”一词，而是称为“由外国仲裁员作出的仲裁裁决”，外国仲裁员定义为“全部或主要在泰国国

① 陈兴华主编：《东盟国家法律制度》，中国社会科学出版社 2015 年版，第 186 页。

外作出的或该仲裁当事人任意一方……都不是泰国公民”的仲裁员。由此，仲裁当事人中有一方有泰国公民者，所作出的仲裁裁决按照泰国法不认为是外国仲裁裁决。

中国于 1986 年 12 月 2 日由第六届全国人民代表大会常务委员会第 18 次会议决定加入《纽约公约》，1987 年 4 月 22 日，该公约对中国生效。中国在加入该公约时作出互惠保留和商事保留声明。也就是说，中国只承认和执行来自缔约国且所解决的争议依中国法律属于商事关系的仲裁裁决。按照最高人民法院 1987 年 4 月 10 日公布的《关于执行我国加入的〈承认及执行外国仲裁裁决公约〉的通知》第 2 条的规定，所谓契约性和非契约性商事法律关系，具体是由于合同侵权或根据有关法律规定而产生的权利义务的关系，如货物买卖、财产租赁、工程承包、加工承揽、技术转让、合资经营、合作经营、勘探开发、保险、信贷、劳务、代理、咨询服务和海上、民用航空，铁路，公路的货物运输以及产品责任、环境污染、海上事故和所有权争议等，但不包括外国投资者与东道国政府之间的争端。同时，依前述司法解释，申请中国法院承认与执行在另一缔约国领土内作出的仲裁裁决，仅限于《纽约公约》对中国生效后作出的裁决，且应由仲裁裁决的一方当事人提出。

2. 申请承认与执行仲裁裁决的具体程序

根据《纽约公约》当事人申请承认与执行外国仲裁裁决时，应向执行法院提交经公证的裁决书正本或经认证的副本，以及仲裁协议正本或经公证的副本。如果裁决书或仲裁协议所使用的语言，不是仲裁执行的国家语言，那么申请人应当提供此项语言文本，但申请承认和执行的程序依据为被申请地的国内法。

2002 年，泰国的《仲裁法》修改了 1987 年旧法关于本地仲裁裁决和外国仲裁裁决适用不同的执行程序的反常规定，同时在确定大多数仲裁都是国内仲裁的基础上对相关用语进行了定义。这使得仲裁裁决有可能受到法院更加严格的审查，新法允许当事人在收到裁决书 3 年之内提出执行之诉。

在仲裁裁决是由外国作出的情况下，只有该国受到泰国为缔约国的条约、公约或国际协定的约束，且应在泰国同意受约束的范围内发生效力，主管法院才执行该判决。申请仲裁裁决一方当事人应当在该裁决可被执行之日起 3 年内向主管法院提出申请，法院在收到申请后，立即进行询问并作出判决。法院可以拒绝执行无论是在任何国家内作出的裁决，如果基于裁决的执行被提出要求一方当事人能够证明：

（1）仲裁协议的一方当事人，根据法律适用法欠缺行为能力；

（2）根据当事人协议遵守的法律或在没有此项协议的情况下根据仲裁作出国的法律，仲裁协议没有法律约束力；

（3）被申请执行一方当事人未获得指定仲裁庭或仲裁庭开庭的预先通知，或者无法陈述其案情；

（4）该争议非仲裁协议范围内之争议；

（5）仲裁庭的组成或仲裁程序及仲裁协议不相符；

（6）仲裁协议尚未生效或撤销、终止。

3. 拒绝承认与仲裁裁决的情形

如果仲裁裁决违反泰国的公共秩序，泰国法院有权拒绝执行该申请。法院根据本国作出的命令和判决不容上诉，但符合下列情形的除外：

（1）承认或执行该仲裁裁决违反泰国公共秩序或公序良俗；

（2）该判决与仲裁裁决不相符；

（3）审判该案法官在判决中给出了反对意见；

（4）该命令是就临时措施作出的；

（5）对根据本法作出的命令和判决的上诉，应视情况向最高院和最高行政法院作出。[1]

① 《“一带一路”沿线国家法律风险防范指引》系列丛书编委会编：《“一带一路”沿线国家法律风险防范指引》（泰国），经济科学出版社 2016 年版，第 257～260 页。

第四节 沙特阿拉伯法律概括

【知识背景 / 学习要点】

一、沙特阿拉伯概述

沙特阿拉伯位于阿拉伯半岛，东临波斯湾，西临红海，北与约旦、伊拉克和科威特为界，西南和南与也门为邻，南和东与阿曼、东北与卡塔尔及阿联酋为邻。西临红海，与埃及、苏丹和埃塞俄比亚相望，东临波斯湾，与伊朗和巴林群岛相望。海岸线长 2437 公里，地势西高东低，西部是希贾兹 - 阿西尔高原，其南段的希贾兹山脉，海拔 3000 米以上；中部为纳季德高原；东部为平原。红海沿岸地区是宽约 70 公里的红海低地。沙漠约占全国面积的一半，无常年流水的河流、湖泊。沙特面积 224 万平方公里，占半岛面积的 75%。其中沙漠占 59.3%，永久牧场占 39.5%，森林占 0.6%，耕地占 0.6%。西部高原属地中海式气候，其他地区属于亚热带沙漠气候。夏季炎热干燥，最高气温可达 50℃以上，冬季气候温和，年平均降水不超过 200 毫米。沙特阿拉伯首都利雅得是沙特第一大城市和沙特的政治、文化中心以及政府机关所在地，位于沙特中部，人口约 432 万，面积 1800 平方公里。达曼是沙特东部的石油重镇，由达曼、胡巴尔、达兰三个城市组成，位于波斯湾西岸，互相毗邻，形成三角，总面积 718 平方公里，总人口 60 多万。①

二、沙特阿拉伯的政治体制

沙特是君主制王国，禁止政党活动。无宪法，《古兰经》和先知穆罕默德的圣训是国家执法的依据。国王亦称“两个圣地（麦加和麦地那）的仆人”。国王

① 《“一带一路”沿线国家法律风险防范指引》系列丛书编委会编：《“一带一路”沿线国家法律风险防范指引》（沙特阿拉伯），经济科学出版社 2016 年版，第 2 页。

行使最高行政权和司法权，有权任命、解散或改组内阁，有权立、废王储，解散协商会议，有权批准和否决内阁会议决议及与外国签订的条约、协议。1992 年 3 月 1 日，法赫德国王颁布《治国基本法》，规定沙特阿拉伯王国由其缔造者阿卜杜勒阿齐兹·拉赫曼·费萨尔·阿勒沙特国王子孙中的优秀者出任国王。

本届政府于 2015 年 4 月组成，随后进行几轮改组，目前共有阁员 34 人。沙特协商会议于 1993 年 12 月 29 日正式成立，是国家政治咨询机构，下设 13 个专门委员会。协商会议由主席和 150 名议员组成，由国王任命，任期为 4 年，可连任。

全国分为 13 个省：利雅得省、麦加省、麦地那省、东部省、卡西姆省、哈伊勒省、阿西尔省、巴哈省、塔布克省、北部边疆省、吉赞省、纳季兰省、焦夫省。省下设一级县和二级县，县下设一级乡和二级乡。以《古兰经》和《圣训》为执法依据。由司法部和最高司法委员会负责司法事务的管理。2007 年，阿卜杜拉国王颁布《司法制度及执行办法》和《申诉制度及执行办法》，建立新的司法体系。设立最高法院、上诉法院、普通法院等三级法院，并建立刑事、民事、商业、劳工等法庭。最高法院院长由国王任命。申诉制度规定设立直属于国王的三级行政诉讼机构，即最高行政法庭、行政上诉法庭和行政法庭。①

三、沙特阿拉伯的法律制度

（一）法律渊源

沙特阿拉伯的法律体系以伊斯兰教律法为基础。1992 年沙特阿拉伯开始采用《政府基本法》，政府从古兰经和先知穆罕默德的圣训中获得其权利，并且重申，这两个法律渊源管辖所有的行政法规。沙里亚法是沙特阿拉伯的宪法。因此，国王与内阁无权制定与沙里亚法相违背的法律。

沙特的法律法规主要有三种形式：伊斯兰法、制定法以及国王命令，所有法

① 《沙特阿拉伯国家概述》，载外交部网，https://www.fmprc.gov.cn/web/gjhdq_676201/gj_676203/yz_676205/1206_676860/1206x0_676862，下载日期：2019 年 12 月 8 日。

律法规文件均由其官方语言——阿拉伯语撰写。

1. 伊斯兰法

沙特的《政府基本制度法》第 1 条规定："沙特阿拉伯是绝对君主制的阿拉伯伊斯兰国家，国教为伊斯兰教。万能真主的《古兰经》和先知的圣训是国家宪法，阿拉伯语是本国语言。"第 46 条规定："在司法过程中，法官只服从伊斯兰教历法的权威，不受其他权力干涉。"可见，伊斯兰法律是沙特法律的基础，尽管伊斯兰法律允许非宗教法律法与其共存，并在商业运作中起主导作用，但这些非宗教法律法令不得与伊斯兰法律相冲突。

伊斯兰法的法律渊源可以分为以下几类：第一类是一级法律渊源或称其为主要法律渊源，包括《古兰经》和圣训；第二类是二级法院渊源，或称次要法律渊源，包括公议和类比推理。其中，公议是指法学家群体通过理性推理得出的、对宗教规则真实性的一种永久性确认；类推，只是根据《古兰经》和圣训进行的类比推理过程。第三类是补充性法律渊源，主要包括公共利益和习惯等，它是对伊斯兰法的必要补充。

2. 成文法

1958 年内阁会议发展成为一个正式的决策机构，享有立法、执法和行政权力，逐渐颁布了涉及公私法领域的众多方面的现代法律法规，这些法律法规深受其他国家法律制度的影响，尤其是埃及和法国，这些法律法规只有不和伊斯兰法相悖的情况下才具有法律效力和执行力。

3. 国王命令

国王通过发布国王命令来独立地制定法律和法规。国王利用其立法权力可以制定法律文件，以适应社会不断发展的需要。

（二）国内与国际法律制度

虽然伊斯兰教是法律制度的基础，沙特目前已制定若干项世俗法规，包括《公司法》《外商投资法》《公司融资法》《房地产融资法》《货币法》《保险法》《资本市场法》《反洗钱法》《银行管理法》《劳工法》等。沙特对外商投资的适用于海外个人或非沙特籍国民持有股份的公司所拥有的所有资本，在获得外商投资法许可证的情况下，《外商投资法》允许外商持有沙特公司的股份和资本。目前，沙特政府正在重新审阅《外商投资法》，从而为外国投资者制定更多的鼓励措施。

《公司法》是沙特阿拉伯治理商业企业的主要法律，在沙特经营的商业企业均受贸易及工业部的管理。《劳工法》对沙特境内公司雇员的要求和规定作了说明，其中有关实行劳务“沙特化”的条款非常具有针对性。在税收制度方面，沙特的税种主要包括所得税、资本利得税、代缴税和宗教税，沙特没有工资、间接税和印花税、转让税等，宗教税的征收对象是本国承包商或商行；外国公司或个人只缴纳从经营中获取利益的所得税，不缴纳宗教税。

1996 年，沙特颁布了《银行管理法》，适用于全部国有银行和私营银行以及外资银行，2003 年 6 月制定了《资本市场法》，在现行商业银行的框架外，允许投资开办银行、金融公司。沙特货币署（沙特央行）负责银行业管理。

沙特 2005 年 12 月加入世界贸易组织，同时是下列世界金融机构和组织的成员，包括世界银行，国际货物基金组织、阿拉伯货币基金组织、海湾国家合作理事会、泛阿拉伯自由贸易区、伊斯兰会议组织经济贸易合作常务委员会和伊斯兰发展银行等。沙特还与意大利、德国、比利时、中国、法国、马来西亚、澳大利亚等签署了投资促进及保护协定。[①]

① 《“一带一路”沿线国家法律风险防范指引》系列丛书编委会编：《“一带一路”沿线国家法律风险防范指引》（沙特阿拉伯），经济科学出版社 2016 年版，第 17 页、第 22～23 页。

第六章

“一带一路”建设中网络贸易的社会风险

【内容摘要】

社会风险是一种导致社会冲突，危及社会稳定和社会秩序的可能性，更直接地说，社会风险意味着爆发社会危机的可能性。一旦这种可能性变成了现实性，社会风险就转变成了社会危机，对社会稳定和社会秩序都会造成灾难性的影响。①

而由于“一带一路”沿线国家在社会制度、法律制度、文化背景等方面存在的巨大差异，使得“一带一路”沿线国家在网络贸易方面也会存在巨大的风险，包括社会风险、文化风险和经营风险，加之对复杂的境外投资经营环境的认识不足，以及自身管理决策水平的欠缺，致使企业在境外的贸易投资过程中遭遇到经济、政治和社会等领域的多样风险，部分投资贸易活动损失惨重。因此，如何在境外投资过程中进行科学分析及应对风险成为亟待解决的学术热点问题。

本章主要对“一带一路”大背景下网络贸易的社会风险进行研究、分析，综述其社会风险的形式以及原因，结合我国《电子商务法》相关的规定，最后探讨如何对其进行防控。

① 《社会风险》，https://baike.so.com/doc/5979477-6192440.html，下载日期：2019 年 12 月 8 日。

第一节　“一带一路”网络贸易的社会风险与防控

【知识背景 / 学习要点】

一、“一带一路”网络贸易与全球化风险

（一）社会风险概述

“风险”概念在17世纪的英文中似乎已经出现，意思是遇上危险或触礁。随着现代社会的演进，社会风险有了更多的含义。现代一般意义上的社会风险意指在一定条件下某种自然现象、生理现象或社会现象是否发生，及对人类社会财富和生命安全是否造成损失和损失程度的客观不确定性。

随着中国体制的变迁和政策的转轨，当前中国社会的风险主要呈现“风险共生”的表征。中国的社会转型主要表现为结构转型与体制转型，这其中不仅要完成从传统农业社会向现代工业社会的结构转型，还要进行计划经济向市场经济的体制转轨。在经济目标成为社会运行的支配目标的同时，政治行政系统日益偏离原有的社会管制轨道，更多的是指向市场，服务社会。由此，社会的组织原则也从先赋性与政治诱致性原则转向获致性原则。社会主义现代化的转型，打破了中国原有的在政治原则指导下形成的社会平衡状态，致使这些“人造风险”在不同地区、不同群体、不同行业中以不同方向、不同速度积聚和叠加起来。

因此，在中国社会转型期，社会风险状态既不是纯粹传统的，又不是纯粹现代的，而是一种混合状态。除了前工业社会的传统风险，如自然灾害、传染病等，依然在对人们的生产、生活和社会安全构成威胁外，现代化进程中不断涌现和加剧的失业问题、诚信危机、安全事故等工业社会早期的风险正处于高发势头。同时，现代风险的影响已超越国家疆界，如国际金融风险、环境风险、技术

风险、生物入侵等随时可能对我们的安全造成威胁。在这样的情况下，政府在社会风险的治理中应承担什么样的作用，政府对社会居民的政府责任应如何界定，值得我们探究。[①]

同样，在建设“一带一路”过程中风险与机遇并存、挑战与发展同在。“一带一路”的建设恰逢风险全球化的世界大背景，全球风险的蔓延与扩散给“一带一路”建设提出了巨大的挑战。

当今世界是一个风险密集、危机四伏的时代，全球化在加速各国经济发展的同时，也让地球成了一个“世界风险社会”。世界早已不再“太平”，被各种“潜在”与“显在”的风险缠绕着。乌尔里希·贝克很早就预见了世界风险社会的来临，1986 年在其出版的《风险社会：走向新的现代性》一书中，从生态视角阐述了世界风险社会的“地球政治”，风险社会理论引发了世界的关注。21 世纪以来，人类在享受经济全球化和现代科技带来的红利时，社会风险也悄然渗透到世界每一个角落。我国的传统风险、现代风险与世界风险交互反应，形成全球化的风险带，而“一带一路”建设就是在全球化风险的背景下进行的。

（二）“一带一路”中的风险与全球治理的内在逻辑

1. 世界风险是源头，全球治理是手段

“一带一路”沿途横贯欧亚大陆，连接亚太和欧洲金融圈，其涵盖范围之大必然会引发全球风险的连锁反应。[②] 不同国家的经济发展水平不同，政治环境不同，文化背景差异，其风险的表现形态也不一样。从风险与治理的内在联系看，世界风险是源头，全球治理是手段。风险是为了反思问题，治理更侧重于正视和解决问题。全球治理是为了规避和化解国际争端与冲突，而这些冲突与矛盾又来源于世界风险。系统的风险需要综合的治理，我们要有风险意识和全局观念，用全球治理观准确把握其战略定位，实现源头治理。

2. 世界风险的特质决定了“一带一路”风险治理

① 《社会风险》，https://baike.sogou.com/v179257.htm?fromT，下载日期：2019 年 12 月 10 日。

② 王卫星：《全球视野下的“一带一路”：风险与挑战》，载《学术前沿》2015 年第 5 期。

（1）全球风险的普遍性与突发性需要常态的体制治理方式

“一带一路”沿线的国家大多处于社会转型期的重要时期，很多地区社会风险与矛盾凸显、突发事件频繁发生。在世界风险席卷全球的今天，任何国家和地区都将面临众多不确定的风险。全球风险具有普遍性和突发性。世界风险渗透于全球每个角落，且转化为危机事件的速度很快，猝不及防。高风险已经成为全球一体化的常态，风险的普遍性与突发性需要建立长效治理机制，实行常态治理。在“一带一路”的建设中，我们已经遇到了来自各方面的风险与危机，可能会全面干扰“一带一路”的有效进程。因此，当务之急需要建立常设的“一带一路”风险治理委员会，建构相关的专业风险防控职能部门，对风险进行常态的预警。

（2）全球风险的聚集性与扩散性需要动态的治理机制

全球风险具有集聚性和扩散性。全球风险有从无到有逐渐积聚的特质，一旦聚集到一定程度，便会在某一阶段以公共危机的形式爆发（比如武装冲突、政变等）。不同类型的风险（政治、制度、文化等）会在不同的社会结构层扩散，形成叠加效应，[①] 从一个地区到另一个区域，从一国扩散至多国，甚至影响全球稳定（比如金融风险、公共卫生危机等）。“一带一路”沿线的一些国家（印度、中东国家等）社会矛盾突出、群体事件频发，众多的风险往往是由于地区经济发展缓慢所造成的。因此，要对风险进行动态实时监控，打破风险在结构断层的凝聚和世界范围的扩散；要建立一整套切实可行的风险治理机制，在建设中防范风险，在治理中共同发展。

（3）世界风险的复杂性呼唤多元主体的全球共治

全球风险是复杂的，它呈现出来源的复杂与多样性，因此引发全球风险的因素也应当是复杂的。当今传统的风险没有消除，现代性的风险有增无减，后现代的风险也在释放。每个国家的不同国情、文化差异、不同的发展道路造就

① 沈一兵：《系统论视野下城市突发公共事件生成、演化与控制》，北京科学出版社 2011 年版，第 66 页。

了不同的政治制度与社会文化，经济的、制度的、文化的、国内的、国际的等众多复杂因素耦合在一起，加剧了地区风险与冲突。正是由于风险的复杂性，才使得人类在面对世界风险时常常无从选择和无法应对。我国倡导的“一带一路”建设是一条绿色、持续、共赢的和平发展之路。我国不搞霸权主义，也绝不会称霸。一个国家的力量是有限的，依靠我国单方的力量很难系统、高效地治理风险，因而需要同“一带一路”沿线各国一起相互配合、共同参与、合作共治。[①]

二、“一带一路”网络贸易社会风险及防控

跨国网络贸易是指利用数字化技术将企业、海关、运输、金融、商检和税收等有关部门有机连接起来，实现从浏览、洽谈、签约、交货到付款等全部或部分业务自动化处理，其主要由信息共享、定购、支付、执行、服务和支持五个部分构成。网络可以为跨国贸易企业提供全球信息，使企业进一步分享全球经济一体化带来的信息资源；有助于规范贸易行为，提高交易信用，在一定程度上防止商业欺诈；为企业提供全天候服务，不受时间、地点限制，直接在网上交易；提高单证处理效率和质量，增加产品信息查询跟踪能力，从而使企业降低运营成本；增加贸易机会，加大盈利率。但事物总是具有两面性的，虽然网络化、信息化为进出口企业提供了大量便捷化服务，同时也为外贸企业带来了一些新环境下的新问题。跨国网络贸易企业对这些问题应该加以注意，以防范网络贸易下的新型外贸风险。

（一）积极防范跨国网络贸易法律法规体系不完善带来的风险

1. 法律体系不同造成的风险

我国实行的是大陆法法律体系，英美一些国家是英美法系，以判例法为主，在“一带一路”沿线国家中还存在伊斯兰法系，不同的法律体系的冲突和摩擦

① 沈一兵：《“一带一路”的风险诉求与命运共同体的构建——基于风险全球化的社会学视角》，载《宁夏社会科学》2018年第3期。

难以避免。在传统的国际贸易里，可以把贸易纠纷划分出确切的发生地，进而采用相应国家地区的法律，所以应该采用哪种法体并不难解决。然而在网络贸易里，没有了时间和地域的限制，根本无法找出纠纷到底是发生在中国还是外国，更无法确定到底是该适用中国法还是外国法，因法律体系的不同造成了纠纷解决的障碍。[①]

2. 缺乏成熟的网络贸易法带来的障碍

在网络贸易里该如何取证，什么样的合同是有效的，如何评价合法的电子签名，如何保证报关检验等单证在流转过程中的安全性和有效性，如何防范企业信息的泄密等问题的解决，都需要以法律作为保障，即网络贸易的全球化要求法律规范在世界范围的统一。而目前我国还没有一部成熟的网络贸易法，何时能形成全世界统一的法律体系还是未知数，这对目前外贸企业业务的开展形成了一定的阻碍。因而要求企业进行跨国贸易时尽量促成双方的意志一致，全面考虑会遇到的问题，可以暂时实行传统与网络跨国贸易并举的措施防范风险。

3. 关税方面的风险

在国际经济贸易过程中，需要缴纳一定比例的税务，而凭借电子商务平台开展跨国贸易时，在税收方面各个国家存在着一定的差异，这样就为企业趁机逃避税务埋下隐患。在企业交税过程中，如果无法满足各个国家的基本要求，将有可能诱发税款的流失。电子商务具有比较强的虚拟性，这样一些不法经销商就有可能随意隐瞒实际贸易，进而达到逃税的目的，国际贸易中的税收问题难以得到合理化的控制。同时在国际经济贸易过程中所产生的发票也是电子款的，此时有的企业可以借助技术手段修改发票信息，导致国家利益遭受较大损失，这就进一步提高了税收控制的难度。[②]

---

① 沈一兵:《“一带一路”的风险诉求与命运共同体的构建——基于风险全球化的社会学视角》，载《宁夏社会科学》2018 年第 3 期。

② 杨曦、陈星豪:《电子商务对当前国际经济与贸易的影响》，载《现代营销（经营版）》2019 年第 11 期。

（二）技术问题带来的风险

与传统国际贸易不同，在网络贸易里，提倡的是行业自律的规则，自下而上自发形成行业管理办法和管理体系，对于行业自身无法解决的问题再以法律法规来规范。网络贸易里还可以充分运用技术手段实行一些安全保护，消费者安全保护就是其中之一。网络贸易要求消费者在进行商务活动时公开一些私人信息，如信用卡号码、住址、电子邮箱等，商业公司也在通过各种途径搜集客户的数据资料，建立数据库。由于存在许多网络黑客和非法窃取客户资料的公司，这些消费者的信息因此处于险境当中。解决这个问题可以通过交易者身份验证、交易保密信息的验证及交易行为发生时间的验证等技术手段实现，以确保消费者的安全。保护知识产权问题也需要借助法律和技术手段同时解决。一些网络产品的网上发布，比如专利的公布、软件的售卖等，经常会被别的公司窃取、转卖、改版，这就侵犯了开发者的利益。如何防范这种侵犯知识产权的行为呢？一方面可以运用法律，但运用法律往往是行为已经发生后去解决纠纷，这会造成社会资源的浪费；另一方面可以运用技术来防止侵权行为的发生，这是比较主动的选择。然而，目前的网络贸易技术还不成熟，不能充分做到对消费者安全的保护和知识产权的防护，因而要求企业一方面从自身做起，不去窃取个人隐私及其他企业的保密信息，另一方面企业要防范其他企业的侵犯，必要时可以采用法律手段。目前阶段法制不够健全，只有外贸企业协同合作、共同努力，才会达成法制的尽快完善。①

面对网络贸易给外贸行业带来的问题，国家有关部门应该在宏观政策上积极扶持，在基础设施建设上加大投入，在法律法规的制定上尽量公平、公正；同时也希望各外贸企业把握自身特点，主动适应新型的外贸市场，提前加以预防，以减少网络贸易风险的发生，规避损失。

---

① 李全喜、金美彤、郝丽娟：《网络化国际贸易的风险管理》，载《管理前沿》2002 年第 3 期。

第二节　我国《电子商务法》

【知识背景 / 学习要点】

一、立法背景

2012年，中国电子商务交易额达7.85万亿元，同比增长30.8%；网络零售额超过1.3万亿元，占社会消费品零售总额的6.3%；电子商务服务企业直接从业人员超过200万人，间接带动就业人数超过1500万人。根据有关部门和专家的分析预测，到“十二五”末期，中国网民总数将达7亿人，电子商务交易额、网络零售交易额将分别增长至18万亿元和3万亿元以上，中国将成为全球规模最大的电子商务市场。电子商务产业将成为最具发展潜力、最有国际竞争力的产业。在当今，电子商务继续保持高速增长的势头。在量的迅速扩张的同时，更加可喜的是质的提高。在发展质量上，我国电子商务领军企业已经在企业规模、创新能力、技术水平、盈利能力等方面走在了世界前列。我国经济社会正在进入转型发展的新常态，电子商务的快速成长，成为经济发展的一道亮丽风景线。作为新的经济增长点，在转方式、调结构、保增长、促就业、惠民生等方面将发挥更加重要和积极的作用。①

与电子商务迅猛发展的实践相比，中国至今尚未对电子商务进行专门立法，实践中规范、指导电子商务发展主要依靠部门规章。电子商务现有法律法规亟待梳理、补充、修改和完善。促进电子商务持续健康发展迫切需要加强立法。国务院办公厅出台了关于加快电子商务发展的若干意见；国家发改委、国务院信息办发布了电子商务发展“十一五”规划；工信部发布了电子商

① 《深入推进科学立法民主立法，提高电子商务立法质量》第十二届全国人大常委会副委员长张平寄语。

务“十二五”发展规划；商务部也先后发布了关于网上交易的指导意见、关于“十二五”电子商务发展指导意见等；此外，国家工商总局发布了《网络商品交易及有关服务行为管理暂行办法》。

二、立法进程

2000年12月，中国全国人大常委会审议通过了《关于维护互联网安全的决定》；2004年8月，通过了《电子签名法》；2012年12月，通过了《关于加强网络信息保护的决定》。2013年12月7日，全国人大常委会在人民大会堂上召开了《电子商务法》第一次起草组的会议，正式启动了《电子商务法》的立法进程。12月27日，全国人大财经委在人民大会堂召开《电子商务法》起草组成立暨第一次全体会议，正式启动《电子商务法》立法工作。根据十二届全国人大常委会的立法规划，《电子商务法》被列入第二类立法项目，即需要抓紧工作，条件成熟时提请常委会审议的法律草案。2014年11月24日，中国全国人大常委会召开《电子商务法》起草组第二次全体会议，就电子商务重大问题和立法大纲进行研讨。起草组明确提出了《电子商务法》要以促进发展、规范秩序、维护权益为立法的指导思想。2015年1月至2016年6月，开展并完成电子商务法草案起草。2016年3月10日，在全国人大财政经济委员会副主任委员乌日图透露，电子商务立法已列入十二届全国人大常委会五年立法规划，目前法律草案稿已经形成，将尽早提请审议。2016年12月19日，第十二届全国人大常委会第二十五次会议上，全国人大财政经济委员会提请审议电子商务法草案。2016年12月27日至2017年1月26日，电子商务法在中国人大网向全国公开电子商务立法征求意见。2017年10月，十二届全国人大常委会第三十次会议，对电子商务法草案二审稿进行了审议。

2018年6月19日，电子商务法草案三审稿提请十三届全国人大常委会第三次会议审议。2018年8月27日至8月31日举行的第十三届全国人大常委会第五次会议正式对电子商务法草案进行四审。2018年8月31日，全国人大常委会表决通过电子商务法。其中明确规定：对关系消费者生命健康的商品或者服务，电商平台经营者对平台内经营者的资质资格未尽到审核义务，或者对消费者未尽到安全保障义务，造成消费者损害的，依法承担相应的责任。电商平台经营者对平台内经营者侵害消费者合法权益行为未采取必要措施，或者对平台内经营者未尽到资质资格审核义务，或者对消费者未尽到安全保障义务的，由市场监督管理部门责令限期改正，可以处5万元以上50万元以下的罚款；情节严重的，责令停业整顿，并处50万元以上200万元以下的罚款。①

三、《电子商务法》对跨境进口电商的影响

历经五年，四次审稿，全国人大财经委员会牵头制定的《电子商务法》在2018年8月31日，由中华人民共和国主席习近平签署中华人民共和国主席令（第七号），由中华人民共和国第十三届全国人民代表大会常务委员会第五次会议通过，于2019年1月1日正式实施。

其中，《电子商务法》第26条、第71条至第73条都提到了跨境电商，随之也引出了跨境进口电商从业者的一些讨论，也有少数人在微博和其他媒介炒作《电子商务法》实施后，会导致一些目前跨境电商热销的产品不能入境。《电子商务法》第26条规定：“电子商务经营者从事跨境电子商务，应当遵守进出口监督管理的法律、行政法规和国家有关规定。”

（一）目前中国跨境电商企业经营的现状

1. 海外代购售假，侵害平台合法权益

福建某国家级电商示范区内各种制假售假活动，应有尽有：在这里能够通过“防伪码”，更改物流信息，甚至能将中国内地发货“秒变”美国发货，借此冒充海外代购。产品质量参差不齐，假冒伪劣产品大量充斥中国市场，既增加了“正统”跨境电商企业的竞争压力，严重损害我国跨境电商平台的合法权益，也

① 《中华人民共和国电子商务法》，https://baike.so.com/doc/24057385-24640666.html，下载日期：2019年12月8日。

为我国跨境电商行业的又好又快发展带来了一系列的后遗症。

2. 电商海外仓问题重重，政府监管存在漏洞

以某跨境电商企业为代表的企业在德国等地的海外仓，突因德国当局打击海外仓偷漏税行为而停止运营。这正是各大跨境电商平台，为实现最大获利而展开的不正当竞争。偷税漏税现象严重，为我国各跨境电商企业的海外运营带来“当头一棒”，究其根本也是我国政府对我国跨境电商法律监管不健全所存在的问题，为我们敲响了警钟。

3. 国际买卖纠纷，消费者维权困难

由于跨境电商存在着买卖双方地理位置距离远，发货、收货存在时间差，各国海关商检存在差异等情形，导致了生产商、经销商、消费者之间极易产生纠纷，同时由于我国跨境电商发展过程中，缺乏法律约束，消费者维权困难的现象时有发生。①

（二）《电子商务法》中关于跨境电商的规定

1. 明确了电子商务的对象

已经实施的《电子商务法》第2条明确表明了电子商务为利用互联网销售商品、提供服务的经营活动，而金融类、新闻影像类、文化传播类的产品和服务并不适用该部法律。也就是说，人们通常理解的跨境电商是在《电子商务法》的适用范围内的。跨境电子商务的平台建立、店铺经营、与消费者的交易、售后服务等都将依据该部法律进行规范。但是社会各界普遍关注的微信、微博等在线社交平台是否在《电子商务法》的调整范围内还需要辩证地看待。单纯提供服务的应不在该法适用范围内，但C2C模式的跨境电子商务经营者若是在社交平台上开展经营的是符合《电子商务法》中关于电子商务的定义的应受该法的调整。但在现实中施行时还需要参考所谓的“微商”行为的持续性和规模来具体判定，偶尔通过微信、微博等社交平台转卖商品或二手商品的行为是不具备经营者的属性的。

① 彭晓华：《〈电子商务法〉对中国跨境电商的影响分析》，载《区域治理》2019年第3期。

2. 跨境电商的经营者应当办理市场主体登记

此项规定对当前的 C2C 模式经营中的海外代购行为影响最大，因为大多数的海外代购之所以存在，是由于一价定律（law of one price）的失效，即同一种商品在不同关税区的价格不同，而两者之间的价格差要远远大于他们从事这项工作所付出的成本。如果根据《电子商务法》的规定，落实商业主体责任，这就意味着经营者需要履行纳税义务，这必然会增加他们的经济成本。加之商业主体的资格需要进行严格审查，这与之前近乎没有经营门槛的状态形成鲜明对比。所以有理由相信，随着市场准入门槛的提高，部分实力较弱的经营者将会退出，跨境电商市场将会迎来一段时期的震荡整合。当然，此种规定也存在一定制度上的困难，由于《电子商务法》的法律效力只在中国境内有效，而办理工商登记是需要进行住所登记的，所以居住在境外的海外代购者是无法取得我国的相关行政许可的。如此一来，相当一部分的海外代购者将成为不合规的跨境电商经营者。

3. 电子商务中涉及的个人信息受法律保护

消费者在实体店消费时，商家无权知道其个人信息，这得以从根本上杜绝消费者的隐私泄露问题。然而在网络上购买物品或服务时，由于交易双方并不认识，采用现代物流的方式交付产品，因此需要提供相当详细的个人资料，如家庭住址、姓名、联系方式等，这就存在一定的隐私泄露隐患。很多商家为了促进自己的产品的销售，对所掌握的消费者的邮箱、电话、短信等进行轰炸式宣传，例如 2018 年“双十一”当天的“短信轰炸”事件，已经严重影响到了个人生活；此外，在社会上由于外卖信息泄露，导致不法分子冒充外卖员伤害消费者的事件也时有发生。因此《电子商务法》第 23 条明确了电子商务经营者具有维护用户个人信息不被泄露的义务；第 25 条明确了主管部门对经营者提供的相关信息具有维护其不泄露的义务。虽然此种规定在落实上存在一定的困难，但是将维护个人信息作为电子商务经营者和相关主管部门的义务写进法律也不失为一种进步，有了法律依据，消费者的个人信息将会在一定程度上得以保护。

4. 明确了电子商务合同的订立与履行

《电子商务法》第 49 条明确了合同成立的时间点：在消费者付款成功的那一刻，合同便已经成立，且声明任何约定在价款成功支付后合同不成立的方式（如格式条款）均不存在法律效力。在实际生活中，很多人也许有这样的经历：通过微信或微博平台上的海外代购者购买某些海外商品，货款已经支付，但一段时间之后，对方声称由于国外专柜断货或在海关处被查等原因，货物没有带回国，货款退回。在这种情况下，尽管双方在本质上存在交易行为，却并没有订立合同的正式流程，对方能否依照消费者的意愿去履行义务只能依靠其主观能动性，在发生纠纷以后，若代购者不积极承担责任，大多数的消费者只能选择作罢。但《电子商务法》实施以后，代购者的这种行为将视为违反合同，是需承担法律上的违约责任的。由于长期以来，跨境电商的合同关系多以约定俗成的口头形式来订立，尽管我国《合同法》承认不要式合同同样具有法律效力，可一旦发生纠纷，双方的权利义务容易纠缠不清，因此《电子商务法》第 50 条规定处于强势的经营者需向用户提供便利，以帮助他们订立合同和更为准确地理解合同的相关条款。①

四、《电子商务法》对消费者权益的保护

消费者权益保护是《电子商务法》的立法中心，通过确定消费者的选择权、知情权、隐私权等多项实质性权利，明确电子商务经营者的法律义务和法律责任，《电子商务法》建立了一个相对完善的、适应电子商务发展特点的消费者权益保护制度。这将为消费者维护自身合法权益提供有力的法律武器，也将对电子商务行业的可持续发展产生积极而深刻的影响。

（一）“消费者权益”的概念

《消费者权益保护法》第 2 条规定：“消费者为生活消费需要购买、使用商品或者接受服务其权益受本法保护；本法未作规定的，受其他有关法律、法规保

① 李爽、孙鹏：《〈电子商务法〉对跨境电商的影响分析》，载《现代商贸工业》2019 年第 12 期。

护”，《民法总则》也纳入了“消费者”这一概念，但并未作出具体的定义，可以看出，我国现行的法律是通过对消费行为的描述来定义消费者范围的。[①]

学者对“消费者”概念的主流观点是：（1）消费者是购买商品或接受服务的人；（2）消费者应属于自然人，非单位、企业或组织；（3）消费者：不仅是购买商品或接受服务的自然人，还应以非营利为目的。因此，以生产经营为目的而购买商品和接受服务的人应排除在消费者的范围之外。

（二）“消费者权益”的内涵

消费者权益即消费者在特定法律关系中的合法权利。在电子商务领域，特指消费者在购买、使用商品和技术服务时依法享有的权利和利益。概括来说可以分为四个层次：第一，消费者权益的主体是消费者；第二，消费者权益是消费者请求权基础的具体表现，即消费者权益既可以表现为自己作出一定行为的权利，也可以表现为请求他人为一定行为的权利；第三，消费者权益是消费者享有的法定权利，在保障上具有强制性；第四，消费者权益是法律基于消费者的弱势地位特别赋予的权利和利益。[②]

《消费者权益保护法》第二章明确界定了消费者的权益，共有九项权利：第一，消费者在购买、使用商品和接受服务时享有人身、财产安全不受损害的权利；第二，消费者享有知悉其购买、使用商品或接受服务的真实情况的权利；第三，消费者享有自主选择商品或者服务的权利；第四，消费者享有公平交易的权利；第五，消费者因购买、使用商品或者接受服务受到人身、财产损害的，享有依法获得赔偿的权利；第六，消费者享有依法成立维护自身合法权利的社会团体的权利；第七，消费者享有获得有关消费和消费者权益保护方面的知识的权利；第八，消费者在购买、使用商品和接受服务时享有其人格尊严、民族风俗习惯得到尊重的权利；第九，消费者享有对商品和服务以及保护消费者权益工作进行监督的权利。

---

① 童海强：《消费者概念的法律思考》，载《中国市场监管研究》2016年第3期。

② 陆旭：《我国消费者权益保护制度研究》，首都经济贸易大学2013年硕士学位论文。

（三）我国电子商务领域的消费者权益保护

1. 我国消费者权益保护法律体系

我国以《消费者权益保护法》为核心，在民法、经济法、行政法、刑法等领域对消费者权益保护具有不同程度的涉及，初步形成了消费者保护法律体系。从民商法和经济法的角度来看，我国保护消费者权益的主要法律包括：

（1）《民法总则》

《民法总则》第128条规定："法律对未成年人、老年人、残疾人、妇女、消费者等的民事权利保护有特别规定的，依照其规定。"这条款体现了《民法总则》将消费者权益保护纳入民法范畴，对形成统一的消费者权益保护法律体系具有重要意义，使得消费者作为法律上的需要倾斜保护的"弱势者"的地位得以确认，也使得《消费者保护法》成为能够优先适用的民法特别法。

（2）《合同法》

合同法所遵循的"契约精神""平等自愿""诚实信用"的原则和精神，无疑赋予了处于弱势地位的消费者在面对损害自身权利的不平等合同时进行反抗的法律武器。但《合同法》的条款本身只对某些具有消费性质的合同进行了规定，并没有专门制定针对消费者合同的条款。

（3）《产品质量法》

《产品质量法》立法的目的旨在加强对产品质量的监督管理，提高产品质量水平，保护消费者合法权利。2000年修订后的《产品质量法》对政府在产品质量的监督管理方面作了较为全面、具体的规定，强化了产品质量行政监管部门的职权；规定了对产品质量负有责任的各方主体，包括市场主体和政府部门应当承担的法律责任，以及与产品质量有关的其他社会组织的责任。

（4）《消费者权益保护法》

《消费者权益保护法》分为总则、消费者的权利、经营者的义务、国家对消费者合法权益的保护、消费者组织、争议的解决、法律责任和附则共八章。《消费者权益保护法》以专章规定消费者的权益，表明该法以保护消费者权益为宗旨，这是以立法形式确定和保护消费者权益最重要的一部特别法。

（5）对产品质量进行监督管理的行政立法

对产品质量进行监督管理的行政立法主要包括《食品卫生法》《价格法》《广告法》《不正当竞争法》《药品管理法》《进出口商品检验法》《流通领域商品质量监督管理办法》等。

（6）标准化法与计量法

标准化法与计量法包括《标准化法》《计量法》《企业标准化管理办法》《采用国际标准管理办法》《计量基准管理办法》等。

我国消费者权益保护法律体系仍处于不完善阶段，立法的可操作性不够高，对违法行为的惩戒力度不够、对消费者权益的行政保护力度不够、对某些新兴消费领域缺乏法律规范等。《电子商务法》的通过，进一步完善了法律体系中电商领域的消费者法律保护，具有重要的现实意义。

2. 我国电子商务消费者权益保护的立法规定

目前除了《电子商务法》以外，涉及电商领域消费者权益保护的法律包括《消费者权益保护法》《产品质量法》《广告法》《合同法》《反不正当竞争法》等法律中的部分条文，其他还有部分的部门规章和地方法规。

《电子商务法》作为针对电商交易的专门法，制定了电子商务领域法律监管的原则和框架，涵盖了电商交易的各个领域，平等保护了电子商务的各方参与者，尤其将消费者权益保护作为中心，这在多个条款中有所体现：（1）《电子商务法》在总则第5条中提到“电子商务经营者应当履行消费者权益保护的义务”，并在后面分则中对此条款予以体现和落实。（2）在“电子商务经营者”一章，从电子商务平台的经营者以及平台内经营者承担的义务角度来看，规定经营者应保护消费者的安全权、知情权、选择权、隐私权，在推销商品和服务时应尊重和保护消费者的合法权益，以及电子商务平台内经营者对消费者生命权、健康权，未尽到法律规定的义务时，电子商务平台经营者应承担连带责任或者相应的责任。（3）在“电子合同的订立与履行”一章中，规定了经营者应保障消费者了解有关订立合同的步骤、注意事项和下载方法的知情权，电子支付服务提供者应保障消费者有关电子支付方面的知情权，此条款的目的则是保障消费者的财产安全；此外，还规定了格式条款合同中条款无效的情形。(4)在“电子商务争端解决”一章中提到了“商品或者服务质量担保机制”“消费者权益保证金”“先行赔偿责任”等从正面鼓励经营者保护消费者权益的制度，并规定了经营者的其他义务，包括建立便捷、有效的投诉、举报机制，保障消费者“监督投诉权”，规定平台经营者有提供原始合同和交易记录的义务，保障消费者的“仲裁诉讼权”，并专门规定了电商平台经营者在消费者和平台内经营者发生争议时，应积极协助消费者维护合法权益。(5)在“法律责任”一章中，对经营者损害消费者人身和财产安全、知情权、个人信息权等消费权益的行为，规定了相应的法律责任和处罚措施。[①]

五、《电子商务法》对知识产权的保护

近年来，我国电子商务迅速发展，在转方式、调结构、稳增长、促就业、惠民生等方面发挥了重要的作用。而电商平台对市场的主导作用，是我国电子商务发展的重要特点。《电子商务法》针对我国电子商务发展的特点，着重对电子商务平台经营者责任作出了明确的规定，并在电子商务交易保障中，突出规定了电子商务经营者的知识产权保护等问题。更值得关注的是，电子商务本身就是知识产权侵权的重灾区，在《电子商务法》出台前，司法实践中早已大量出现电商平台的知识产权侵权的案例，立法中也通过《侵权责任法》《信息网络传播权保护条例》等规定确定了“避风港原则”，以对知识产权的保护进行规范，《电子商务法》更是对“避风港原则”进行了更加系统的规定。

(一)“避风港原则”的内涵及渊源

“避风港原则”来源于美国1998年制定的《数字千年版权法案》(*Digital*

① 郭峰：《中华人民共和国电子商务法法律适用与案例指引》，人民法院出版社2018年版，第338～340页。

Millennium Copyright Act)。“避风港原则”的基本内涵是，对于网络服务提供者使用信息定位工具，包括目录、索引、超文本链接、在线存储网站等，在其链接、存储的相关内容涉嫌侵权时，如果其能够证明自己并无恶意，并且及时删除侵权链接或者内容，则其不承担赔偿责任。故“避风港原则”又称为“通知 + 删除”规则。

“避风港原则”最早仅适用于著作权领域，后来扩大适用到其他类型的知识产权侵权中。制定该原则的初衷是考虑网络中介服务商难以对大量的商品信息进行事先审查，对商品信息侵权并不知情，故通过“避风港原则”，对网络中介服务商的间接侵权责任进行限制。“避风港原则”涉及的免于承担赔偿责任需要具备三个前提条件：网络服务提供者不知道相关内容或行为构成侵权；网络服务提供者未从该等侵权行为中直接获得经济利益；网络服务提供者在接到侵权通知以后，立即删除链接或阻止他人访问。

（二）《信息网络传播权保护条例》对“避风港原则”的规定及争议

我国在《电子商务法》出台之前，就已经对“避风港原则”进行了借鉴及立法，主要体现在《信息网络传播权保护条例》(以下简称《条例》)、《侵权责任法》第 36 条、《民法通则》关于共同侵权责任的规定等条款中。在司法实践中，对于电商平台的知识产权侵权责任，主要是以《条例》及《侵权责任法》第 36 条作为法律依据，主要规定如下：

1. 权利人通知规则

《条例》第 14 条规定：对提供信息存储空间或者提供搜索、链接服务的网络服务提供者，权利人认为其服务所涉及的作品、表演、录音录像制品，侵犯自己的信息网络传播权或者被删除、改变了自己的权利管理电子信息的，可以向该网络服务提供者提交书面通知，要求网络服务提供者删除该作品、表演、录音录像制品，或者断开与该作品、表演、录音录像制品的链接。通知书应当包含下列内容：(1)权利人的姓名(名称)、联系方式和地址；(2)要求删除或者断开链接的侵权作品、表演、录音录像制品的名称和网络地址；(3)构成侵权的初步证明材料。权利人应当对通知书的真实性负责。

2. 网络服务提供者收到通知后的删除规则

《条例》第15条规定：网络服务提供者接到权利人的通知书后，应当立即删除涉嫌侵权的作品、表演、录音录像制品，或者断开与涉嫌侵权的作品、表演、录音录像制品的链接，并同时将通知书转送提供作品、表演、录音录像制品的服务对象；服务对象网络地址不明、无法转送的，应当将通知书的内容同时在信息网络上公告。

《侵权责任法》第36条规定：网络用户、网络服务提供者利用网络侵害他人民事权益的，应当承担侵权责任。

网络用户利用网络服务实施侵权行为的，被侵权人有权通知网络服务提供者采取删除、屏蔽、断开链接等必要措施。网络服务提供者接到通知后未及时采取必要措施的，对损害的扩大部分与该网络用户承担连带责任。

网络服务提供者知道网络用户利用其网络服务侵害他人民事权益，未采取必要措施的，与该网络用户承担连带责任。

3. 服务对象收到通知后，认为不构成侵权的，进行反通知及说明的规则

《条例》第16条规定：服务对象接到网络服务提供者转送的通知书后，认为其提供的作品、表演、录音录像制品未侵犯他人权利的，可以向网络服务提供者提交书面说明，要求恢复被删除的作品、表演、录音录像制品，或者恢复与被断开的作品、表演、录音录像制品的链接。书面说明应当包含下列内容：（1）服务对象的姓名（名称）、联系方式和地址；（2）要求恢复的作品、表演、录音录像制品的名称和网络地址；（3）不构成侵权的初步证明材料。服务对象应当对书面说明的真实性负责。

4. 网络服务提供者收到反通知及说明后，恢复删除信息的规则

《条例》第17条规定：网络服务提供者接到服务对象的书面说明后，应当立即恢复被删除的作品、表演、录音录像制品，或者可以恢复与被断开的作品、表演、录音录像制品的链接，同时将服务对象的书面说明转送权利人。权利人

不得再通知网络服务提供者删除该作品、表演、录音录像制品，或者断开与该作品、表演、录音录像制品的链接。

5.“避风港原则”的免责原则

《条例》第22条规定具备下列条件的，不承担赔偿责任：(1)明确标示该信息存储空间是为服务对象所提供的，并公开网络服务提供者的名称、联系人、网络地址；(2)未改变服务对象所提供的作品、表演、录音录像制品；(3)不知道也没有合理的理由应当知道服务对象提供的作品、表演、录音录像制品侵权；(4)未从服务对象提供作品、表演、录音录像制品中直接获得经济利益；(5)在接到权利人的通知书后，根据本条例规定删除权利人认为侵权的作品、表演、录音录像制品。

综上所述，在《电子商务法》出台前，《条例》等相关法律规定已经通过上述规定，明确了“避风港原则”的适用规则。虽然《条例》是针对著作权项下的信息网络传播权的规定，但是在司法实践中，由于网络交易平台是知识产权侵权的重灾区，对于著作权之外的商标权侵权等，均参照适用《条例》所明确的“避风港原则”及其相应规则。各大电商平台均根据《条例》的相关规定，将“通知+删除”等规则引入电商平台自身的纠纷处理机制中。

然而，“避风港原则”在司法实践中仍然存在诸多争议，例如：被侵权人的通知规则是否为对电商平台经营者提起侵权责任的前置程序；电商平台经营者根据“避风港原则”采取了相应措施，是否即可免除责任；“红旗原则”中的“明知或者应知”的标准如何确定，何等情况下才算是尽到了注意义务。

为此，实践中“避风港原则”逐步演化成了电商平台经营者的“安全港”，甚至演变成某些电商平台避免承担侵权赔偿责任的挡箭牌。《电子商务法》的出台，更加细化了“避风港原则”的规定，为电子商务领域的知识产权保护提供了更为具体的法律依据。

(三)《电子商务法》关于知识产权保护及“避风港原则”的规定及解析

《电子商务法》关于知识产权保护及“避风港原则”集中规定在第41条至第

45条及第84条。就第41条至第45条的规定而言,《电子商务法》在《侵权责任法》第36条及《条例》的基础上，进一步明确了“避风港原则”，为电子商务领域的知识产权保护提供了法律依据，为便于对比本次出台的《电子商务法》与《条例》、《侵权责任法》中关于“避风港原则”的规定，我们特就对应条款制作了如下对比表格。

表6-1

<table>
<tr><th>《条例》《侵权责任法》
关于“避风港原则”的规定</th><th>《电子商务法》
关于“避风港原则”的规定</th></tr>
<tr><td></td><td>第四十一条：电子商务平台经营者应当建立知识产权保护规则，与知识产权权利人加强合作，依法保护知识产权。</td></tr>
<tr><td>《条例》第十四条：对提供信息存储空间或者提供搜索、链接服务的网络服务提供者，权利人认为其服务所涉及的作品、表演、录音录像制品，侵犯自己的信息网络传播权或者被删除、改变了自己的权利管理电子信息的，可以向该网络服务提供者提交书面通知，要求网络服务提供者删除该作品、表演、录音录像制品，或者断开与该作品、表演、录音录像制品的链接。通知书应当包含下列内容：
（一）权利人的姓名（名称）、联系方式和地址；
（二）要求删除或者断开链接的侵权作品、表演、录音录像制品的名称和网络地址；
（三）构成侵权的初步证明材料。
权利人应当对通知书的真实性负责。</td><td rowspan="3">第四十二条：知识产权权利人认为其知识产权受到侵害的，有权通知电子商务平台经营者采取删除、屏蔽、断开链接、终止交易和服务等必要措施。通知应当包括构成侵权的初步证据。电子商务平台经营者接到通知后，应当及时采取必要措施，并将该通知转送平台内经营者；未及时采取必要措施的，对损害的扩大部分与平台内经营者承担连带责任。因通知错误造成平台内经营者损害的，依法承担民事责任。恶意发出错误通知，造成平台内经营者损失的，加倍承担赔偿责任。</td></tr>
<tr><td>《条例》第十五条：网络服务提供者接到权利人的通知书后，应当立即删除涉嫌侵权的作品、表演、录音录像制品，或者断开与涉嫌侵权的作品、表演、录音录像制品的链接，并同时将通知书转送提供作品、表演、录音录像制品的服务对象；服务对象网络地址不明、无法转送的，应当将通知书的内容同时在信息网络上公告。</td></tr>
<tr><td>《侵权责任法》第三十六条：网络用户、网络服务提供者利用网络侵害他人民事权益的，应当承担侵权责任。网络用户利用网络服务实施侵权行为的，被侵权人有权通知网络服务提供者采取删除、屏蔽、断开链接等必要措施。网络服务提供者接到通知后未及时采取必要措施的，对损害的扩大部分与该网络用户承担连带责任。网络服务提供者知道网络用户利用其网络服务侵害他人民事权益，未采取必要措施的，与该网络用户承担连带责任。</td></tr>
</table>

续表

<table>
<tr><th>《条例》《侵权责任法》
关于“避风港原则”的规定</th><th>《电子商务法》
关于“避风港原则”的规定</th></tr>
<tr><td>《条例》第十六条：服务对象接到网络服务提供者转送的通知书后，认为其提供的作品、表演、录音录像制品未侵犯他人权利的，可以向网络服务提供者提交书面说明，要求恢复被删除的作品、表演、录音录像制品，或者恢复与被断开的作品、表演、录音录像制品的链接。书面说明应当包含下列内容：
（一）服务对象的姓名（名称）、联系方式和地址；
（二）要求恢复的作品、表演、录音录像制品的名称和网络地址；
（三）不构成侵权的初步证明材料。
服务对象应当对书面说明的真实性负责。</td><td rowspan="2">第四十三条：平台内经营者接到转送的通知后，可以向电子商务平台经营者提交不存在侵权行为的声明。声明应当包括不存在侵权行为的初步证据。电子商务平台经营者接到声明后，应当将该声明转送发出通知的知识产权权利人，并告知其可以向有关主管部门投诉或者向人民法院起诉。电子商务平台经营者在转送声明到达知识产权权利人后十五日内，未收到权利人已经投诉或者起诉通知的，应当及时终止所采取的措施。</td></tr>
<tr><td>《条例》第十七条：网络服务提供者接到服务对象的书面说明后，应当立即恢复被删除的作品、表演、录音录像制品，或者可以恢复与被断开的作品、表演、录音录像制品的链接，同时将服务对象的书面说明转送权利人。权利人不得再通知网络服务提供者删除该作品、表演、录音录像制品，或者断开与该作品、表演、录音录像制品的链接。</td></tr>
<tr><td></td><td>第四十四条：电子商务平台经营者应当及时公示收到的本法第四十二条、第四十三条规定的通知、声明及处理结果。</td></tr>
<tr><td>《条例》第二十二条：网络服务提供者为服务对象提供信息存储空间，供服务对象通过信息网络向公众提供作品、表演、录音录像制品，并具备下列条件的，不承担赔偿责任：
（一）明确标示该信息存储空间是为服务对象所提供，并公开网络服务提供者的名称、联系人、网络地址；
（二）未改变服务对象所提供的作品、表演、录音录像制品；
（三）不知道也没有合理的理由应当知道服务对象提供的作品、表演、录音录像制品侵权；
（四）未从服务对象提供作品、表演、录音录像制品中直接获得经济利益；
（五）在接到权利人的通知书后，根据本条例规定删除权利人认为侵权的作品、表演、录音录像制品。</td><td></td></tr>
</table>

续表

《条例》《侵权责任法》 关于“避风港原则”的规定	《电子商务法》 关于“避风港原则”的规定
《条例》第二十三条：网络服务提供者为服务对象提供搜索或者链接服务，在接到权利人的通知书后，根据本条例规定断开与侵权的作品、表演、录音录像制品的链接的，不承担赔偿责任；但是，明知或者应知所链接的作品、表演、录音录像制品侵权的，应当承担共同侵权责任。	第四十五条：电子商务平台经营者知道或者应当知道平台内经营者侵犯知识产权的，应当采取删除、屏蔽、断开链接、终止交易和服务等必要措施；未采取必要措施的，与侵权人承担连带责任。

具体而言，《电子商务法》第 41 条规定电子商务平台经营者应当建立知识产权保护规则，与知识产权权利人加强合作，依法保护知识产权。该规定肯定及鼓励了电商平台经营者建立知识产权保护规则，而电商平台经营者结合“避风港原则”制定的知识产权保护规则及电商平台纠纷解决机制，不仅有利于纠纷的前期解决，更有助于通过“避风港原则”维护电商平台经营者自身权益，避免扩大承担责任等。

《电子商务法》第 42 条完整规定了“避风港原则”的“通知 + 删除”规则，并从如下几个方面进行了完善及补充：从立法层面将“避风港原则”的适用自信息网络传播权扩大至电子商务领域的知识产权侵权，为电子商务领域的知识产权保护适用“避风港原则”提供了直接的法律依据；进一步明确了平台经营者未采取必要措施的法律后果，即对损害扩大部分承担“连带责任”，与《侵权责任法》第 36 条第 2 款的规定一致；规定了“错误通知”的民事责任，及“恶意通知”的加倍赔偿责任，规制了投诉方滥用“避风港原则”的情况。

《电子商务法》第 43 条确立了“避风港原则”的反通知规则，明确了反通知情况下电商平台经营者的转送义务，并确定了权利人 15 日内限期起诉或投诉，否则电商平台经营者有权及时终止删除措施的规定，同时，对于“通知 + 删除、反通知”情况下的争议解决设定了具体规则。

《电子商务法》第 44 条确立了平台经营者的披露义务。

《电子商务法》第 45 条再次明确了“红旗原则”[①] 的适用规则，并规定了平台经营者未采取措施的法律后果为承担连带责任。但是，对于“知道或者应当知道平台内经营者侵犯知识产权”的具体含义，并未进一步作详细的规定，而在司法实践中，判断是否存在“知道或应当知道”及电子商务平台经营者的过错大小一直都是颇有争议的难点。最高人民法院 2011 年知识产权保护十大典型案例中的“淘宝网商标侵权纠纷案”[②]，在电子商务的知识产权领域进行了具有里程碑意义的探索，通过注意义务、品牌知名度、是否采取合理措施等要素，确定了“网络交易平台服务提供者承担帮助侵权责任的过错判断标准”，为前述难题的解决提供了参考及思路。

《电子商务法》第 84 条规定了平台经营者对平台内经营者实施侵犯知识产权行为未依法采取必要措施的后果，即由有关知识产权行政部门责令限期改正；逾期不改正的，处 5 万元以上 50 万元以下的罚款；情节严重的，处 50 万元以上 200 万元以下的罚款。[③]

---

① “红旗原则”是“避风港原则”的例外适用，“红旗原则”是指如果侵犯信息网络传播权的事实是显而易见的，就像是红旗一样飘扬，网络服务商就不能装作看不见，或以不知道侵权的理由来推脱责任，如果在这样的情况下，不移除链接的话，就算权利人没有发出过通知，也应该认定这个设链者知道第三方是侵权的。

② 《衣念（上海）时装贸易有限公司与浙江淘宝网络有限公司、杜国发侵害商标权纠纷》，上海市第一中级人民法院审理的（2011）沪一中民五（知）终字第 40 号案件。

③ 赵显龙、张漠：《关于〈电子商务法〉中知识产权保护及“避风港原则”的解析》，载北大法宝网，https://www.pkulaw.com/lawfirmarticles/3efcf75553aefeef386bb5fbdfefee2bbdfb.html?keyword=%e5%85%b3%e4%ba%8e%e3%80%8a%e7%94%b5%e5%ad%90%e5%95%86%e5%8a%a1%e6%b3%95%e3%80%8b%e4%b8%ad%e7%9f%a5%e8%af%86%e4%ba%a7%e6%9d%83%e4%bf%9d%e6%8a%a4%e5%8f%8a%e2%80%9c%e9%81%bf%e9%a3%8e%e6%b8%af%e5%8e%9f%e5%88%99%e2%80%9d%e7%9a%84%e8%a7%a3%e6%9e%90，下载日期：2019 年 12 月 10 日。

第三节　典型案例

【案例一】

淘宝网络有限公司诉许某某等网络服务合同纠纷案

【基本案情】

2009年，许某某在淘宝网注册，开设网店销售酒类产品，其在注册时与淘宝网络有限公司（以下简称淘宝公司）签署了《淘宝平台服务协议》，约定：不得在淘宝平台上销售/提供侵犯他人知识产权或其他合法权益的商品/服务。然而在2014年11月至2015年9月间，许某某在淘宝平台上销售五粮液假酒，之后被四川省宜宾五粮液集团有限公司以商标权受到侵害为由提起诉讼，法院判决其赔偿五粮液公司经济损失及合理开支7万元。同时，淘宝公司认为许某某及其作为股东设立的一人有限公司上海舜鸣贸易有限公司（以下简称舜鸣公司）违反了服务协议。

淘宝公司诉称，许某某网店售假行为违反服务协议的约定，给淘宝网声誉造成巨大的负面影响，淘宝公司为打击售假行为，投入大量人力物力，产生相应的损失，要求许某某及其公司赔偿损失及律师费等共计12万余元。

许某某和舜鸣公司辩称，许某某已承担相关赔偿责任，未侵犯淘宝公司的经济利益和商誉。出售假冒五粮液的行为已经受到了淘宝公司的相应处罚，不应再被起诉要求赔偿。舜鸣公司不应对其参与经营之前的销售行为承担责任。

【裁判结果】

上海市松江区人民法院于2017年9月21日作出（2017）沪0117民初7706号民事判决："一、许某某于判决生效之日起十日内赔偿淘宝公司损失2000元；二、许某某于判决生效之日起十日内赔偿淘宝公司合理支出13000元；三、驳回淘宝公司其余诉讼请求。"宣判后，淘宝公司和许某某提出上诉。上海市第一中级人民法院于 2018 年 1 月 16 日作出(2017)沪 01 民终 13085 号民事判决:“一、维持上海市松江区人民法院(2017)沪 0117 民初 7706 号民事判决第三项;二、变更上海市松江区人民法院(2017)沪 0117 民初 7706 号民事判决第一项为上诉人许某某于本判决生效之日起十日内赔偿上诉人甲网络有限公司损失 20000 元;三、变更上海市松江区人民法院(2017)沪 0117 民初 7706 号民事判决第二项为上诉人许某某于本判决生效之日起十日内赔偿上诉人甲网络有限公司合理支出 23000 元。”

【典型意义】

随着“互联网 +”的兴起,电商产业飞速发展,但同时也出现了诸多亟待解决的问题,尤以普遍存在的造假售假问题最为严重。囿于网络行为的隐蔽性、举证的艰难性、技术的复杂性,电商平台自身采取的净化措施就十分重要。

本案判决认定淘宝公司与许某某之间存在有效的协议,许某某的售假行为违反了协议约定。本案所涉服务协议约定,用户不得在淘宝平台上销售或发布侵犯他人知识产权或其他合法权益的商品或服务信息。许某某作为淘宝用户,应恪守约定,履行自身义务。已有生效判决认定,许某某通过开设的“强升名酒坊”店铺,销售假冒的五粮液,侵害五粮液公司对“五粮液”注册商标享有的使用权。由此可见,许某某的售假行为已经违反了与淘宝公司之间的约定。许某某在淘宝网上出售假冒五粮液的行为不但损害了与商品相关权利人的合法权益,而且降低了消费者对淘宝网的信赖和社会公众对淘宝网的良好评价。许某某在使用淘宝平台服务时,应当预见售假行为对商品权利人、消费者以及淘宝公司可能产生的损害。商誉是经营者本身以及经营者提供商品或服务过程中形成的一种积极社会评价。商誉可以体现在商品、商标和企业名称上,能够在生产经营中变现为实际的商业利润,具有显著的财产属性。因此,淘宝公司要求赔偿商誉等损失的主张具有相应的依据。电商平台经营者和平台内签约经营者均有依法规范经营的义务,许某某在淘宝网上销售假冒的五粮液,不仅应当承担对消费者的赔偿义务,也应当依约承担对电商平台的违约责任,电商平台经营者有权依法追究平台售假商家的违约责任。从另外一个角度来看，打假和净化网络购物环境也是第三方交易平台经营者的责任，符合其长远经营利益，有利于维护消费者合法权益，维护公平竞争的市场秩序。①

【案例二】

谢某诉深圳市甲在线科技有限公司、杭州 A 科技有限公司等侵害作品信息网络传播权纠纷案

【基本案情】

谢某享有《72 变小女生》文字作品著作权。后发现深圳市甲科技有限公司（以下简称甲公司）在其经营的“甲听书”网，通过信息网络向公众提供涉案作品的有声读物。谢某从甲公司提交的文件中发现甲公司是经过杭州 A 科技有限公司（以下简称 A 公司）、杭州 B 科技有限公司（以下简称 B 公司）、北京 C 文化发展有限公司（以下简称 C 公司）的层层授权后提供听书服务的。谢某以四公司为共同被告提起诉讼，要求停止侵权，连带赔偿损失。

法院经审理查明：谢某曾于 2013 年将涉案作品的“信息网络传播权及其转授权，以及制作、复制和销售电子出版物的权利”授权 A 公司。2014 年，A 公司向 B 公司出具授权书，明确写明授权 B 公司将涉案作品制成有声读物，并自行或再许可他方行使音频格式作品的信息网络传播权。2015 年，B 公司授权 C 公司将涉案作品的信息网络传播权转授权给甲公司在其“甲听书”平台上使用。同年，甲公司与 C 公司签订合同，约定 C 公司将涉案作品有声读物许可甲公司在其平台上使用。

---

① 《甲淘宝网络有限公司诉许某某等网络服务合同纠纷案》，载北大法宝网，https://www.pkulaw.com/pfnl/a25051f3312b07f346d4d2d5e920721d2e0162bb1da6c98abdfb.html?keyword=%e6%b5%99%e6%b1%9f%e6%b7%98%e5%ae%9d%e7%bd%91%e7%bb%9c%e6%9c%89%e9%99%90%e5%85%ac%e5%8f%b8%e8%af%89%e8%ae%b8%e6%96%87%e5%bc%ba%e7%ad%89%e7%bd%91%e7%bb%9c%e6%9c%8d%e5%8a%a1%e5%90%88%e5%90%8c%e7%ba%a0%e7%ba%b7%e6%a1%88，下载日期：2019 年 12 月 10 日。

在案件的审理过程中，谢某确认被控侵权行为已经停止。B公司确认涉案有声读物系由其制作，在制作过程中未改变原作文字内容。B公司与C公司均确认在向下游授权时对上游授权文件的审查系通过审查扫描件的形式进行。A公司主张其从谢某处所取得“改编权”授权包含将涉案作品制作成音频制品的权利。

【裁判结果】

杭州铁路运输法院（现为杭州互联网法院）于2017年6月19日作出（2016）浙8601民初354号判决，认定侵权成立，判令甲公司、A公司、B公司、C公司共同赔偿谢某经济损失及为制止侵权行为所支付的合理开支共计人民币6100元。谢某不服提起上诉，浙江省杭州市中级人民法院经审理后于2017年9月25日作出（2017）浙01民终5386号民事判决：驳回上诉，维持原判。

【典型意义】

“听书”“有声读物”是近年新兴的一种文化消费方式，产业价值巨大。但制作、在线提供有声读物在著作权法上如何定性，经营者应当取得著作权人怎样的授权，未经许可制作有声读物所侵害的是作者的复制权还是改编权等问题，法律条文上无直接规定，理论界和实务界也有不同的认识。这种局面可能使得业界法律界限不清，无所适从，不利于行业合法有序地经营发展。

本案的争议焦点有三：其一，作品均以形成外在的独创性表达为其前提要件，对作品的改编应以改变作品之表达，且该改变具有独创性为前提。对于文字作品而言，文字表述是其作品的表达所在，改编文字作品应以文字内容发生改变为前提。将文字作品制成有声读物需要经过三个步骤：朗读、录音、后期制作。三个步骤均只改变了作品的形式或载体，无一改变了文字作品的表达或内容，因而不涉及对文字作品的改编，有声读物只是以录音制品存在的复制件。其二，根据著作权法保护著作权人权益的本意，凡未经著作权人明确授予的权利仍应保留在著作权人手中。授权作为一种合同行为，以双方当事人达成合意为前提。一项行为是否在著作权人授权范围之内，需要探明著作权人授权时的真实意思表示。在本案中结合合同上下文及签约时的时间环境，不应认定在线提供有声读物属谢某授权范围之内。其三，上游“授权方”缺乏有效权利而向下授权他人实施受专有权利控制的行为，自身对此存在过错，且行为实际发生的所有上游授权方均构成侵权，与直接侵权人承担连带责任。

在当前立法和司法有关有声读物具体规则存在空白，而行业发展又亟须明确规则的背景下，本案裁判为行业主体提供了清晰的指引，对于充分发挥司法助推文化产业健康发展具有积极作用。[①]

① 《谢某诉深圳市甲科技有限公司、杭州A科技有限公司等侵害作品信息网络传播权纠纷案》，载北大法宝网，https://www.pkulaw.com/pfnl/a25051f3312b07f3545430e4b1763ad785a92c5743ac73e3bdfb.html?keyword=%e8%b0%a2%e9%91%ab%e8%af%89%e6%b7%b1%e5%9c%b3%e5%b8%82%e6%87%92%e4%ba%ba%e5%9c%a8%e7%ba%bf%e7%a7%91%e6%8a%80%e6%9c%89%e9%99%90%e5%85%ac%e5%8f%b8%e3%80%81%e6%9d%ad%e5%b7%9e%e5%88%9b%e7%ad%96%e7%a7%91%e6%8a%80%e6%9c%89%e9%99%90%e5%85%ac%e5%8f%b8%e7%ad%89%e4%be%b5%e5%ae%b3%e4%bd%9c%e5%93%81%e4%bf%a1%e6%81%af%e7%bd%91%e7%bb%9c%e4%bc%a0%e6%92%ad%e6%9d%83%e7%ba%a0%e7%ba%b7%e6%a1%88%e3%80%8b，下载日期：2019年12月10日。

第七章

“一带一路”建设中网络贸易的文化风险

【内容摘要】

文化风险是指在经济全球化背景下，企业跨国经营和并购活动日益频繁，企业不可避免地面临着外来竞争以及多元文化的冲突。所有的管理者都需要用全球化观念来考虑本企业的经营与管理，都要考虑文化差异给企业带来的影响。是否重视跨文化管理正在成为影响现代企业经营成败的关键因素。如何正确认识和识别企业经营中的文化差异与风险并积极采取应对策略，以增强企业的抗风险能力，是现代企业面临的重要课题。

“一带一路”大背景下，由于其涉及的国家较多，不同的国家拥有不同的文化背景以及历史底蕴，从而在网络贸易经济活动中，容易造成文化冲撞等文化风险。所以需要我们了解文化风险，并且分析其产生的原因，从而采取相应的措施做到事前预防，事中解决，事后弥补的实际效果。

第一节　“一带一路”建设中网络贸易的文化风险与防控

【知识背景/学习要点】

如今，随着经济全球化不断向纵深发展，各国都面临着新的机遇和挑战，虽然近年来出现了逆全球化的现象，例如英国脱欧和美国陆续退出各种国际性组织等，但经济全球化的趋势依然势不可挡。在此历史背景下，国际性的大企业为追求利润最大化而利用技术和资金优势进行跨国经营、投资和并购的活动日益频繁，一国的企业难免面临着外国企业的激烈竞争以及由此产生的多元文化冲突。对此，企业管理者特别是跨国企业的高层管理人员都必须用全球化的视野和观念来从全局考虑本企业的生产、经营与管理，并且都要考虑多元文化差异与冲突给企业带来的各种影响。可以肯定地说，企业管理者是否重视以及有效实行“跨文化管理”正在逐渐成为影响现代企业经营成败的关键因素之一。因此，如何正确认识和有效把握企业经营中的文化差异与随之产生的风险并积极采取得当的应对策略，以增强企业的抗风险综合能力，是完善现代企业经营、提高企业国际竞争力所面临的重要课题。

一、文化风险概述

文化是自人类文明诞生后就一直存在的客观现象，并随着人类文明的不断发展变得丰富多彩。然而，不同的人对其概念有着不同的理解，从精神层面上讲，可以理解为一种社会意识，从物质层面讲，亦能理解为一种社会存在。关于文化的概念，英国著名的文化人类学家泰勒最先对其定义做了较为完善的阐述，他认为：文化或文明，从其宽泛的民族意志意义上来理解，是指一个复合整体，它包含知识、信仰、艺术、道德、法律、习俗以及作为社会一个成员的人所习得的其他一切能力和习惯。从这一简明扼要的概念可以看出，文化是一个可以包罗万象的综合体，但是其必须受到一定客观存在的制约，例如一种文化的产生、延续和发展必须要受到其民族意志的影响，具有鲜明的民族个性，并在与其他民族交往中展现出差异性，而一旦文化差异性逐渐突破了彼此间的平衡，则会产生巨大的风险，严重的甚至可能导致战争，这种风险可谓之为“文化风险”。

就“跨文化管理”而言，其意在对不同群体交流中因文化差异产生的矛盾与冲突即“文化风险”进行有效预防与规制，从而实现管理目标。在其产生以前，关于文化的意义及文化的差异性和相似性的研究仅限于文化人类学家，而随着跨学科理论的不断发展壮大，人们开始对各学科间交叉的部分投入了越来越多的关注，其结果就是综合性的人才逐渐受到各行各业的重视。在现代企业界，尤其是欧美等发达国家的跨国企业，其中的很多管理者已经对文化环境与公司决策的相关性有了深入的认识，形成了科学理论并付诸了管理实践。但受诸多因素的影响，在我国目前的经营环境中，很少有企业的管理者会把它作为一个主要的因素加以研究和考虑，更别说是实践。而国内的管理学界对企业文化，特别是“跨文化管理”的研究也没有投入相当多的关注。然而，随着经济全球化趋势的进一步发展，以及更好地适应我国“走出去”战略的需要，在新形势下全面深化改革开放的伟大实践中，企业界和管理学界中越来越多的人士对文化与经营管理关系及其重要性的认识不断加深。

（一）文化风险的成因与根源

风险可以简单理解为生产目的与劳动成果之间的不确定性，文化风险则作为一种特殊风险而存在，旨在说明文化这一不确定性因素的影响给企业经营活动带来损失的可能。在研究文化及其差异对企业经营管理活动所带来的影响时，人们多运用“文化冲突”这一概念，而“文化冲突”最终会演变成风险，如果预防和控制不到位就会给企业造成严重的损失。著名学者赫斯切认为企业文化风险产生的根源在于那些跨国公司追求利润而实施的全球投资战略。原因很简单：不同国家的社会习俗和生活习惯不同，这导致跨国企业推出的产品因存在市场差异，出现水土不服，进而使管理者难以预测哪种产品会在外国市场上受到欢迎。举一个明显的例子，例如猪肉是一种在中国极受喜爱的食物，猪肉行业是最盈利的行业之一。然而，在中东伊斯兰国家以及其他很多国家的情况却相反，猪肉被禁止或不怎么受当地民众的欢迎，利润也不高。试想，如果经营猪肉的企业不考虑上述饮食习惯这一文化因素，势必会给自身造成经济损失。所以，企业经营中的文化风险直接作用于产品和市场，而从其成因来看，文化风险则存在并作用于企业经营的更深领域，主要有以下方面。

1. 跨国经营活动

跨国经营是企业以国际需求为导向，以扩大出口贸易为目标，进行包括海外投资、营销在内的一切对外经营活动，即在资源获取、产品生产和销售、市场开发目标的确立等方面，将企业置身于世界市场并发挥自身比较优势，开展对外经济技术交流，参与国际分工、国际协作和竞争等一系列经营活动。该活动势必使跨国企业面临东道国文化与母国文化的巨大差异，这种文化的差异会对企业的管理实践产生直接的影响，进而形成经营管理中的文化风险。这种风险有时是不可避免的。由于文化的差异，不同的国家往往具有不同的管理思维与观念，也就是说在一国行之有效的管理方法，不一定在另一国有效，如果生搬硬套也许会产生相反的结果。随着经济全球化的加快发展，各国间企业的交流与贸易日益频繁，这使得大量跨国公司的跨文化经营管理活动也随之不断增加。那么，如何让这样的企业在经营中，避免因文化不同产生误会和摩擦，进而影响企业整体的有效运行，成为管理者必须解决的问题。如美国企业喜欢重用勇于创新、有活力和魄力的年轻管理者，鼓励发挥其特有的才能；而日本企业在选择管理者时，更注重其经验、资历等因素，要求其注重团队精神。如果不对此有所认识和把握，贸然采取不适益的用人管理策略，那么很可能造成管理混乱的局面。所以，文化因素是各国企业，特别是跨国企业面临全球化挑战时必须考虑的一环，企业必须具备应对文化风险的能力，才能在竞争中处于优势地位。

2. 企业并购活动

并购指的是两家或者更多的独立企业、公司合并组成一家企业，通常由一家占优势的公司吸收一家或者多家公司。近年来，国际上企业并购活动异常活跃，而且越来越多地能看到中国企业并购外国知名企业的例子，例如吉利并购福特沃尔沃就是一个典型的案例。浙江吉利控股集团始建于 1986 年，从生产电冰箱零件起步，现资产总值超过 2000 亿元，员工总数超过 7 万多人，连续 6 年进入世界 500 强。沃尔沃集团则是全球领先的商业运输及建筑设备制造商，主要提供卡车、客车、建筑设备、船舶和工业应用驱动系统以及航空发动机元器件，以及金融和售后服务的全套解决方案。2010 年，中国汽车企业浙江吉利控股集团以 18 亿的价格从福特手中购得沃尔沃轿车业务，并获得沃尔沃轿车品牌的拥有权。从相关数据上来看，吉利当前的市值是 1006 亿港元，相较于 10 年前已经上升了近 50 倍。而沃尔沃当前的估值也超过 120 亿美元，市值上升 10 倍。实践证明，企业并购是一种有效地配置社会经济资源，快速扩大规模和有效提高竞争力的手段，然而并购成功与否取决于多种因素，其中组织文化就是其中重要的因素之一。在上述例子中，吉利汽车董事长李书福就毫不掩饰其与沃尔沃管理层之间存在的分歧，其曾表态：“对沃尔沃品牌价值，我个人和沃尔沃管理层有不一样的理解。”李书福表示，中国市场就和欧洲市场有很大的不一样，奔驰就对中国市场理解得很透，因此沃尔沃在中国的发展应该按照市场需求的不同，来作产品的细分。这就是因为中外文化的不同导致出现管理思路的分歧，好在李书福是一个具有远见的战略家，他能够深刻地认识到这一点，并完成了文化整合这一并购过程中最困难的任务。

3. 组织内部因素

文化的冲突最终是由不同的人或群体引起的，企业的文化风险同样是由多元文化背景的个人导致的。越来越多的企业组织为了降低生产成本从不同的国家和地区招募员工，开展广泛的合作，这必然会使企业的各个部门组织在价值观念、经营思想、决策方式上受到不同程度的影响和冲击，进而引发多种文化间的碰撞与交流。即使没有发生前述的并购和跨国经营，企业也会面临组织文化与地区文化、外来文化的交流问题以及组织文化的更新问题。另外，组织文化变革也会直接导致文化风险的发生。企业为适应新形势、新环境，不得不作出一定企业文化上的变革以求生存和发展，但是如果失误也会影响到全局。所以，由于员工队伍多元化、组织文化变革等内部因素引发的文化风险没有前两者来得显著，但由于其具有潜伏性和持续性，也会给企业的经营活动造成十分重要的影响。

不同民族、地区和国家的文化差异是构成跨国企业经营中产生文化风险的根源所在。特龙帕纳斯在分析文化的概念时认为，社会互动或有意义的交流，以人们相互交往前就存在处理信息的共同方式为前提，它们对于跨文化经营与管理有着重要的意义。交流双方相互依赖，因为他们共同构成了一种相关联的意义体系：一个群体对一种情境共有的解释。在经营管理中进行有意义的互动要有一个绝对的前提，即存在共同的预想。当交流对象的预想一致时，双方对其意义便有了相同的理解。一种特定的组织文化或职能文化不过是群体若干年来在解决所面临的问题和挑战时形成的自我组织的方式。文化通过人们期望的和归结于环境所共享的意义的不同而相互区别。文化一旦形成便具有很强的稳定性和继承性。每个国家、地区、组织甚至每个人都是一个文化系统。所以，当各种文化系统在企业经营活动中相遇时，这种文化差异便潜在地构成了无法避免的文化风险。企业经营中的文化风险若不加以控制和规避，会酿成文化冲突并导致决策效率低下、组织涣散、沟通中断，使企业蒙受巨大损失，最终可能使企业走向衰败甚至灭亡。因此，企业必须积极面对文化风险，制定正确的风险管理策略。[①]

（二）“一带一路”面临的文化风险

随着“一带一路”建设的发展，各国的交流日益频繁，要加强与各国的互信与互助，就必然要尊重每个民族的风俗与文化。对于“一带一路”而言，不仅要看到文化的正功能，也要意识到文化风险的存在。

文化风险主要表现为三个方面：文化差异带来的社会排斥、文化认同的障碍、宗教文化的冲突。首先，地区间文化、宗教、信仰、风俗、习惯的差异是引发文化风险的首要原因。“一带一路”覆盖的众多国家都有着本民族自身的文化背景，由于对外来文化缺乏了解，常常表现为对异族文化存在强烈的抵触意识，文化排斥现象时有发生。其次，文化认同的障碍引发文化风险。一种文化的产生是源于一个民族自身血液之中的，是民族价值观念长期积淀的结果。同样的风俗习惯在不同的民族之间可能是截然相反的表达，如果不了解当地的风俗，

① 刘红叶：《企业经营中的文化风险及其管理》，载《商业时代》2006 年第 30 期。

可能会引发矛盾。因此，文化认同障碍时有发生，从而加剧了文化风险。最后，宗教风险是文化风险中的一种特殊形态，是最为敏感、最易引起敌意的一种风险。[①]“一带一路”沿线各国有着悠久的宗教传统与浓厚的宗教信仰。以巴基斯坦为例，其信仰的伊斯兰教有着严格的教义和伦理准则，一旦亵渎了宗教，在伊斯兰教国家会受到严厉的惩罚。因此，如果宗教风险处理不好，将会恶化政治环境、加重经济损失，甚至引发社会危机和武装冲突。

世界是多元的，也是多文化与多民族的，没有一种文化或宗教能够长盛不衰或者称霸全球。福尔泰利曾说过，在世界范围内一种宗教意味着“独裁”，两种宗教意味着“对立和冲突”，多种宗教意味着“自由与和平”。[②]文化风险之所以存在，源于社会文化层面中各种文化、观念、习俗相互排斥、相互对立。各种文化宗教形成冲突和对立的原因主要在于缺乏社会认同。社会认同是社会成员共同拥有的价值观念、信仰和行动取向的集中体现。[③]由于全球风险的集聚性与扩散性加速了各种文化之间的社会排斥和疏离，各种文化之间认同感很低。认同感是文化风险的主要诉求，文化认同是一个求同存异的过程，它能消除排斥、化解风险。

二、文化传统对法律制度的影响——以新加坡为例

新加坡这个弹丸之地在获得自治地位实现主权独立以前，被英国殖民者统治了上百年，被动式地纳入英美法系，其法律体系全盘移植英国法制。新加坡民众在意识形态方面也自然而然地被灌输了英美法律思想。但是，作为一个移民聚集的区域，新加坡具有文化多样化、价值多元化、利益多面化的特点。占据人口绝对大数的华人群体的存在又使得中华传统在新加坡多样化文化价值的格局中盘根错节、根深蒂固。因此，英美法的制度规范、观念心理、行为样式与治

① 黄平:《“一带一路”建设中的宗教风险》，载《上海交通大学学报(哲学社会科学版)》2017年第3期。

② 孙立平:《中国社会结构的变迁及其分析模式的转换》，载《南京社会科学》2009年第5期。

③ 李友梅:《重塑转型期的社会认同》，载《社会学研究》2007年第2期。

理模式在移植过程中未能原封不动地与本土要素无缝对接，未能以压倒性优势将本土资源排除。以西方精英自居的“西化中心主义”或“西方优先主义”在这里遭遇了滑铁卢，反而被工具化地进行了本土化的改造并实现了与本土资源的有机结合。新加坡这种“中西交融、多元复杂”的法律传统可以从意识文化、制度规范、行为实践三个层面进行解读。

（一）意识文化层面的法律传统

在西方法律传统中，社会关系注重非血缘性的契约化纽带，强调个体权益和个人价值，并以个人权利为核心，建构起“个人权利本位”的价值取向，这与东方文化中崇尚的国家、集体、家族主义有着明显的不同。这种西式传统从英国舶来至新加坡之后，明显不适应其本土风土人情而无法完全植入渗透。华人族群占据多数的新加坡，自然地沿袭了中华儒家与法家传统精髓，看重以血缘为纽带的社会关系，强调集团（家族、国家）权益与个体义务，建构由“个人义务”支撑的“集团”价值取向。1992年，新加坡政府在《共同价值观白皮书》中正式将“家庭为根”确定为新加坡人所应奉行的“共同价值观”。新加坡政府对家庭政治功能与社会功能的认识与实践，是将家族与国家、社会联系起来的。李光耀指出：“家庭是绝对重要的社会单位。从小家庭，到大家庭，到整个家族，再到整个国家。”基于这种集团（家庭、家族、国家）本位的价值取向，新加坡的法律治理呈现出明显的伦理色彩和宗族痕迹。儒家“礼治仁孝”的精神和“亲亲、尊尊”五伦纲常的信仰、法家“人性恶”的预设立场与“严刑峻法”的管控理念贯穿、融通新加坡的治理机制，并与现代西方法治机理进行了时代化、本土化的改造性结合。可以说新加坡的治理体制，是东西方文化碰撞的产物，它有机结合了东西方文化中合理的部分，并产生了良好的效果，促进了经济社会的快速发展。

（二）制度规范层面的法律传统

基于对中华法系儒家、法家思想的借鉴以及与对英美法系的改造性移植，新加坡在制度规范体系上突出地呈现出公私法兼具、成文法与判例法并举、传统化与开放性兼备的特点。有过英属殖民地历史的新加坡作为普通法系国家，虽无公法与私法这种大陆法系形式意义上的类别划分概念，但存在着实质意义上的公私法兼具的客观事实。因政治、地理、历史等多方面因素的制约，新加坡采取国家本位的法治价值取向，所以它更为强调公权力的公法的特殊地位。作为中西文化汇集交融之地，新加坡制度规范在秉承儒家“人治”和法家“法治”传统的同时，也体现出面向世界开放的态度，吸收英美法系的精髓，在遵循判例法之外也积极制定成文法规。[①]

（三）运行实践层面的法律传统

作为移民族群来源多样化、语言风俗习惯多元化、文化宗教伦常多面化的国家，新加坡深刻领悟儒家孟子所提出的“徒善不足以为政，徒法不足以自行”的内涵精神，采取了德法兼施、人法共治的治理模式，并将这一模式有效贯彻在自己的政治实践中。在德治方面，新加坡推崇儒家经典学说，注重信仰理念的培育、意识形态的灌输、思想观念的树立，用以整合各族群的价值观念、凝聚社会的普遍共识、强化公民的国家认同。新加坡在《共同价值观白皮书》中提出了“国家至上，社会为先；家庭为根，社会为本；关怀扶持，尊重个人；求同存异，协商共识；种族和谐，宗教宽容”的新加坡共同价值观，并通过公共政策、法治手段、社区治理、媒体宣传、多层教育等方式手段，实现了对社会的善治。在法治方面，新加坡在法家“性恶论”思想的深刻影响下，推行适度的威权主义统治，实施相对较严的法律管控，对英国的“绅士淑女”性的法治传统则予以一定的抛弃。在一些西方国家看来，新加坡的这种所谓“法治”模式已经走形，认为其空有民主体制的外壳框架，统治者的个人威权形象和政党的异常强势风格都与英美西方民主法治的既定模式存在诸多出入之处。但是，事实证明，这种结合新加坡本土国情，沿袭中华儒法优良传统，对西方民主法治体制进行改造后

① 方剑:《“一带一路”倡议下我国与新加坡法律制度之比较》，载《政法学刊》2017 年第 4 期。

的“特色法治”显然取得了积极有效的治理成效。[①] 新加坡经济、社会发展的成功无疑得益于其经过政府科学治理形成的“特色化”法治环境：立法严密，不能违法；执（司）法严厉，不敢违法；福利充足，不必违法；德治有效，不想违法。

首先，从立法层面来看，新加坡法制健全，立法明确具体、严密而完备，使人不能违法。据不完全统计，新加坡现行的法律、法规达400多种。其立法公私兼备，不但囊括国家政治体制权力运行的各个层级，而且也涉猎公民日常生活的方方面面。其涵盖的范围之广泛、规定的内容之详细、涉及的问题之具体、设计的条文之细致，堪称世界法治进程的一块界碑。新加坡的法律渊源主要有宪法、被接纳的英国法令、国会制定的成文法、法庭判例、行政部门颁布的辅助性法规、国际公约条约、习惯等。因深受英国法的影响，判例法是新加坡的主要法律渊源。新加坡《英国法适用法令》规定：英国的习惯法和衡平法仍是新加坡法的一部分，新加坡可根据本土实施的实际需要对英国法令进行修改。在判例法之外，制定法亦是新加坡重要的法律渊源，包括立法机关制定的法律（statutes or acts）和行政部门颁布的辅助性附属性法规（subsidiary legislation）。此外，新加坡签署了如《商标法新加坡条约》《国家海事组织公约》《承认及执行外国仲裁裁决公约（纽约公约）》《2006海事劳工公约》《中华人民共和国和新加坡共和国关于民事和商事司法协助的条约》《海牙协议选择法院公约》《巴黎公约》《海牙协定》等国际条约。

其次，从执法和司法层面来看，法纪严明，体制严密，执行严厉，处罚严酷，使人不敢违法。新加坡“严刑峻法”世界闻名，不仅对刑事犯罪行为处以极其严酷的死刑、自由刑，还课以当今文明社会世所罕见的肉刑（鞭刑）。即使是轻微违法行为也会受到重度的罚款处罚等严厉制裁。新加坡建立了独立的司法体制，法院审判权和检察院检察权的独立性受到宪法和国会立法的强有力保障，任何政党和行政机关无权也无可能对其司法活动进行干预。这为执法与司法的

① 吕元礼、梅黎明：《人才、文化、制度：新加坡经验与中国之思》，载《河南师范大学学报》2008年第11期。

程序严明、力度严厉以及结果公正提供了具有公信力的保障。

再次，从社会经济层面来看，新加坡经济发达，位列“亚洲四小龙”之一，人均 GDP 位居全球前列，构筑了较为完善和有效的社会福利体系，使人们不必违法。马克思说过：犯罪是孤立的个人反抗统治关系的斗争。犯罪与现行统治一样产生于相同的条件，其根源是生产方式的自身矛盾，与一定历史阶段的生产力有关。西方犯罪社会学派学者如柏拉图、塔尔德和拉卡萨涅等认为，犯罪根源在于社会的政治、经济等条件，社会环境与个人的矛盾是犯罪的根源。新加坡社会经济环境优越，为居民提供了较为富足的生活条件。通过社会福利体系的四根支柱：中央公积金计划，“三保”医疗体系，居者有其屋计划和就业入息补助计划，新加坡编制了缜密而又可持续的社会保障网络。这从本源上消解了生产力、生产方式、社会环境的矛盾机理所引发的违法犯罪张力。此外，新加坡对政府公务员实行“高薪养廉”，公务员收入全球最高，这使官员不必贪污受贿。当然，廉洁指数的保证也离不开其高度自治、权威有效的反贪监督机制。

最后，从守法层面来看，新加坡以德治实现善治，注重沿袭儒家学理构建共同价值观理念，同时亦协之于法治，借鉴学习英美法治意识理念，实现了东方传统道德观念与西方法治精神的有机结合，使人们不愿违法。通过价值观念的培育与意识形态的把控，使守法成为人们的思维习惯和价值取向，升华为自觉自发的修养操守，内化为遵纪守法的道德意识，转化为抵制违法的内在本能。①

三、文化风险管理策略

（一）文化整合

所谓文化整合，是指不同文化相互吸收、融化、调和而趋于一体化的过程。文化整合不但是影响企业并购成功与否的关键因素之一，而且对促进企业文化的变革具有极为重要的作用。所谓企业文化整合，就是指企业组织要适应外部

① 方剑：《“一带一路”倡议下我国与新加坡法律制度之比较》，载《政法学刊》2017 年第 4 期。

环境、社会文化氛围、组织制度的变化，将构成企业整体组织文化的各异质文化要素统合为一个有机整体，从而使之适应企业的良性发展。对于企业具体的并购活动而言，通常采用的文化整合策略有以下四种：

注入型策略，如海尔经常采取注入式的文化整合模式，在并购活动中第一步是“克隆”海尔文化及其管理模式，使被兼并企业了解、适应，直至自觉按照海尔的组织文化和管理模式进行思考和行动，从而激活“休克鱼”，使其与海尔集团融为一体。

融合型策略，并购双方认识到构成组织的两个或多个文化群体的异同点，但并不是忽视或压制这些文化差异，而是通过文化间的相互补充和协调，形成全新的统一的组织文化。

促进型策略，当强文化与弱文化相遇时，在尊重文化差异的前提下，强文化吸收弱文化中合理的部分，并作出适应性调整，使原有的文化功能更加完善。

隔离型策略，在跨国并购中，若双方文化背景和组织文化风格迥然不同，甚至相互排斥或对立，在文化整合的难度和代价较大的情况下，正确识别文化差异，彼此尊重对方的文化，保持双方文化的独立性。

（二）跨文化培训

进行跨文化培训是跨国经营企业在全球化背景下开展业务活动中规避文化风险的有效工具。由于文化环境的复杂性和差异性，跨国企业不可避免地会处于不同的文化环境中，由于文化差异产生文化误解、文化冲突，导致经营活动失败的例子屡见不鲜。所以，为了加强员工对不同文化传统的反应与适应能力，促进不同背景的员工之间的沟通与理解，跨国企业必须进行跨文化培训。跨文化培训的内容可以包括：对对方民族文化及原组织文化的认识和了解；文化的敏感性、适应性的培训；语言培训；跨文化沟通及冲突处理能力的培训；对对方先进的管理方法及经营理念的培训。通过跨文化培训不但可以规避文化风险，而且可以提高决策效率、促进信息沟通、增强企业的凝聚力，最终促进企业更好地发展。

（三）文化审慎法

文化审慎法主要用于对企业并购中的文化风险进行评估，它包含五个步骤：

（1）进行收购前筛选，主要任务是组建文化审慎小组来收集目标企业文化物件、价值观和假定方面的信息；

（2）宣布收购后的综合性文化测评，即在（1）步的基础上对双方企业的组织文化、经营方式等进行定量与定性分析；

（3）认知冲突、风险、机会和成本，根据（2）步所收集的综合信息，测量两家企业的文化差异，确定这些差异带来的风险和成本；

（4）设计并实施合并后的行动计划，主要任务是选择并实施文化整合的具体策略；最后是合并后对所发现事实的监控和证实，这个阶段文化审慎小组要继续关注并排解企业文化问题，监控整个并购过程的有效进行。

（四）塑造共同愿景

企业对文化风险的规避与管理不但要立足于现在而且要着眼于未来。共同愿景描述了企业未来发展方向，它不但可以使管理者对企业的长期发展方向和未来业务有一个清晰的认识，而且具有激励价值，促使每个员工能够把自己的思想与行为自觉同企业的经营业务和目标结合起来。根据彼得·圣吉的看法，学习型组织具有很强的自我更新能力和环境适应能力，它能够摒弃自身的偏见和陈旧观念，面向未来吐故纳新。因此，通过构筑企业共同愿景，建设学习型组织，将有助于企业化解文化风险，增强企业的抗风险能力和文化适应能力。①

① 刘红叶：《企业经营中的文化风险及其管理》，载《商业时代》2006 年第 30 期。

第二节 “一带一路”建设中知识产权贸易法律冲突

【知识背景 / 学习要点】

“一带一路”网络贸易文化风险主要是基于不同国家的历史背景以及文化环境从而造成的文化差异，对于网络贸易是一种阻碍，但是对于文化环境的研究比较宽泛，所以本节针对文化背景下的知识产权的研究，反映网络贸易文化风险的表象，从而分析原因，采取相应的预防措施。

国外网络贸易的立法已经有了长足的发展，美国、欧盟等发达国家和地区在这方面表现得尤为明显。美国于 1999 年出台了《统一计算机信息交易法》(UCITA)，作为各州的示范法。该法旨在为网上交易活动提供法律规范。弗吉尼亚、马里兰两个州以立法形式采用了该法，另有数州正在立法进程之中。欧盟也于 2000 年 5 月正式通过了《网络贸易指令》，欧盟成员国将在 18 个月内将指令内容贯彻到国内。发展中国家面对网络贸易的大好时机也不甘落后，希望通过立法来促进和保障本国网络贸易的健康发展。新加坡于 1998 年就通过有关网络贸易的立法，印度、巴西、泰国等国有关网络贸易的立法正在议会的立法进程之中。与全球性的网络贸易一样，有关网络贸易的立法也在向全球性方向发展。在网络贸易中，与有形财产相关的国际贸易法律冲突，已经在国内、国际的多个层面上进行过大量的讨论和磋商，但是对网上无形财产跨国贸易（尤其是知识产权贸易）中的法律冲突，在我国还缺乏充分研究和讨论。

一、冲突：在网上升级

知识产权国际贸易主要表现为电影、录音制品、计算机程序等版权作品的跨国流通，以及与技术引进和资本引进相关的专利、商标转让或许可等形式。知识产权国际贸易正在整个国际贸易活动中处于越来越重要的地位，这一发展趋势清楚地表现在 WTO 的《服务贸易协定》和《与贸易有关的知识产权协定》(Tirps)中。在知识产权国际贸易中，法律冲突是经常发生的。即使在非网络环境下，这类法律冲突也是很难避免的。这主要是由于知识产权是一种具有鲜明的地域性的权利，这与有形财产具有很大的不同。例如，一批美商制造的罐装食品发运到中国市场上销售，中国法律仍然承认美制造商对该批货物的所有权。然而，如果是一项美国专利局批准的专利被引进中国，如果这项技术未被中国专利局批准为专利技术，那么这项技术在中国就处于公有领域，不受美国专利权人的专有控制。因此，知识产权作为一项无形财产，只能依据特定国家的法律或者被特定国家内国化的国际公约才能存在。只有在特定国家的法律体系下，一项知识产权才能被认可，权利的边界也才能被识别。因此，适用不同国家的法律，将对主张享有知识产权的一方的利益有实质性的影响。

在网络环境下，一方面，知识产权国际贸易如鱼得水，迅猛发展；另一方面，法律冲突明显增加，法律适用方面的难度加大。知识产权是一种非常适合在网络上进行交易的财产，它不像网络有形财产交易那样需要现实世界物流配送体系的支持，例如电影、计算机程序等版权作品都可以直接从网上下载，直接从版权人那里获得许可使用权。因此，有人将网络上的知识产权贸易称为“直接网络贸易”。但是，也必须看到，知识产权的地域性与网络的全球性之间正在发生剧烈冲突，从而进一步激化了知识产权国际贸易中的法律冲突。例如，A 国的版权作品被 B 国某人擅自在其网站上进行传播，所可能涉及的将不仅是 A、B 两国的法律冲突，因为世界上所有能够访问该网站的国家都可以被视为侵权行为结果发生地。为了避免在网络环境下越来越复杂的知识产权法律冲突，许多国家的政府采取了一些特殊措施。一种措施是要求网络服务提供者(SIP)承担起监控其网络系统的义务，保证网上传输信息的合法性，从而避免发生知识产权侵权纠纷。这种措施的理论基础在于虽然没有人经营管理着互联网，但是 SIP 应当能够管理自己的系统和网络。这种措施除了在瑞典、比利时等少数国家仍在施行之外，大多数国家均对此持否定的态度，因为这样做的结果不仅可能严重损害网络服务业这一新兴产业的发展，而且会使信息高速公路变为信息的“羊肠小道”，信息传输的方便与快捷的优势将会消失殆尽。另一种措施是利用技术手段避免法律冲突。在美国的一个判例中，美国某版权人在美国联邦地区法院提起诉讼，控告某意大利网站传播侵犯其版权的材料。审理案件的美国法院认定，虽然侵权行为实施于美国国外，但是在美国国内能够毫无困难地通过互联网访问这些侵权材料。因此，虽然美国法院无权禁止被告意大利网站的网上活动，但是它有权禁止被告的侵权行为进入美国司法管辖的范围。法院最后责令被告采取必要的技术措施，使美国公众无法再访问该意大利网站上的侵权材料。这种技术措施的采用使法律管辖严守地域性的疆界，避免了不同国家法律之间的冲突，但是，技术手段无法避免所有的法律冲突，而且始终只能是法律规则的补充，而不能取得法律的地位和作用。因此，解决法律冲突的根本途径还在于对现有的冲突法规则加以完善和发展。

二、规范：待各方探索

在网络环境下，各国都在趁机扩大本国法院的管辖权和法律适用范围，这一方面加剧了法律冲突，另一方面则促进了冲突法规则的发展。

（一）客体管辖权及法律适用

侵权行为类法律冲突的一般规则是适用侵权行为地法，包括侵权行为实施地法和侵权结果发生地法。在网络环境下，侵权行为地法已经变得难以辨认。例如，在英国的一个判例中，原告就某个商标在英国享有普通法上的权利，而被告恰好在德国注册了该商标。当原、被告都在互联网上宣传自己的商标的时候，原告在英国提起诉讼，控告被告在网上使用商标的行为侵犯其在英国的商标权。英国高等法院根据《布鲁塞尔公约》认定，由于被告的侵权行为结果发生地在英国，因此英国法院有管辖权，而且英国的反假冒法也可以适用于被告源自境外的侵权行为。在该案中，英国高等法院还特别指出，如果某个企业打算在互联网上进行商贸活动，那么它就必须使其行为具有全球合法性，否则就面临来自不同国家的责任风险。根据欧洲法院的一个著名判例，当存在多个侵权行为实施地和侵权结果发生地时，原告有权在此范围内就管辖法院和适用的法律进行选择。由于在互联网上，几乎任何国家都可以被视为侵权结果发生地，所以按照这一判例引申出的规则，原告就可以在全球各国的法律之中选择对自己最有利的国家起诉和主张权利。从侵权行为地法规则到当事人选择法规则的变化，说明原有的冲突法规则不再适应网络环境的现实，尤其是当事人选择法等于实际上取消了客体管辖权方面的规则。因此，学术界一直在探讨建立新的冲突法规则，其中“来源国规则”就是其中比较有代表性的一种。来源国规则是从卫星通信领域发展而来的。由于卫星传播能够覆盖全球或者地球大部分地区，因此一旦传播内容中有侵权材料，适用哪个国家的法律就成了问题。来源国规则就是指适用卫星信号的发出国的法律。如果在网络环境下准用来源国规则，那么对某个网上站点的侵权行为就应当适用该站点主域名服务器所在国的法律。当然，来源国法规则目前仍属一家之言，尚未在国际社会得到广泛的认同。

（二）主体管辖权和法律适用

一个法院如果仅建立了对某个纠纷的客体管辖权，并不足以使其管辖权最终成立，因为必须考虑主体管辖权的因素。如果法院对被告建立不起主体管辖权，整个诉讼程序的进行、司法文书的送达和裁判的执行就都成了问题。在一般情况下，一国法院对本国人（无论处于境内还是境外）实施的侵权行为都具有管辖权。然而，一国法院是否对通过互联网与本国人进行通讯联系的外国人具有管辖权就是很复杂的问题了。法国曾经提出，法国法院对任何通过网络与法国人联系的被告都有管辖权，即便被告在法国境内没有实体性的存在。美国则坚持用其“最低限度联系原则”对网络通信联系进行限定。一般情况下，单纯的网上电子邮件通讯和网站信息提供并不足以构成产生主体管辖权的最低限度联系。如要达到最低限度联系的程度，被告与管辖法院辖区之间的联系应当是交互性的商业活动性的联系，例如在辖区内建立了固定的客户联系，有多个消费者存在等。

（三）欧盟《网络贸易指令》中冲突法规则

欧洲议会于2000年5月4日通过《网络贸易指令》。该指令对欧盟内部有关网络贸易的法律适用作出了原则性规定。欧盟15个成员国将在18个月内将这一新指令贯彻到国内。欧盟该指令的目的就在于促进欧盟国家知识经济的发展，增强欧盟国家在网络贸易领域的竞争力，开放欧盟内部网络贸易的大市场，允许电子形式的服务跨国界自由流通。这一指令虽然目前仅在欧盟地区具有效力，但是将对发展全球性的与网络贸易有关的冲突法规则产生影响。欧盟使用“信息社会服务”一词来概括其法律规范的各类网络贸易活动。信息社会服务一般是指在接受服务的用户的要求下，通过处理和存储数据的电子装置提供的远程服务。信息社会服务涵盖的范围很广，例如通过计算机网络进行货物买卖、在计算机网络上提供信息或者商业性宣传等行为都属于信息社会服务。有些服务在本质上不能以电子方式远程提供，例如法定的公司账目审计，或者需要对病人进行现场检查的医疗服务，因此不属于信息社会服务。欧盟法律协调的范围只包括在线信息、在线广告、在线购物、在线签约等通过计算机网络进行的经贸活动，不涉及安全、标识、产品责任、货物运输和配送等网下的活动。欧盟要求成员国保障信息社会服务在联盟统一市场内的自由流通，不得要求从事信息社会服务的企业在建立和提供服务之前履行任何审批手续。网络贸易跨国界流通的性质使法律的适用成为一个难点。欧盟虽然不主张建立任何新的冲突法规则或者管辖权规则，但是认为依照原有规则适用的法律不应限制提供信息社会服务的自由。欧盟的法律规定，为了保证法律适用的确定性，信息社会服务应当受服务提供者机构所在国法律的管辖。服务提供者机构所在国是指在一段时间内实际从事经济活动的固定机构所在国，例如公司总部所在国或者主要营业机构所在国。即使一个公司只存在于某一特定期间，这一要求也可以适用。一个公司通过互联网网站提供服务的所在地不是指支持网站运行的技术所在地或者网站可以被访问的地点，而是指网站从事经济活动的地点。例如，一个公司不论将其网站服务器设在哪个国家，也不论其网站能够在多少个国家被访问，只要其主要营业地设在欧盟某个成员国国内，就要受该国法律的管辖。如果某个公司有多个所在地，那么以其有关服务提供地为准。如果难以从多个所在地中确定服务提供地点，那么以与其特定服务有关的活动的中心为准。该指令还规定，如果某个从事信息社会服务的公司为了规避欧盟某个成员国的法律，故意选择将营业机构设在另一成员国内，那么前一成员国有权对设立在他国但其全部或大部分活动是在本国实施的服务提供者适用本国法律，以制裁该服务提供者规避本国法律的行为。解决网络环境下与知识产权跨国贸易有关的法律冲突的规则还在探索和发展之中，除了原有的规则需要加以完善之外，也应考虑创建新规则，以适用网络经济的需要。①

第三节 典型案例

【案例分析】

北京某文化传播有限公司诉北京某科技有限公司、北京某文化产业有限公司擅自使用知名服务特有名称纠纷案

【基本案情】

2013 年 6 月，北京某文化传播有限公司（以下简称甲公司）联合北京青年报社等发起“为你读诗”公益诗歌艺术活动；同时甲公司创建微信公众号“为你读诗”，每天以配乐加朗读的形式推送一期读诗作品，同时以视频的形式展现所朗诵内容的字幕。另外，每期读诗作品中还配有图文，包括对诗歌及作者、朗诵者的介绍，所诵读诗歌的文字内容等。截至 2014 年 9 月 16 日，甲公司共发布 473 期节目，诗歌朗读者含各行业精英与明星。因参与诗歌朗诵者的名人效

① 薛虹:《冲突与规范——网络环境下知识产权贸易法律冲突》，载《国际贸易》2000 年第 7 期。

应，自 2013 年 7 月至 2014 年 9 月，新华网、网易读书频道、光明网、北京青年报、人民日报海外版、新浪网、中国新闻网等媒体对参与朗诵诗歌者的朗诵活动以及微信公众号“为你读诗”进行了报道。截至本案起诉，微信公众号“为你读诗”的关注者数量显示已达 136 万余人，热门作品显示日均阅读和点播量超 10 万次。微信公众号“为你读诗”中作品在腾讯视频栏目下显示累积播放量超过 1 亿次。2014 年 9 月 16 日，北京某音乐创意有限公司在苹果应用商店推出“为你读诗”APP，其于 2015 年 6 月 23 日更名为北京某科技有限公司（以下简称乙公司）。2015 年 1 月 1 日，北京某文化产业有限公司（以下简称丙公司）创建名为“为你读诗官方客户端”的微信公众号。“为你读诗”APP 的功能包括诗歌朗诵录制、配音、上传分享及收听他人的诗歌朗诵作品。“为你读诗官方客户端”的微信公众号主要用于发布相关信息。甲公司诉至法院，请求法院判令乙公司立即撤销在苹果应用商店、安卓市场中发布的“为你读诗”App 或停止在该 App 上使用“为你读诗”的名称、变更公司名称、不得在公司名称中使用“为你读诗”作为字号，变更“为你读诗”App 软件的著作权登记名称、不得在软件著作权登记中将其软件名称登记为“为你读诗”；判令被告丙公司立即撤销微信公众号“为你读诗”客户端或停止在该公众号中使用“为你读诗”的名称、注销“为你读诗”客户端的新浪微博账号或停止在该新浪微博账号中使用“为你读诗”的名称；判令二被告立即停止擅自使用“为你读诗”名称的不正当竞争行为、赔偿经济损失。

【裁判结果】

北京市朝阳区人民法院作出（2015）朝民（知）初字第 46540 号民事判决：“一、被告北京某科技有限公司立即停止在其涉案手机软件名称上使用‘为你读诗’字样；二、被告北京某科技有限公司立即停止在其企业名称中使用‘为你读诗’字样；三、被告北京某文化产业有限公司立即停止在其涉案微信公众号名称中使用‘为你读诗’字样；四、被告北京某科技有限公司、北京某文化产业有限公司于本判决生效之日起 7 日内连带赔偿原告损失人民币 20 万元整；五、驳回原告其他诉讼请求。”一审宣判后，乙公司和丙公司提出上诉。北京知识产权法院作出(2016)京73民终75号民事判决：驳回上诉，维持原判。

【典型意义】

本案的焦点问题涉及知名微信公众号名称的不正当竞争保护，由于移动互联网络具有受众范围广、传播速度快等特点，故其产业经营特点、竞争方式有别于传统产业。对于涉互联网不正当竞争纠纷案件的处理，既要准确理解、适用法律，也要充分了解特定产业的特点。对于互联网环境下的竞争纠纷，要结合网络本身所具有的特点，充分考量互联网软件产品或服务的模式创新以及市场主体的劳动付出，通过司法裁判，促进和规范市场竞争秩序。

法院生效判决认为，首先，乙公司、丙公司与甲公司具有竞争关系。乙公司、丙公司与甲公司提供的服务都是以移动客户端如手机为载体的，服务对象都是移动平台用户，服务内容都是与诗歌有关的主题，故乙公司和丙公司与甲公司提供的是类似的服务，构成竞争关系，应受反不正当竞争法的调整。其次，甲公司的微信公众号“为你读诗”构成知名服务特有的名称。根据查明的事实可以认定在被控侵权行为发生时，甲公司的“为你读诗”微信公众号服务在我国已具有一定的市场知名度，属于相关公众所知悉的服务。最后，乙公司和丙公司的被诉行为构成不正当竞争。根据相关法律的规定，所述混淆或误认是指发生混淆或者误认的可能性，而不需要实际发生混淆或误认，且不以实际发生损害后果为前提。“为你读诗”APP和“为你读诗”微信公众号的名称完全相同，二者均是以移动客户端如手机为载体，且“为你读诗”微信公众号提供的核心服务为朗诵诗歌供订阅者收听，可完全被“为你读诗”APP提供的服务所涵盖，上述情形使得相关公众在接受“为你读诗”APP、“为你读诗官方客户端”微信公众号的服务时，容易认为该服务系由甲公司提供，从而产生混淆或误认。

第八章

“一带一路”建设中网络贸易的经营风险

【内容摘要】

经营风险与经济风险、政治风险、社会风险、文化风险并列，是企业总风险的组成部分。因此分析企业可能存在的经营风险，有利于提高企业的风险管理水平，实施有效的经营风险控制措施，规避或消除风险因素，减少效益损失，提高投资必要报酬率，实现企业的可持续发展。

近几年来，我国跨境电商呈现迅猛的发展态势。国际经济危机使得传统产业增长缓慢，全球经济波动变化，国际网络贸易商却占领了更广阔的市场。我国的跨境电商企业数量和平台数量都在迅速增长，并利用互联网、较快的物流和较低的成本优势，将出口市场的范围扩展到了世界上大多数国家，但同时也带来了诸多经营风险。

第一节　经营风险的影响因素和评估因素

【知识背景 / 学习要点】

一、网络贸易经营风险的类型

经营风险有广义和狭义之分。广义的经营风险是指企业在生产经营过程中遇到的所有可能导致其收益水平变动的风险，包括经济风险、政治风险、社会风险、文化风险等。本节采用经营风险的狭义概念，仅指：在经营管理的过程中因决策者和管理者出现失误，企业政策方针不符合发展要求而导致企业盈利水平变动，从而可能产生的企业投资者预期收益下降的风险或成本增加的风险。

经营风险的类型一般说来主要包括采购风险、生产风险、存货变现风险、应收账款变现风险和资本结构风险等。网络贸易企业有其特有的经营风险，即政策规则风险、市场风险、平台风险、汇率风险、物流风险、支付风险与知识产权风险。

（一）市场风险

近年来，受金融危机的影响，国际经济萎靡不振，消费对全球经济发展的拉动作用明显下降，国际市场随之萎缩，全球商品采购额却在逐步增加，市场的萎缩导致全球商品采购商为了缓解经济压力、控制经营风险，转向短期小额零散的采购模式。这也影响到了网络贸易的整体发展，导致网络贸易的中小额订单数量众多，但总体的收入水平却在逐渐下降。另外，商品采购商针对网络商品有着不同的采购方向，譬如越来越要求采购定制化产品，并希望能够和提供定制化产品的网络贸易经营者合作。这样的发展趋势要求经营者能够敏锐把握市场走向，快速适应国际市场需求的变化，在交易平台中提供更为丰富多样并且符合消费需求的产品，积极应对国际市场风险。在市场趋于饱和的情况下，跨境电商为了能赢得更多的订单，都会去追求更快的配送时间，这就导致经营者往往在进口国家的仓库内囤积商品。然而一旦销售情况不理想，跨境电商就容易陷入滞销困境，如果不能及时解决，还可能进一步导致资金链的断裂，造成严重的后果。这种情况需要跨境电商制定合理的政策解决囤积问题，保障销售畅通。

（二）平台风险

目前，我国跨境电商的在线交易平台存在着诸多风险，包括平台选择风险、信用风险、支付风险、交易链衔接风险等。跨境电商在进行国际网络贸易的过程中，若找不准自身定位，就可能选择与自身发展目标并不适合的平台，浪费企业资源。[①]我国还未建立起完善的信用体系，尤其是中小企业商业道德还有待提高，反映在跨境电商领域更是如此。网络的不安全性给国际贸易带来了更严重的信用风险。网络贸易平台有着诸多功能，包括订单、报关、检验、物流、清关、结算等环节，各个环节要想完美衔接就需要平台的强大支撑，然而现在的平台尚有诸多不完善之处，需要逐步改进。

（三）知识产权风险

跨境电商发展势头迅猛，凭借较高的性价比以及丰富多样的商品品种，在国外市场竞争中赢得了较强的竞争力。然而我国国内跨境电商知识产权意识不强，抄袭仿造成风，知识产权问题也越来越突出。由于大规模的拷贝复制的出现，知识产权极容易受到侵害，且损失程度极大，甚至达到难以挽回的地步。自我国颁布知识产权法以来，政府、企业、个人无疑都加强了对网络知识产权法律保护的认识，可是现阶段，由于利益需要，法律制度的不完善以及人们法律意识薄弱等原因，在经济社会中仍存在着大量网络知识产权的侵权现象。[②]跨境电商存在的知识产权方面的风险主要包括著作权侵权法律风险、商标权侵权法律风险、专利权侵权法律风险以及商业秘密侵权法律风险等，风险成因主要来源于我国法律保护标准过低、行业内知识产权意识不强、海关操作存在难度、网络内容提供者和网络服务商责任标准不统一等原因。

（四）政策规则风险

国家对市场经济具有宏观调控的作用。任何经济模式都离不开国家对经济模式的干预，只有在国家干预的情况下，市场经济的弊端才不会显露，才会在发展过程当中形成健康的市场经济发展模式。传统营销与网络营销根据各自所依托的实体产业不同，在国家的扶持政策中也具有相当程度的体现。近年来，为了平衡跨境电商和传统产业的发展，国家对跨境电商的政策性扶持在逐渐减

① 许佩佩：《跨境贸易网络贸易 B2C 进口业务发展现状及问题研究》，载《中国网络贸易》2014 年第 4 期。

② 蒋晓云：《网络营销的产权法律保证研究》，载《产业与科技论坛》2018 年第 18 期。

少，而且在自贸区、自贸港实行的试验性政策的进一步推广，必然会给国际网络贸易经营者的经营管理带来不确定的影响。[①]

（五）物流风险

物流风险在网络贸易领域的影响尤为突出，物流存在着时效性和安全性的问题。跨境物流需要经过多个海关，各国海关制度的不同可能造成物流的延迟甚至商品的扣押；目前跨境物流还没有完整的信息分享体系，信息的不畅通可能会导致网络贸易买家财货两空，这些都考验网络贸易企业的管理能力。[②]

网络贸易经营者有其独特的经营优势，例如减少了商铺租金费用，前期投资不高；管理费用金额低，不需要很多管理经营人员，固定成本降低；网络为其提供了更加宽广的消费者范围，使其可以跨区域乃至跨国提供服务等。但是，总体而言网络贸易经营者仍然属于典型的高经营风险群体，其经营风险主要呈现以下几个特征：一是网络市场容易受到各个因素的冲击，商家众多，存在着大量的相同或相类似的产品，消费者也来自不同的国家、不同的年龄阶层等，消费行为易发生变动，不容易形成稳定的消费群体，经营者若不具有独特的竞争力的产品，很容易被市场淘汰。另外，网络交易平台容易受到国家政策规则的影响，平台上的经营者经营管理方法变化多端，网络平台经营策略也尚不成熟。受这些不确定因素的综合影响，导致网络贸易经营者收入波动较大，利润收益极不稳定。二是企业的经营风险的大小与其外汇业务的多少是正相关的关系。“一带一路”中网络贸易经营者外汇业务众多，企业资金很容易受到汇率变化的影响，且汇率变化受多方面的因素影响，不易掌握其规律，短期内企业也不容易通过内部调整来规避风险，这就会给经营者带来经济损失。[③]

二、经营风险的影响因素和评估因素

企业的经营风险可能来源于外部并导致内部的经营管理失误，也有可能是

① 姜新、高明：《传统营销与网络营销的整合策略》，载《商场现代化》2017 年第 15 期。

② 曾毅：《小额跨境网络贸易物流模式剖析》，载《中小企业管理与科技》2013 年第 6 期。

③ 聂德魁：《关于企业外汇风险管理的研究》，载《财经界（学术版）》2014 年第 12 期。

直接从内部产生的，总体而言主要有以下几个来源：

（一）外部环境的变化所引发的收益波动

外部环境主要涉及自然环境、市场环境、政策规则环境、网络环境等。

1. 自然环境

自然环境对于国际网络贸易商而言是难以控制的不可抗力，由于国际网络贸易往往涉及商品的跨国流通，在使用海运或多式联运等方式运输货物时，一旦发生海啸、风暴等自然灾害很容易造成货物的全损，需要跨境电商建立起完备的保险体系来防备难以预料的风险。

2. 市场环境

国际市场变化多端，消费者的消费倾向难以琢磨，竞争企业众多，竞争策略的频繁调整等因素，都会造成市场份额的变动，给跨境电商的收入带来不确定的影响。

3. 政策规则环境

我国跨境电商的政策规则导向较为明显，自贸区成立不久，为了推动自贸区的迅速发展，国家大力扶持了跨境电商企业，给予了诸多优惠政策，包括国家信贷以及利率的调整等，为跨境电商的发展提供了良好的政策环境，使得我国的跨境电商发展迅速、规模增大。而如今，为了“互联网 +”企业和传统企业的平衡，国家对跨境电商的优惠政策会逐渐减少，这就极大考验着跨境电商领导层的经营能力和管理能力。

4. 网络风险

网络风险包含诸多内容，例如网络平台带来的风险。不同平台之间的不同功能和不同种类以及平台之间信息的不畅通，使得企业在经营管理时面临着更高的成本。网络安全问题，消费者、跨境电商的信息安全问题等都影响着网络贸易的正常运营。

（二）内部环境的变化所引发的经营风险

内部环境包括跨境电商内部人才的缺失、员工的整体素质较低、管理者缺乏风险意识和风险管理能力、中小企业内部的章程规范不完善、资本结构和资产结构的不合理、内控机制的缺乏等都降低了跨境电商针对经营风险的化解能力。

跨境电商可以从以下几个方面来评估企业的经营风险：

1. 偿债能力。判断跨境电商的偿债能力，往往要掌握其整体的经营状况，通过其资产负债表、利润表来计算业务利润额以及负债、还债的总体情况。

2. 资产营运能力。营运能力是指跨境电商对其资产的周转率以及管理效率、应收账款周转率、存货的周转率等。

3. 盈利能力。盈利能力即跨境电商的净利润率、资产的收益率，跨境电商能取得的净利润越多，说明其盈利能力越好，其应对经营风险的把握也就越大。

第二节　有效防范在跨境网络贸易中的经营风险

【知识背景 / 学习要点】

一、针对外来经营风险的防控

（一）控制市场经济风险

1. 增强产品的竞争力

针对不同国别、不同文化的消费群体，根据市场导向提供合适的消费品，增加产品的科技含量，优化生产、采购、出关、物流、清关、销售流程，降低成本，以高质低价的优势在网络平台上取得更高的竞争力，提高企业的收入水平。

2. 创造稳定的消费群体

稳定的消费群体可以给跨境电商带来一部分较为稳定的收入来源，增强其抵抗未知风险的能力。这部分群体的创造需要跨境电商拥有较高的信用水准，管理好企业的客户关系，增强服务意识。

3. 防止囤货积压

根据目标市场的需求灵活控制库存是跨境电商的必备能力之一，对市场的分析能力不足，极有可能导致引进一批并不适合该地市场的产品，从而产生严重的海外囤货。跨境电商应当学习和了解供给侧结构性改革的含义，增强自身对海外市场的分析能力，建立起自己的智库。此外也要逐步建立企业自身的海外仓储设备，积极构建独立的国际物流体系，从而有效规避汇率风险和政策风险，更好地满足多元化的海外市场需求。①

（二）降低政策风险的影响

降低政策风险的影响，最关键的是跨境电商要充分了解相关国家的政策规则并且降低对国家政策的依赖程度。

网络贸易的经营者在多个网络平台上进行交易时，会同时面向不同国家的消费群体，需要这些跨境电商事先了解这些国家的政策规则，严格遵守各国的法律法规，充分利用有利的政策导向，制定相对应的经营策略。精准地认识到国家政策的扶持力度与扶持方向，不断地把传统营销与网络营销的优势相互结合，实现对国家政策对应于产品营销的成功模式的实践。传统营销与网络营销，在这种情况之下，应当更加能够发挥网络营销的特点，任何市场竞争者应当认识到国家政策扶持对于营销策略整合的重要性，不断地以国家政策的扶持方向与扶持内容作为营销策略整合的政策基础。② 另外，经营者需要减少对国家政策的依赖程度，增强自身的竞争实力，否则，国家政策导向一旦改变，就有可能给跨境电商带来毁灭性的打击。

（三）防范物流风险

1. 加快跨境物流与环境的协调发展

跨境物流无法回避环境的影响，尤其是输入国的物流环境。在开展跨境物流之前，需要熟悉与之相关的政策、法律、规则、制度、习惯等，还要了解输入国

① 周峰、熊昊天:《互联网背景下跨境电商经营风险分析》，载《金融理论与教学》2017年第6期。

② 姜新、高明:《传统营销与网络营销的整合策略》，载《商场现代化》2017年第15期。

的政治动态、经济发展水平、居民的消费习惯、海关与商检规定、国家税收政策等诸多环境要素。发展跨境电子商务，需要与输入国当地资源进行合作，寻求适宜的当地合作伙伴，并积极与该国政府、职能部门进行沟通，推出适合其需求的物流服务内容。在有条件的情况下，可以建设使用当地语言的网站以及客服资源，并实现物流人才的本地化。采取诸如此类的具体措施，积极有效地推动跨境物流与环境的协调发展。

2. 发展混合式跨境物流模式

跨境电子商务与跨境物流的复杂性决定了跨境物流模式不应局限于固定的物流模式，也不应拘泥于单一种类。跨境电子商务面对全球市场，要求跨境物流突破国家的限制，同一物流模式在一国的适用不一定意味着也适用于其他国家。就跨境电子商务发展的实践来看，跨境物流更倾向于混合式的模式。混合式物流模式具体指在众多跨境物流模式中，采用两种或两种以上的跨境物流模式，如“物流专线 + 海外仓”“物流专线 + 海外仓 + 边境仓”“国际快递 + 海外仓”等。混合式跨境物流模式适用于复杂多变的跨境市场，能够提高跨境物流效率，降低跨境物流风险。随着跨境电子商务的发展，需要针对不同的国家和不同的商品种类，乃至在不同的时间阶段，适时推出合适的混合式跨境物流模式，满足跨境物流需求，凸显跨境物流模式的聚合效应。①

（四）降低平台风险

跨境电商一般会在多个网络平台上经营，在其使用网络平台销售商品时，应当充分了解各个平台操作的基本规则并能够灵活运用，了解不同平台的优势劣势，加强各个平台之间的配合，以趋利避害，增强产品和平台的匹配度。平台规则变化频繁，企业应当建立起专门的团队研究跟进平台规则的变化，针对不同平台的特色，结合自身的发展目标，进行战略部署。

针对某一个平台，应当充分了解、分析该平台的定位以及发展的目标是否

① 《跨境物流》，载网络营销教学网，http://www.wm23.com/wiki/152384.htm，下载日期：2019 年 12 月 13 日。

与本公司的相契合，测评平台的消费者的类型以及潜在需求，查看其是更多关注于产品质量、价格、运输速度还是其他，综合平台入驻成本，选择最适合本公司的平台做主要的业务推广，根据平台的特色以及本公司的战略制订入驻方案。

二、针对内部经营风险的防控

（一）建立合理高效的经营策略和经营方针

1. 降低成本、提高收入

（1）降低企业固定成本

在产品价格相对稳定的情况下，固定成本与企业的经营风险呈同步增长，跨境电商的固定成本越高，其经营风险也就越大。减少固定成本的方式有很多，例如跨境电商可以通过优化内部管理体系减少管理成本。

（2）提高收入

提高收入是控制经营风险的根本之策，跨境电商只有拥有了稳定的收入，才能给经营风险上最后一道保险，提高收入就需要跨境电商提高产品竞争力，形成稳定的消费群体。另外，跨境电商需要提高产品质量，实现企业的收益水平高质量的增长，完善企业资金链条，形成高效优质的资金流动体系。

2. 加强资产管理，提高资产利用率

公司固定成本的很大一部分来自对设备、场地、技术、管理和市场渠道等有形和无形资产的投资。这些投资显然是为了公司的未来发展。因此，加强资产管理，提高资产利用率是企业降低固定成本，防范经营风险的较为积极有效的策略。只要资产闲置，企业的固定成本就会增加，企业的经营风险也会增加；在提高资产利用率的同时，资产继续为公司运营创造价值，并通过产生足够的收入来弥补其带来的成本或损失，企业的业务风险将不会发生。公司应及时评估和调整内部控制制度，以适应快速变化的经济环境。内部控制制度的制定需要着重解决单位管理中的薄弱环节和问题，充分考虑管理工作的发展趋势和经济发展的要求，考虑先进的管理理念和方法，在兼具适应性和前瞻性的同时解决问题。它还可以指导所有单位努力工作，并在更好的管理方向上发展。①

3. 推进网络贸易人才培养

跨境网络贸易的具体运作对文化素质，特别是外语能力提出了更高的要求。跨境网络贸易运营中这些跨境运营商的风险防范意识和风险控制水平对公司至关重要。但是，企业在发生经营风险时所遭受的损失，特别是汇率风险等紧急情况，是由于缺乏运营能力或运营商的无意操作造成的。可以看出，跨境网络贸易的汇率风险防范应从基层运营人才入手，坚持推进相关领域教学体系的创新改革。探索有效的人才培养机制，鼓励和引导本科院校和高职院校增加培养实用型人才的比例，尽快建立独立的本科和高等职业教育，组织行业专家制定科学合理的学科建设标准。在专业教学管理系统中，可以适当降低高校实训团队的学术门槛。鼓励在跨境网络贸易运营领域积累丰富经验的行业精英，特别是汇率风险管理和控制领域，组建官方或兼职教师。② 这将有助于提高相关专业毕业生的风险管理意识和操作风险防范能力。

4. 制订详细的运营策略

在决定平台落户后，公司需要制订详细的通关、商检、退税、收款结算、保税仓储物流、风险监控和管理等运营策略。一方面，从产品销售过程的角度来看，物流占跨境网络贸易公司成本的 20% 到 40%，因此物流和库存在业务流程中至关重要。在跨境网络贸易运营中，物流是企业协调最困难的任务之一，而在跨平台运营中，企业需要适应每个平台的不同物流模式。虽然保税模式确保了交付速度和用户体验，但它忽略了消费者跨境消费的更多样化的商品需求，而这正是海外直邮模式的优势。企业可以根据自身产品的特点、产品的国际市场和人民币波动的趋势，在保税仓库和海外直邮两种模式之间进行权衡。选

① 谢获宝、黄娟：《高经营风险企业的特征及其防范策略》，载《今日工程机械》2007 年第 3 期。

② 柴宇曦、黄炫洲、马述忠：《浅析：跨境电商经营风险的跨国比较及政策建议》，载《浙江经济》2017 年第 7 期。

择与不同平台对应的业务模型，以确保自己的运营安全。如何有效、灵活地协调不同的物流渠道，成为影响跨平台运营效率的关键环节。另一方面，跨境网络贸易公司需要考虑如何建立一个管理团队，以实现跨平台业务流程的最大效率。并根据企业各自的发展需求和定位，采取相应措施，降低管理成本和人工成本。跨平台运营所面临的管理问题往往是“人”的管理，而不是日常业务运营本身。

另外，在正常情况下，任意两个平台商城的数据都不支持直接互联，这就要求企业使用自建平台数据库作为灵活处理的蓝图。在不同平台上进行规划时，企业应尝试安排一个专门的团队，以确保足够专注于该职业，同时努力确保跨平台业务类别之间的高度相关性。避免过度探索SKU（库存单位）以规避管理问题。由于管理跨平台运营的难度越来越大，跨境网络贸易公司需要强大的智能系统来支持整体运营管理。企业可以考虑引入适合跨平台运营的供应链管理系统，但需要提前权衡利弊。

5. 实现战略合作互助

在处理知识产权纠纷时，大多数国内卖家不会选择积极回应，这可能会影响公司在其他平台和中国公司的整体运营形象。特别是中小企业资金匮乏，组织结构不完善，这可能导致企业同时在多个平台上遇到危机。在这种情况下，战略联盟或行业协会可以为中小企业提供必要的法律援助，例如，在侵犯知识产权的情况下，可以协助中小企业寻找最佳解决方案并指导其在积极响应和寻求和解之间作出选择。同时，当中小企业遇到法律纠纷并导致产品被扣押时，大企业可以协助中小企业实施货物转移等应急措施。例如，为中小企业提供一段时间的免费仓储，或协助寻找其他销售渠道，共同应对跨平台运营中的风险。一个可行的建议是在政府职能部门的指导下成立专门的跨境知识产权诉讼组织，实现跨境诉讼信息共享。今天，上海跨境网络贸易行业协会和其他类似组织已经建立，在贸易配套、贸易融资等方面，为中小企业提供物流、清关、政策分享和法律援助的信息等服务。此外，公司还可以利用战略联盟在各种平台上交流经验，为中小企业和新手销售商提供入门指导和进一步的学习机会。可以看出，建立战略联盟是共同规避跨平台运营中知识产权侵权等风险的重要举措。

6. 优选供应商

随着劳动力成本和要素价格的上升，“中国制造”的低价优势正在逐渐消失。对国外进口商而言，不再将价格作为核心的考虑因素；反过来，供应商稳定可靠的供应链，完整的认证体系和良好的商业信誉更受到重视。因此，对于长期大宗交易的 B2B 跨境出口平台，必须在交易开始前严格审查供应商的资格和市场声誉。通过优选供应商来树立市场信誉，扩大国际影响力，进而扩大国际市场。此外，我们必须积极引导制造商实施产品选择改革。跨境网络贸易出口企业产生滞销销售风险的一个重要原因是在选择阶段缺乏对目标市场需求的分析和判断，这导致产品开发和海外仓库的同质化，与市场需求不相符。一方面，政府部门要发挥宏观调控作用，通过与大学和研究机构的合作，建立区域跨境网络贸易研究机构，组织行业领域的专家共同为跨境网络贸易运营提供可靠的智力支持；另一方面，社会各界应广泛报道并积极推动跨境电商企业在产品研发方面的成功经验，使企业意识到产品供给同质化的潜在风险。

7. 实施差异化竞争

跨境网络贸易企业的差异化竞争包括两个方面：一个是产品差异化，另一个是服务差异化。首先，实施产品差异化策略，B2C 跨境进口要严格筛选优质商品，最大限度地满足消费者需求。跨境出口要优选出口商，严格出口商品质量认证，确保出口商品质高物美，逐步形成良好的国外市场信誉。其次，实施服务差异化策略，尤其是 B2C 跨境出口企业应着眼于长远发展，重视海外市场调研和消费者特点分析，把握消费者心理趋向，根据不同地区、不同国别、不同类型的消费者，在物流服务、售后服务、商品咨询、购买渠道等方面实施差异化战略，避免同质化带来的不良竞争。①

① 周峰、熊昊天：《互联网背景下跨境电商经营风险分析》，载《金融理论与教学》2017 年第 6 期。

（二）控制内部财务风险

1. 选择有利的资本结构

从财务角度来看，资本结构是指企业资本中债务资本和权益资本的比例。在风险负债水平下，企业更愿意通过债务筹集生产和经营所需的资金。但是，如果负债率过高，企业将面临巨额利息支付和还款压力，甚至陷入金融危机。因此，企业不能单方面追求利益的节税作用，过度扩大债务比率，而应充分考虑各种因素，如比较各种负债来源，衡量自身的负担能力和偿付能力，正确把握债务的数量和程度，形成适合自己的资本结构。

2. 加强营运资金管理

财务风险来自支付负债利息和偿还本金。在企业经营效率低、资金周转缓慢的情况下，企业的营运资金将会增加。随着营运资金的使用增加，资本需求将增加，企业的债务水平也将增加。这不仅增加了公司偿还利息和本金的压力，还增加了单位产品的利息负担，增加了公司现金截止的可能性。企业盈利能力下降，企业经营风险再次放大。可以看出，加强营运资金管理，减少营运资金占用，可以减少企业对债务资本的依赖，减少固定利息负担。它不但提高了企业的盈利能力和竞争力，而且有效地防范和控制了企业的财务风险。

3. 以会计控制为核心，逐步完善内部控制制度

以会计控制为核心，逐步完善多目标，多层次内部控制的总体框架。[①]在企业的实际运作中，应采取循序渐进的策略，对于会计核算薄弱、管理基础工作薄弱的企业，要设立会计岗位，明确岗位职责，完善内部遏制制度，建立符合法律运作基本要求的内部控制框架；内部遏制、团队会计、责任中心管理、预算管理等基础工作较好的企业，可以根据效率要求直接构建内部控制框架。

4. 企业应考虑建立和完善内部审计职能

内部审计机构独立于其他业务管理部门，由董事会直接领导，以此确保内部审计的独立性和权威性。内部审计师的责任应该不再局限于监控企业的内

① 孙国江：《谈企业内部控制体系建设与完善》，载《商情》2011 年第 31 期。

部控制是否得到执行，而是进一步通过独立的检查和评估活动解决内部控制缺陷、管理漏洞，并提出可行的建议和措施，以此促进管理，进一步改善业务管理，提高企业的综合实力。

5. 建立风险预警系统和财务风险预警系统

金融危机预警系统通过精益预算、会计核算和有价值的财务分析，实时反映公司内部财务运作对管理决策层的影响。它为决策者制定危机预防和控制决策提供了客观依据，并最终通过高效风险防范措施最大限度地减少损失并提高运营效率。另外，要加强对公司外部环境的分析判断，准确把握市场规律，始终关注财政政策调整、市场变化和行业动态，及时调整战略规划和管理思路。企业还应该灵活避免不利因素，积极适应宏观环境，有效规避风险，防范风险，提高运营效率。[①] 企业应根据生产经营的实际情况，完善内部控制业务流程和系统建设，实行企业内部控制的定期检查，将内部控制的概念整合到公司的日常管理中。

（三）完善现代公司治理结构，建立现代企业制度

完善人力资源管理机制，提高企业管理者和员工素质。现代企业之间的竞争是企业人才的竞争。良好的人力资源政策对培养公司员工、提高员工素质、改善内部控制有很大帮助。因此应确立以人为本的管理思想，以人为本的理念体现在企业的内部控制上。首先是营造良好的环境，激励员工的主动性和创造力。其次是大胆引入企业竞争激励机制，通过绩效考核体系，持续培训计划，完善社会保障体系等科学的人力资源管理方法吸引和培养人才。最后应该加强会计和其他管理人员的岗位培训，为内部控制营造良好的环境基础。企业应该有效监督内部控制的设计和实施，检查内部控制设计的充分性需要定期检查，并且内部控制是否按照既定程序进行操作也需要监督。国内许多公司有很多规章制度，但其中大量的内部控制内容已经过时，不适用于当前的企业环境。不仅如此，许多精心设计的内部控制尚未标准化且不能始终如一地得到实施。

① 王喆：《企业经营风险与财务风险防范策略》，载《商情》2011 年第 31 期。

在这两种情况下，如果没有有效的监督机制，公司的管理层无法准确了解内部控制情况。监督机制的建立应注重自我监督和独立评估，各级管理层应首先关注内部控制在日常运营管理过程中的有效性监督。不仅要处理有关此事的问题，还要考虑是否暗含内部控制漏洞的信号，并纠正这种情况。同时，单位或过程的负责人应考虑使用专门工具或在相关咨询机构的协助下，根据自身的风险情况，定期评估其所管辖的单位或程序的内部控制的有效性，并将自我评估的结果报告给上级单位。这样做可以提高普通员工对内部控制工作重要性的认识，提高控制环境的水平。经理主导的内部控制自我评估工作可以比外部独立评估更详细，如果它真的是实用的，就可以更加准确地掌握成本和收益的能力，并且针对发现的漏洞设计的改进也就更容易实施。

企业还应注重建立有效的欺诈报告和监控机制，以便能够快速有效地向管理层甚至能够采取行动的董事会报告各种欺诈或欺诈性标志。这要求公司拥有畅通的沟通渠道，如特殊报告邮箱、举报热线等。监督人员应当能够按照公司的书面政策和相关法律法规及时有效地行事，纠正和处理欺诈行为，并应审查导致欺诈的内部控制漏洞，使内部控制真正成为闭环操作的良好过程。

（四）控制汇率风险

1. 战略发展避险

（1）完善产品结构，树立核心意识，增强企业竞争力。进出口型企业应该注重确保产品质量并增加产品的附加值，最重要的是开展产品的研发活动和加大推广力度。树立战略核心意识是企业宝贵的战略资源，是能够优先占领市场的重要途径，与此同时企业还要加强产品的技术创新，提高进出口型企业的市场竞争力，从而维持成本、提高利润和带来盈利优势，进而在一定程度上弥补金融汇率风险所带来的损失，这无疑也是对抗汇率风险中重要的举措之一。

（2）企业应坚持“引进来”和“走出去”相结合的战略思想，探索国际化进程。坚持“引进来”和“走出去”相结合的战略思想是企业在经营过程中提升自我管理的关键一步。只有自我管理的逐步发展，才能有效预防汇率风险。企业要做好与终端产品领域的外国制造商合作，提高产品附加值。企业还可以与海外公司合作建立海外合作工厂，这将大大降低生产成本。同时，企业要充分利用无形资产，依靠品牌的优势，在跨国经营中开展多样性的对外贸易和海外投资，使其成为企业新的利润增长点。此外，企业还要注重优化其出口产品结构。

（3）加速市场多元化步伐。进出口型企业要重点推动产品市场朝着多元化方向发展。市场多元化要求进出口型企业不拘泥于传统的经营理念和思想，反对故步自封，强调借鉴其他国家市场经济的发展状况，取其精华，去其糟粕，致力于提升企业管理制度，深入了解顾客的需求，并结合实际情况满足市场需要。进出口型企业如果不加以“追求差异”，那么势必会被市场所淘汰，只有具有独特优势才能在竞争中脱颖而出，这就要求企业加速市场多元化步伐。

2. 金融手段避险

（1）贸易融资。近年来，由于进出口业务竞争加剧，账户投资收款期延长，企业需要解决出口交付和债务追收过程中的延长所带来的汇率风险问题。贸易与金融融合可以更好地为进出口型企业的资金周转问题带来一定程度的帮助。贸易融资手段较为灵活，可以解决出口商难以在银行获取贷款情形下的资金周转问题。更重要的是，贸易融资成本相对较低。

（2）远期结售汇。外汇业务的远期结算和销售是在实际的外汇收支发生前确定的对未来收支的外汇的结算或销售业务（两者在结算和销售中同时进行）。出口型企业可以采用这种方法提前锁定本币收入数额，以规避人民币汇率波动所带来的风险。固定交割日期和选择性交易是两种远期结算和销售交易：固定交割日期是指双方在签署的协议交割日交割外汇；选择性交易是指双方签订远期外汇结算和销售合同的协议。客户可以根据远期结算和销售合同确定的货币、金额和汇率结算外汇或出售外汇，在交割日上，通过远期结算抵消汇率波动，可以有效避免汇率风险。

（3）外汇期权。外汇期权是当今国际市场中备受追捧的外汇工具之一，它可以使进出口企业在盈利的同时，减弱受汇率波动所带来的风险。外汇期权是指在买卖双方交易日之前，买方向卖方支付一定金额的期权费用并签订合约，并且拥有在未来的某个时间段或时间点，期权买方购买某一外币的选择权。外汇期权是一种积极主动的防范汇率风险的方法，而不是被动规避汇率风险。

（4）充分利用进出口贸易的国家保险制度。进出口贸易的国家保险制度是指国家在一定的基础上，对进出口企业在经营管理的过程中，提供的服务保险，以及在本币或外汇汇率变动所引起的经济变动的情况下，起到支持和保护企业发展的一种制度政策，其中主要的就是保障汇率波动保险。进出口贸易的国家保险制度中规定，如果在国际市场动荡的背景下造成了企业经营损失，那么则可依据合同条款对保险公司索要赔偿。这在一定程度上反映了国家对进出口型企业的支持和帮助，但这并不意味着在这种保险制度下，我国的进出口型企业就可以为所欲为，要清晰地认识到，仅仅依靠这种绵薄的帮助，并不能够使企业变大变强。①

第三节　典型案例

【知识背景 / 学习要点】

在“一带一路”的过程中，网络贸易所带来的经验风险越来越多，本节通过介绍和分析在此过程中司法系统解决的典型案例，了解此类案件的性质功能，掌握此类案例的裁判要旨，对于对此类案例的典型性、复杂性、新颖性、法律适用规定的掌握有着重要的作用，也可以使我们进一步熟知网络风险的种类、发展趋势、解决机制。

① 李舒泓、林哲明：《浅析我国进出口企业如何防范和化解汇率风险》，载《环渤海经济瞭望》2019 年第 10 期。

【案例分析】

【案例一】

周某某与山东省某集团总公司网络购物合同纠纷[①]

【基本案情】

原告基于其向被告甲公司购买益生植物蜜的订单信息、快递单及浙江省杭州市钱塘公证处出具的公证书、高唐县工商行政管理局出具的关于对周某某申请信息公开的回复等起诉，要求判令：（1）被告向原告退还购物款10643.6元；（2）被告向原告支付3倍赔偿款31930.8元；（3）被告支付证据保全公证费800元；（4）被告承担本案诉讼费用。

被告甲公司辩称：（1）原告不是《消费者权益保护法》规定的消费者，本案不应适用《消费者权益保护法》相关规定裁决。原告一次性网购55瓶620g珍雅装货物不具有一般消费者的合理性。原告网购被告商品主观上具有恶意。（2）被告在网页上对商品描述行为不构成欺诈。被告的商品经检验检测，商品质量符合国家产品质量标准，是质量合格产品。被告的商品标识“其他食品”符合法律法规的规定。被告的商品已经对商品信息进行了真实标识。（3）被告对商品的描述用语与商品真实的情况相符合，不构成虚假宣传。（4）被告对“大豆低聚糖”商品的描述用语没有夸大“大豆低聚糖”的功效。（5）原告对“其他食品”的含义产生了误解。（6）被告不应承担惩罚性赔偿的责任。（7）原告的行为有违法律的目的。（8）原告的诉讼请求没有事实依据，请求驳回原告的诉讼请求。

法院经审理查明的事实如下：周某某向甲公司购买有益生活Meaningfullife益生植物蜜（大豆低聚糖）620g珍雅装共55瓶，总价为10643.6元。所购商品

① 《周某某与山东省某集团总公司网络购物合同纠纷》，载中国裁判文书网，http://wenshu.court.gov.cn/website/wenshu/181107ANFZ0BXSK4/index.html?docId=b6ae497f8263453fb48dd30e00ea8dd5，下载日期：2019年12月10日。

网店宣传益生植物蜜，具有清理、调节、改善肠道功能，同时对改善肠道环境、调节菌落平衡、刺激肠道蠕动、促进排便效果明显。辅助功效：解酒护肝、皮肤光滑白嫩、美容养颜、延年益寿、增强身体免疫力、促进钙的吸收，长期食用可防止高脂血症和心血管疾病等内容。

法院认为，原告与被告之间的买卖合同关系证据确凿，合法有效。消费者因经营者利用虚假广告或者其他虚假宣传方式提供商品或者服务，其合法权益受到损害的，可以向经营者要求赔偿。经营者提供商品或者服务有欺诈行为的，应当按照消费者的要求增加赔偿其受到的损失，增加赔偿的金额为消费者购买商品的价款或者接受服务的费用的 3 倍。在本案中，被告提供的商品属于其他食品，但被告在网店中使用了宣传疾病预防、治疗功能的语言描述，其行为存在欺诈，故原告要求被告作出 3 倍于商品价款的赔偿，本院予以支持。因原告购买的 55 瓶益生植物蜜已食用了 13 瓶，剩余 42 瓶应予以退还，其已食用的 13 瓶益生植物蜜以折抵被告应退还的货款，但赔偿款仍以 55 瓶计算。

【裁判结果】

法院依照《中华人民共和国合同法》第 8 条第 1 款、第 60 条第 1 款，《中华人民共和国消费者权益保护法》第 44 条第 1 款、第 45 条第 1 款、第 55 条第 1 款之规定，判决如下：

一、被告甲公司于本判决生效之日起 10 日内退还原告周某某购物款人民币 8127.84 元；

二、被告甲公司于本判决生效之日起 10 日内支付原告周某某损失赔偿款人民币 31930.8 元；

三、原告周某某于本判决生效之日起 10 日内归还被告甲公司有益生活 Meaningfullife 益生植物蜜（大豆低聚糖）620g 珍雅装 42 瓶；

四、驳回原告周某某的其他诉讼请求。

【思考与启示】

在上述案例中，不难看出就所谓“职业打假人”[①]的问题来说，各个法院并没有统一的标准。而网络贸易的广告宣传以互联网为媒介，传播速度较之传统方式更快、范围更广，这无疑将为“专业造假者”提供便利，增加企业面临“专业造假者”的机会。而法院在相关的网络购物合同纠纷案件上并没有形成统一的观点和标准显然不利于企业对这一方面的风险的防控。

【案例二】

某投资有限公司与天津某商贸有限公司、天津某进出口有限公司擅自使用知名商品特有名称、包装、装潢纠纷[②]

【基本案情】

原告沃尔玛投资有限公司（以下简称沃尔玛公司）与被告天津山姆大叔商贸有限公司（以下简称山姆商贸公司）、天津武清山姆进出口有限公司（以下简称山姆进出口公司）、达伦多天津国际贸易有限公司（以下简称达伦多公司）擅自使用知名商品特有名称纠纷一案。原告沃尔玛公司向法院提出诉讼请求：（1）判令三被告立即停止所有不正当竞争行为，立即停止在实体店铺、微信公众号或宣传资料上使用原告有一定影响的服务名称“山姆”；（2）判令被告一、被告二立即停止在企业名称中使用与原告有一定影响的服务名称相同的“山姆”字样；（3）判令三被告刊登停止侵权声明，以消除侵权行为给原告所带来的恶劣影响；（4）判令三被告连带赔偿原告经济损失，承担本案的全部诉讼费用。

① 所谓“职业打假人”（professional extortioner for fraud fighting），它是指一种民事行为人，由于假冒伪劣、有毒有害食品横行，普通民众无法识别保护自身权益，许多民众通过自身学习相关法律知识，通过法律途径主动打击市场流通的假冒伪劣产品，对市场消费环境起到净化作用。

② 《某投资有限公司与天津某商贸有限公司、天津某进出口有限公司擅自使用知名商品特有名称、包装、装潢纠纷》，载中国裁判文书网，http://wenshu.court.gov.cn/website/wenshu/181107ANFZ0BX-SK4/index.html?docId=1825cc6b59c24c22bb5fa8c701181a31，下载日期：2019 年 12 月 10 日。

【事实与理由】

原告主张：

1. 原告长期广泛使用“山姆”这一服务名称，已形成一定的影响力

山姆会员商店（Sam’s Club）是WAL-MARTSTORES INC.（沃尔玛连锁商店公司）旗下的高端连锁仓储式会员制商店。自1983年4月首家山姆会员商店开业起，山姆已在全球开设800多家门店，成为全球最有影响力的零售服务品牌之一。原告早在1996年就入驻中国，经过不懈努力，原告已于中国大陆设立15家门店，取得消费者与市场的一致认可，目前，山姆其网站与官方客户端访问人数均逾百万人次，并曾获广泛报道。在2012年4月，山姆会员商店更被中国电子商务协会授予“中国互联网电子商务诚信示范企业”，也成了此次评选活动中首批荣获“诚信示范企业”殊荣的外资企业。

综上所述，从原告提供零售服务的时间、地域、消费者数量以及大量媒体的报道、宣传等方面来看，原告提供的零售服务显然具有较高的市场知名度，属于反不正当竞争法所规定的知名服务。“山姆”作为原告有一定影响的服务名称，经过长期广泛使用，已与原告的零售服务密切相关，不可分割。无论是在原告零售服务的广告宣传中，还是社会各界对原告零售服务的认知，抑或是消费者对原告零售服务的评价、讨论，均以“山姆”来称呼原告的服务名称。而且，“山姆”名称也并非零售服务业的通用名称，其名取自沃尔玛创始人山姆·沃尔顿先生，并由原告首先使用在零售服务业中，与同行竞争者的服务名称相比，具有显著区别性特征。因此，“山姆”名称毫无疑问系原告有一定影响的服务名称。

2. 三被告擅自使用原告有一定影响的服务名称，并造成了消费者的混淆、误认，属不正当竞争行为

原告经调查发现，三被告在其共同经营的“达伦多跨境商品直购体验中心”的“山姆安全食品”店、被告一和被告二的企业名称、被告一的官方微信公众号（天津山姆大叔商贸有限公司）以及被告三的官方微信公众号中，均大量使用了原告有一定影响的服务名称“山姆”。三被告向消费者提供跨境商品、食品的零

售百货服务，与原告存在竞争关系。原告的知名服务尤其以食品的高质量和安全可靠出名，三被告作为原告的同业竞争者，显然知晓“山姆”这一原告有一定影响的服务名称，但被告一和被告二仍然故意使用含有“山姆”的字样作为其企业名称，被告一亦将其企业名称简称为“天津山姆”。在原告已经在广州市天河区人民法院就被告一和被告二的关联公司的不正当竞争行为提起诉讼的情况下，三被告仍然继续大量恶意使用含有“山姆”字样的服务名称，意在全面实施不正当竞争行为，企图使相关公众对原告与三被告所提供的零售服务来源产生误认、混淆，具有明显攀附原告商誉、知名度的恶意。

3. 被告应依法承担相应的侵权责任

综上所述，三被告未经原告许可，在企业名称、零售服务上擅自使用与原告有一定影响的服务名称相同的服务名称，已经导致消费者混淆，误认为原告与三被告的行为存在关联关系，严重侵犯了原告的合法权利。三被告的上述行为已经违反了反不正当竞争法的有关规定，构成不正当竞争行为。依据相关法律规定，三被告应承担停止侵害、消除影响、赔偿原告经济损失等民事责任。

被告辩称：

1. 被告山姆商贸公司、山姆进出口公司共同辩称，二被告没有构成不正当竞争行为

（1）二被告与原告之间不存在直接的不正当竞争关系，原告主体不适格，无权直接向二被告主张权利。（2）被告使用“山姆大叔”“山姆”名称作为企业字号不仅有自己的独立思考，而且经过工商登记机关核准登记使用，并不存在模仿使用“山姆会员商店”名称的问题。（3）二被告在经营中依法善意使用“山姆”标识，而不是非善意使用，不构成不正当竞争。（4）二被告使用“山姆”在自己经销的冷链商品上进行宣传，而非宣传零售百货服务，与原告从事不同行业，双方之间根本不存在任何竞争关系。（5）“山姆”名称不是原告特有的，单独提到“山姆”不应代表着山姆会员商店的服务。（6）原告主张“山姆会员商店”的服务属于知名服务，其举证并不充分，证据明显不足。（7）原告要求二被

告停止使用“山姆”名称，肆意扩大“山姆”名称停止使用范围，缺乏法律依据，显失公允。(8)原告主张赔偿损失300万元缺乏事实和法律依据。

2.达伦多公司辩称，不存在原告所称的不正当竞争行为

(1)达伦多公司分租给商户山姆进出口公司，该公司是独立法人，山姆进出口公司在分租商户只是售卖山姆安全食品，不是经营山姆会员店。(2)山姆进出口公司与案外人广东山姆冷链食品有限公司(以下简称广东山姆冷链公司)是关联公司，广东山姆冷链公司注册了环球山姆的商标，其使用注册商标的行为与达伦多公司无关。(3)达伦多公司没有义务去识别山姆安全产品与山姆会员店的关系。(4)山姆名称很普通，不是知名的名称，所以达伦多公司不清楚。(5)达伦多公司了解到发生纠纷后，在2016年年底询问此事，2017年1月23日与山姆进出口公司解除了合作协议，山姆进出口公司于2017年1月24日进行了撤场。原告提出在达伦多官方微信宣传产品，达伦多公司在2016年知情之后，马上在微信公众号中停止了对山姆进出口公司的宣传活动。

【法院裁决】

法院认定，本案应适用反不正当竞争法。《中华人民共和国反不正当竞争法》于2017年11月4日进行了修改，自2018年1月1日起施行。就该法的溯及力问题，法律没有明确的规定。依照法的溯及力的理论，除另有规定外，法不具有溯及力，应以行为发生的时间为准，确定适用的法律。参考商标法修改后的司法解释，即《最高人民法院关于商标法修改决定施行后商标案件管辖和法律适用问题的解释》第9条：“除本解释另行规定外，商标法修改决定施行后人民法院受理的商标民事案件，涉及该决定施行前发生的行为的，适用修改前商标法的规定；涉及该决定施行前发生，持续到该决定施行后的行为的，适用修改后商标法的规定。”商标法作为反不正当竞争法的特别法，其规定的精神可以参照适用于本案。

本案被诉侵权行为发生在反不正当竞争法修改前，但没有证据证明在反不正当竞争法修订后被诉侵权行为已经停止。故而依据法律的溯及力的基本理

论，法院参照上述司法解释规定的精神确定本案适用修改后的反不正当竞争法的规定。

根据《反不正当竞争法》第6条第1项的规定，擅自使用与他人有一定影响的商品名称、包装、装潢等相同或者近似的标识，引人误认为是他人商品或者与他人存在特定联系的，构成不正当竞争。本案涉及以下四个问题：其一，涉案“有一定影响的服务名称”的内容及指向；其二，涉案有一定影响的服务名称的权益归属；其三，被诉侵权行为是否构成不正当竞争；其四，三被告是否应承担责任及责任内容。

一、涉案“有一定影响的服务名称”的内容及指向

有一定影响的商品名称，是具有区别商品来源显著特征的商品名称，从本质上是对商业标识性权益的保护。对于具有区别服务来源显著特征的有一定影响的服务名称，作为商业标识，具有与商品名称相同的性质，可以适用上述规定予以保护。

原告沃尔玛公司主张，“山姆”为本案中的有一定影响的服务名称。被告山姆商贸公司、山姆进出口公司认为，山姆具有特定含义，象征美国国家形象，不具备特有性，本案中有一定影响的服务名称为“山姆会员商店”。

法院认为，三被告成立时间均为2015年下半年，涉案微信公众号注册于2015年12月，被告山姆进出口公司、达伦多公司签订服务协议的时间为2016年3月至4月，因此可以确认涉案被诉侵权行为发生于2016年4月之后，应以该时间作为确定是否构成有一定影响的服务名称的时间点。

首先，有一定影响的服务名称保护的是该名称对服务来源的区别作用。本案中，山姆会员商店提供百货零售服务，服务方式为会员制。山姆会员商店最早于1996年即在中国成立，2017年以前已经成立了15家山姆会员商店，遍布在全国十几个城市，经营时间长，经营地域广。2000年以后，通过门户网站、微博、微信公众号、官方网站等持续宣传山姆会员商店。经过多年的经营、宣传，山姆会员商店提供的会员制百货零售服务知名度不断提升。在“山姆会员商

店”这一称谓中,“会员商店”表示服务方式为会员制零售,“山姆”是识别该服务来源的核心词汇,在山姆会员商店自己的宣传,以及媒体、消费者对山姆会员商店的称呼中,都存在大量以“山姆”“地名 + 山姆”指代特定山姆会员商店的形式。山姆会员商店建立了山姆与其提供的服务、销售的产品之间的联系。综合上述因素,在中国,“山姆”作为服务名称使用在会员制百货零售服务上有20年的历史,“山姆”已经具有区别服务来源的意义,相关权益人有权制止他人擅自使用该服务名称的不正当竞争行为。

其次,在有一定影响的服务名称中,具有显著识别特征的特有的名称,使用于特定的服务之上,是相关商业标识性权益获得反不正当竞争法保护的条件。“山姆”“山姆大叔”在英语中具有特定含义,代表美国国家形象。具有特定含义的词汇,经过长期使用产生原叙述含义以外的,具有标识服务特定来源功能的第二含义的,可以成为有一定影响的服务名称,受到反不正当竞争法的保护。山姆会员商店将“山姆”用于百货零售,并经过长期使用、宣传,已经使得“山姆”在百货零售服务领域产生了第二含义,获得了显著性。“山姆”作为特有的名称,将其与使用该名称的服务联系起来,具有反不正当竞争法上的意义。服务名称与使用该名称的服务互为表里,不可分割。本案中,只有将“山姆”用于山姆会员商店提供的会员制百货零售服务上时,“山姆”才成为标识特定服务来源的名称,被纳入反不正当竞争法保护的范围。

综上所述,本案中有一定影响的服务名称是山姆会员商店在会员制百货零售服务上使用的“山姆”。

二、涉案有一定影响的服务名称的权益归属

三被告主张,各山姆会员商店的经营主体均非原告沃尔玛公司,而是不同于原告的独立法人或其分支机构、分公司,即使本案中存在有一定影响的服务名称的权益,该权益也不归属于原告。

法院审理后认定,基于反不正当竞争法的基本精神,在确定有一定影响的服务名称的权益归属时,要在遵循诚实信用原则的前提下鼓励和保护创新和劳动，尊重消费者形成的对特有的名称来源指向关系的认知。

首先，从山姆会员商店经营模式的形成过程考量，本案有一定影响的服务名称的权益应归属于原告。除1996年设立的第一家山姆会员商店外，现有的山姆会员商店均采取了相同的运营模式：由原告作为股东设立公司，由该公司或者其分支机构、分公司经营山姆会员商店。除北京山姆会员商店外，原告均系经营主体或经营主体所属公司的唯一股东。山姆会员商店的设立、经营是原告的统一经营策略下的商业行为，这种统一的经营模式保证了山姆会员商店提供服务的内容、品质的一致性，容易使消费者对山姆会员商店提供的服务来源产生稳定的认识。因该经营模式产生的权益，是原告长期、不断推广其经营模式，按照统一的安排和规划开设、经营山姆会员商店的结果，任何一家山姆会员商店的经营行为都不足以带来这种知名度，不足以产生反不正当竞争法下的权益，因此涉案有一定影响的服务名称的权益应当归属于原告。

其次，从消费者的认知角度考量，本案有一定影响的服务名称的权益应归属于原告沃尔玛公司。在山姆会员商店的宣传中，其刻意强化了沃尔玛与山姆会员商店的关系，在媒体对山姆会员商店的报道中，大量使用沃尔玛旗下的山姆会员商店、沃尔玛开设山姆会员商店等内容。这些宣传内容，加之原告统一的经营模式，使消费者容易对山姆会员商店来源于沃尔玛产生稳定、一致的认知。在网络论坛、各app中，消费者对于山姆会员商店的评价、讨论中大量出现将山姆会员商店与沃尔玛相联系的内容。这一事实表明，在消费者中已经形成了山姆会员商店提供的服务来源于沃尔玛的稳定认知。

综上所述，涉案山姆会员商店在百货零售服务上使用“山姆”的权益归属于原告沃尔玛公司。

三、被诉侵权行为是否构成不正当竞争

被告山姆商贸公司、山姆进出口公司认为，其加工、挑选、经销的食品是使用美国标准的冷链物流系统，使用“山姆”“山姆大叔”作为字号是考虑“山姆大叔”代表美国国家，其在经营中将“山姆”用于安全食品上是使用自己的企业名称，属于善意使用，不构成不正当竞争。

法院认为，有一定影响的服务名称保护的是该名称对服务来源的区别作用，反不正当竞争法禁止的是在相同或类似商品、服务上对上述名称的使用产生了指示来源的作用，足以使消费者误认为是他人商品、服务或者与他人存在特定联系的行为。

涉案山姆安全食品店在线下体验店及线上推广平台中，包括被告山姆进出口公司及达伦多公司的微信公众号，突出使用“山姆”“天津山姆”“山姆安全食品”“山姆跨境商品”宣传其销售的产品，实际上起到了通过“山姆”指示商品来源的作用。被告山姆商贸公司、山姆进出口公司称其使用“山姆”表明其使用的是美国标准的冷链物流系统，取其代表美国国家形象之意，但二被告仅提供了2015年9月2日《南方日报》对广东山姆冷链公司的报道，没有其他证据证明广东山姆冷链公司或二被告刻意建立或强化了“山姆”与其提供的使用美国标准冷链物流的商品之间的联系，不能证明山姆安全食品店的线上和线下平台中使用的“山姆”与美国国家形象、美国标准的冷链物流系统之间存在稳定联系。被告山姆商贸公司、山姆进出口公司经广东山姆冷链公司授权使用其注册商标“环球山姆冷链”“环球山姆”“山姆味来”，二被告应按照法律规定的方式，在核定使用的商品、服务上使用核准注册的商标，但二被告没有依据法律规定的方式，善意、合理地进行使用，而是单独使用注册商标中的“山姆”文字，该行为不构成使用被许可的商标。

山姆会员商店采取的是会员制服务方式，本案有一定影响的服务名称系用于百货零售服务之上，而涉案山姆安全食品店使用“山姆”标识其销售的食品，食品与百货零售服务属于不同种类。但是，百货零售具有其自身的特点，提供食品销售的经营主体本身也是提供零售服务的主体。涉案山姆安全食品店销售的食品种类可以在山姆会员商店购买到，成为山姆会员商店的会员并不会限制消费者在其他经营场所进行消费，在山姆安全食品店购买食品和享受山姆会员商店服务的消费群体在消费需求上存在大范围交叉，属于相同群体。因此，食品与山姆会员商店提供的百货零售存在特定联系，属于类似商品与服务。

被告强调山姆安全食品店的经营中使用山姆源自山姆代表美国国家形象，其使用的是美国标准的冷链物流系统，但山姆进出口公司在其微信公众号推送的各类产品页面首页均单独、突出使用了“天津山姆”文字，线下体验店在指示图上单独使用“山姆”指代涉案体验店，这一使用方式与山姆会员商店及其消费者普遍用“山姆”“地名＋山姆”的方式指代山姆会员商店的形式相同，具有攀附山姆会员商店知名度的故意。从现有证据看，在涉案山姆安全食品店线下的宣传用语中，大部分宣传内容均未刻意将“山姆”与三被告所述的美国标准相联系，而是强调其提供的食品来自国外，刻意将山姆指向高品质，由于山姆在百货零售领域具有较高知名度，该行为容易导致消费者将涉案山姆安全食品店提供的食品与山姆会员商店联系起来。

综上所述，涉案山姆安全食品店在线下体验和线上销售的过程中使用“山姆”“山姆安全食品”“天津山姆”“山姆跨境商品”等含有“山姆”的词汇构成不正当竞争行为。

对于被告山姆商贸公司、山姆进出口公司使用“山姆”作为企业字号的行为。由于山姆商贸公司、山姆进出口公司的经营范围多样，在原告沃尔玛公司没有证明二被告专为实施本案侵权行为而设立两公司，二被告使用“山姆”“山姆大叔”作为字号足以导致消费者误认的情况下，其主张二被告在企业名称中使用“山姆”构成不正当竞争没有依据，法院不予支持。

四、三被告是否应承担责任及责任内容

（一）责任主体的确定

三被告均主张，涉案山姆安全食品实体店由被告山姆进出口公司运营；被告达伦多公司主张，其仅为被告山姆进出口公司提供场地，不应承担责任；被告山姆商贸公司主张，其进行网上销售，涉案体验店并非其开设，不应承担责任。

法院认定，涉案山姆安全食品店采取的是线下体验店和线上销售结合的模式，根据三被告的陈述，被告山姆进出口公司实际运营涉案山姆安全食品实体店，应对涉案山姆安全食品店的行为承担责任。

被告山姆商贸公司的微信公众号宣传了涉案山姆安全食品体验店，宣传其是“结合多产品、线上线下同步运营的跨境电商平台”，并称“天津店即将开业”。这些事实表明，被告山姆进出口公司亦参与了涉案山姆安全食品店的实际经营。

被告达伦多公司的微信公众号“达伦多跨境商品直购体验中心”推送了的广告内容也能证明达伦多公司不仅提供线下场地和线上平台，而且为涉案山姆安全食品店进行了宣传。通过达伦多公司的线上平台可以直接购买涉案山姆安全食品体验店中的商品，证明达伦多公司参与了涉案山姆安全食品店的经营。双方的服务协议表明，达伦多公司从涉案山姆安全食品店的每笔销售货款中收取 5% 的服务费，达伦多公司从涉案山姆安全食品店的经营中直接获利，其应当对山姆安全食品店的经营行为不侵犯他人合法权益尽到合理的审查义务。达伦多公司仅提供了与山姆商贸公司的解除协议，没有证明其在合作前进行了审查，在本案诉讼发生后，达伦多公司亦没有删除其微信公众号中有关山姆的推送内容。上述事实证明达伦多公司没有尽到审查义务，应当对山姆安全食品店经营中发生的侵权行为承担责任。

综上所述，三被告通过线上和线下平台共同经营涉案山姆安全食品店，共同实施了涉案不正当竞争行为，应承担连带责任。

（二）责任内容的确定

三被告在涉案山姆安全食品店的线上和线下平台中突出使用“山姆”“天津山姆”“山姆安全食品”“山姆跨境商品”，容易使消费者对其销售的食品来源产生误认，其应当承担停止侵权、赔偿损失、消除影响的责任。

关于停止侵权的方式。考虑到被告山姆商贸公司、山姆进出口公司的字号中均含有山姆，二被告经许可有权使用第 18423862 号“环球山姆冷链”、第 18423993 号“环球山姆”、第 18791381 号“山姆味来”三个注册商标，因此，在二被告使用山姆作为企业字号没有被生效判决认定为侵权，上述注册商标亦没有被撤销的情况下，三被告有权依照法律的规定规范使用其企业名称、被许可使用的商标，综上所述，法院并未判令三被告一律停止使用“山姆”二字，而是令其规范使用其企业名称及被许可使用的注册商标，停止在零售活动中使用山姆会员商店在其提供的百货零售服务上有一定影响的服务名称“山姆”。

关于赔偿数额的确定。考虑到涉案有一定影响的服务名称的知名度、涉案山姆安全食品店经营的时间、规模，依据《中华人民共和国反不正当竞争法》第17条第3款和第4款的规定，酌情确定赔偿数额为20万元。此外，三被告应支付原告沃尔玛公司因维权支持的合理费用。

原告沃尔玛公司要求三被告刊登停止侵权声明，消除影响。由于涉案山姆安全食品店的不正当竞争行为主要发生地为天津市武清区，且二被告均为天津市本地企业，因此法院判决三被告在当地报纸《今晚报》上刊登声明以消除影响。

【裁判结果】

综上所述，法院依照《中华人民共和国反不正当竞争法》第6条第1项、第17条第3款和第4款、《中华人民共和国侵权责任法》第8条的规定，判决如下：

一、本判决生效之日，被告天津山姆大叔商贸有限公司、天津武清山姆进出口有限公司规范使用其企业名称、被许可使用的第18423862号“环球山姆冷链”、第18423993号“环球山姆”、第18791381号“山姆味来”注册商标，被告天津山姆大叔商贸有限公司、天津武清山姆进出口有限公司、达伦多（天津）国际贸易有限公司立即停止在涉案山姆安全食品店线上、线下平台中使用原告沃尔玛（中国）投资有限公司享有的有一定影响的服务名称“山姆”；

二、本判决生效之日起15日内，被告天津山姆大叔商贸有限公司、天津武清山姆进出口有限公司、达伦多（天津）国际贸易有限公司赔偿原告沃尔玛（中国）投资有限公司经济损失20万元，以及因维权支出的合理费用10.4万元；

三、本判决生效之日起30日内，被告天津山姆大叔商贸有限公司、天津武清山姆进出口有限公司、达伦多（天津）国际贸易有限公司在《今晚报》上刊登侵权声明以消除影响，内容由本院审核（如果三被告不履行该义务，本院将在上述媒体刊登判决书的主要内容，由此产生的费用由三被告共同承担）；

四、驳回原告沃尔玛（中国）投资有限公司的其他诉讼请求。

【思考与启示】

随着网络的发展及信息的全球化传播，具有较大品牌影响力的跨境电商在运营中被盗用、冒用知识产权的行为频繁出现，名称虽小，但关乎企业的形象及形象，影响企业的生死存亡。如何减少乃至避免他人不正当竞争行为带来的损失，将是具备一定品牌影响力的跨境电商面临的巨大挑战。现针对此情形，为跨境电商的知识产权保护提出策略如下：

1. 及时对商标进行注册，最大限度地对商标进行保护。甚至应在企业运营前进行注册，避免因未及时保护而造成的商标诉讼产生。

2. 多类别注册商标，合法进行多类别注册，以此扩大商标的受保护范围，将可能造成的侵权的商标均列入保护名单。

3. 规范使用商标。按照法律法规的规定规范使用商标，以避免因不当使用而造成商标被撤销的风险。

4. 适时监测、以法维权。定期对主营商标进行监测，一旦发现盗用、冒用等侵权行为，应及时起诉以维护自身利益不受损害。

同样，对于侵权方，应当谨慎审查，避免实施不正当竞争行为，否则将承担民事责任、行政责任甚至刑事责任：

1. 民事赔偿责任：经营者实施不正当竞争行为，给被侵害经营者造成损害的，应当承担损害赔偿责任。赔偿额依被侵害的经营者的实际损失确定，被侵害经营者的损失难以计算的，赔偿额为侵权人在侵权期间因侵权所获得的利润；并应当承担被侵害的经营者因调查该经营者侵害其合法权益的不正当竞争行为所支付的合理费用。

2. 行政责任：经营者实施不正当竞争行为的，监督检查部门可对其处以与其损害程度相适应的行政处罚，其中包括责令停止违法行为、没收违法所得、罚款或吊销营业执照等。

3. 刑事责任：若经营者的不正当竞争行为违反《刑法》的相关规定，构成犯罪的，应当依法追究其刑事责任。

【案例三】

汪某与某信息科技有限公司网络购物合同纠纷[①]

【基本案情】

原告汪某诉被告某信息科技有限公司（以下简称甲公司）网络购物合同纠纷一案，本院受理后依法适用简易程序，公开开庭进行了审理。

【事实与理由】

原告诉称，2015年6月6日，原告在被告经营的网络平台——小红书上购买了一瓶名称为“NHK黑糖青梅精95g”的预包装食品。同年6月28日在小红书购买了3包名称为“Fracora高丽人参浓缩颗粒”的预包装食品。购买后原告发现，前述预包装食品不符合《中华人民共和国国家标准GB7718-2011食品安全国家标准预包装食品标签通则》的要求，商品没有任何中文标签，属于不符合食品安全标准的食品。因此，原告向上海市嘉定区市场监督管理局投诉，上海市嘉定区市场监督管理局作出沪食药监投举答字【2015】第15703号、第15708号投诉举报答复书，确认原告购买的上述商品的外包装无中文标识标签，被告在未取得《食品流通许可证》的情况下在网上擅自从事食品经营行为。现为维护自身合法权益，原告特诉至人民法院，请求判令：（1）被告返还货款并向原告支付10倍价款的赔偿金；（2）被告在其网络平台首页显著位置向原告书面道歉；（3）本案诉讼费用由被告承担。

被告答辩称，其销售的“NHK黑糖青梅精95g”“Fracora高丽人参浓缩颗

① 《汪某与某信息科技有限公司网络购物合同纠纷》，载中国裁判文书网，http://wenshu.court.gov.cn/website/wenshu/181107ANFZ0BXSK4/index.html?docId=5e2ea1ae638b433082dba85101019d8c，下载日期：2019年12月10日。

粒”商品均有合法来源，系经过法定的进口监管程序，履行了必需的审批备案手续后在境内进行销售，虽然所销售的商品没有中文标签，存在瑕疵，但是不影响商品本身的食品安全。同时，被告在其经营平台上对上述商品的详细介绍页面上，明确表明了其采用跨境电子商务的形式从海外采购商品向消费者提供，双方在缔结合同时就了解商品的来源及特征，因此标签瑕疵不会对消费者造成误导。被告从事的是跨境电商，与传统的进出口贸易不同，本质上，跨境电商是接受消费者的委托采购海外商品的，不能苛求跨境电商按照传统进出口贸易中的销售者一样承担义务。根据深圳检验检疫局发布的《深圳地区跨境电子商务检验检疫监督管理办法（试行）》第 11 条的规定，跨境电商经营企业在向消费者明示标签情况后，可以销售商品。

【法院裁决】

法院认为，原告系通过被告自有网上购物平台——小红书购买涉案食品，双方已经形成买卖合同关系。被告称其为跨境电商平台，是接受消费者的委托采购海外商品，但其未提交证据证明涉案食品通关时是以消费者本人名义报关、纳税的，以证明其提出的被告接受消费者委托采购海外商品的抗辩，而原告所提交的订单、邮递单、投诉举报答复书等证据均显示涉案食品由被告在国内邮寄、被告系涉案食品的销售者。

关于被告提出的涉案食品虽无中文标签，但不影响商品本身的食品安全，双方在缔结合同时就了解商品的来源及特征，标签瑕疵不会对消费者造成误导的抗辩意见，法院认为，本案不属于中文标签存在瑕疵的情形，而是商品没有任何中文标签。根据《中华人民共和国食品安全法》第 97 条的规定，进口的预包装食品应当有中文标签，标签应当符合食品安全法和食品安全国家标准等要求，进口预包装食品没有中文标签、中文说明书或者标签、说明书不符合第 97 条规定的，不得进口。故进口预包装食品张贴中文标签是食品销售者的法定义务，被告通过网络销售平台中商品页面预先明示的方式，无法免除其应贴中文标签的法定义务。最高人民法院《关于审理食品药品纠纷案件适用法律若干问题的规定》第15条规定，生产不符合安全标准的食品或者销售明知是不符合安全标准的食品，消费者除要求赔偿损失外，向生产者、销售者主张支付价款10倍赔偿金或者依据法律规定的其他赔偿标准要求赔偿的，人民法院应予支持。被告向原告出售的“NHK黑糖青梅精95g”“Fracora高丽人参浓缩颗粒”系进口食品，无中文标签，法院认定涉案食品不符合食品安全标准，故对原告要求被告返还货款并支付10倍价款赔偿金的诉讼请求予以支持。

【裁判结果】

综上所述，法院依照现依照《中华人民共和国食品安全法》第92条、第97条、第148条第2款，最高人民法院《关于审理食品药品纠纷案件适用法律若干问题的规定》第15条之规定，判决如下：

一、被告甲公司于本判决生效之日起3日内向原告汪某退还货款计人民币699元；

二、被告甲公司于本判决生效之日起3日内向原告汪某支付10倍货款的赔偿款计人民币6990元。

【思考与启示】

本案是典型的跨境电商所面临的市场风险，这类纠纷极其常见，且多数由电商管理疏忽所致，对于跨境电商而言，己方与消费者的关系似乎更像一种委托关系——受人之托替他人购物，因而无须办理《食品流通许可证》，也不必附上中文标签。但实际上，按照我国法律法规及司法判例，双方为买卖合同关系，跨境电商方应当遵从《食品安全法》等相关法律法规对售出的商品承担法律责任。因此法院认为电商所销售食品不符合安全标准，依据最高人民法院《关于审理食品药品纠纷案件适用法律若干问题的规定》第15的条规定，“生产不符合安全标准的食品或者销售明知是不符合安全标准的食品，消费者除要求赔偿损失外，向生产者、销售者主张支付价款十倍赔偿金或者依据法律规定的其他赔偿标准要求赔偿的，人民法院应予支持”。因此，原告所主张的10倍惩罚性赔偿获得判决支持。

在跨境电商从事食品经销的过程中，应当采取以下策略规避法律风险：

1. 应严格按照包括《食品安全法》《网络贸易法》等法律法规进行贸易，否则有可能面临民事赔偿责任、行政处罚以及涉及刑事犯罪的将承担刑事责任等一系列风险。

2. 当进口贸易商欲进口某一进口产品时，必须依照我国法律、法规和食品安全标准进行合规咨询，保证进口食品符合国内的标准和要求。

进口的预包装食品应当有中文标签、中文说明书。标签需要事先经过审核，在取得进出口食品标签审核证书后，进口食品标签必须为中文标签。标签内容不仅和外文完全相同，还必须包括食品名称、配料成分、原产国家或地区、商品生产日期、保质期、境内代理商的名称等信息，并且外包装标签与内包装标签必须保持一致。

第九章

“一带一路”背景下的网络贸易新规范

【内容摘要】

随着互联网的不断拓展，网络经济的兴起给国际贸易领域带来了革命性的变革，在国际贸易商务模式、运行环境、国际贸易理论、国际贸易商品、国际贸易经营方式以及国际贸易宏观管理方面都表现出新的发展趋势，与网络经济相关的一系列活动也在世界各国兴起并飞速发展。目前，网络经济已经延伸至社会各个领域，影响最深、冲击最大的领域是国际贸易领域。网络经济在国际贸易领域中的应用降低了贸易成本，增加了贸易机会，提高了贸易效率，同时也拓展了国际贸易的空间和场所，缩短了国际贸易的距离和时间，简化了国际贸易的程序和过程，使国际贸易活动全球化、智能化、无纸化，实现了划时代的深刻变革。环境的变化使我国的国际贸易面临着大量的机会和巨大的挑战。网络贸易带来了信用风险、客户安全性问题、关税问题、国家协调问题以及知识产权等问题，影响国际规范的制定。

第一节　网络贸易对国际规范制定的影响

【知识背景 / 学习要点】

网络贸易为国际贸易提供了虚拟化的环境，使得交易主体、交易对象、交易方式、交易意思表示等要素的不确定性增加，为国际贸易带来了更高的政治风险、经济风险、信用风险、营业风险、质量风险，为相关的国际规范的制定带来了更高的考验。这要求各国政府随机应变，共同制定更适合网络贸易发展环境的国际贸易规范。

随着经济全球化的不断发展和各国经济交流与合作的日渐增多，许多国家将国际贸易视为重要支柱。发达国家和发展中国家的国际产品市场规模不断扩大，发展速度超过了传统的国内产业。改革开放以来，随着社会经济水平的全面提升，中国对外贸易和经济发展速度逐步加快。特别是加入世界贸易组织以来，越来越多的企业走出国门，参与国际竞争，国际市场份额持续扩大，国际贸易取得了良好成果。

一、网络贸易争端表现形式

（一）B2B 网络交易争端

从广义上讲，所谓的 B2B 网络贸易，即企业对企业网络贸易，是指通过互联网手段进行的各种商业活动，包括企业导入电子化改善经营方式，如企业资源管理（Enterprise Resource Planning，ERP）、供应链管理（Supply Chain Management，SCM），以及应用电子市集（E-marketplace）等过程。至于其常见的争议类型，由于企业提供的服务不同，存在差异。下面以应用服务提供商（Application Service Provider，ASP）的交易争议问题为例。为了能够参与网络贸易，许多公司使用 ASP 服务进行网络贸易。由此诞生下列争议类型。

1. 服务等级合同的争议

企业用户与 ASP 之间，可能发生的争议有：如果服务级别协议（SLA）不明确，那么应用程序的应用程序所有权属于企业用户还是 ASP 之争议；对数据所有权的争议，例如企业用户的客户列表或采购和交易记录服务是否可以进行数据挖掘利用分析；其他争议，如定价模型争议，应用程序执行性能，网络插件问题等。

2. 授权范围的争议

ASP 与独立软件开发商（Independent Software Vender，ISV）间，可能发生的争议有：软件许可证对软件没有争议。例如，ASP 计算企业用户的投票方法，并且不同意 ISV 在开始时的实际协议。此外，该软件在实践中本质上存在缺陷，导致整体服务性能下降，并且还可能意味着难以定义责任的争议。

3. 数据代管的争议

ASP 与应用软件基础设施供货商（Application Infrastructure Provider，AIP）之间，可能发生的争议有：数据托管软件和硬件性能以及有关客户数据使用权和安全性的争议。

（二）B2C 网络贸易争端

B2C 即企业对消费者进行网络贸易。与 B2B 相比，B2C 网络贸易的主要对象是消费者。它在我们日常生活中最常出现，消费者对此也最为熟悉。其商业类型是零售模式，该模式为消费者和企业建立了直接的买卖桥梁，使得交易更有效率，并节省了不必要的开支。从当前网络贸易的商业模式可以看出，除了网上商店外，购物型网站占 B2C 网络贸易的比例相对较高，提供收费服务的网站数量有所增加。由于交易对象的多样性，出现的争议变得复杂。

1. 收到的商品或服务的内容或质量与预期不符

消费者被互联网上的广告内容所吸引，并且在提出要约和支付货款之后，所获得的商品或服务与广告内容不匹配，或者质量和期望之间存在着较大的差异是最常见的争议类型之一。为了吸引消费者的注意，业界将在广告中使用生动的图片或强烈的词语来触发消费者对商品或服务内容的过度想象，而收到货后，消费者往往发现货物与预期差距很大。

2. 关于退货退款之争议

虽然《消费者权益保护法》已经对互联网上的消费者给予了法律保护，但是实际上还是存在退货纠纷，或者消费者抱怨运营商没有全额退款的现象。

3. 有关手续费之争议

常见的情况是运营商没有在广告或交易条件中指定处理费或费用项，并且消费者误解所支付的价格包括处理费。此种争端常发生在旅游纠纷中。

4. 运营商不正当地使用消费者个人数据

此类不属于交易纠纷，但它是B2C争议中最常见的争议类型。为了取款和配送消费者购买的商品，该行业将要求消费者填写个人信息。然而，时常有从业者将交易数据用于交易之外的消费目的，例如向附属公司提供资金用于营销或销售个人数据，从而引起相当大的消费者混淆。

（三）C2C网络贸易争端

C2C即消费者对消费者之间的网络贸易，它是可以在电子网络中为每笔交易寻找最优伙伴，在个人与个人之间进行消费的网络贸易模式。C2C网络贸易在为消费者提供购物便利、为社会创造经济效益的同时也带来了欺诈、售假等困扰。2015年年初，国家工商总局联合消费者协会所做的调查数据显示，淘宝网的正品率（37.25%）为全网最低。此后不久，淘宝网又接连因仿冒商品被开云、路易威登等国际品牌起诉。一时间，有关C2C模式弊端的指责层出不穷。由于网络购物的特殊性，网络交易安全从网络贸易诞生以来就饱受诟病。究其原因，主要包括以下几点。

1. 卖家诚信的缺失。诚实守信是市场经济的基本准则，也是现代竞争法的基本规律。然而由于网络交易的“虚拟性与远程性”，在巨大的商业利益驱使下，网购中的失信行为可谓比比皆是，这是C2C消费风险产生的首要原因。信息经济学认为，处于经济活动“不同时段、不同地位”的各方对于市场信息的熟悉、掌控程度是有所差异的，即所谓信息不对称现象（asymmetric information）。通常来讲，经营者会比消费者知悉更多的交易信息，如商品质量、成本价格、供求状况等。因此，信息相对匮乏的消费者在多数情形下会处于弱势地位，如欲达成交易就要付出更多的信息成本（information cost），继而可能导致价格扭曲。信息不对称在缺乏实际体验的网络交易中表现得尤为明显，买家在货物收到、使用之前只能依靠卖家的描述来了解产品的质量、性能等。“道听途说”所获之信息一般难辨真伪，容易使消费者陷入错误认识，这就在客观上为卖家的信息欺骗行为营造了可乘之机。加之目前个人卖家在淘宝网开店是免费的，申请所需材料仅为居民身份证，卖家因而可以轻易换店重新经营，更有甚者盗用他人身份证件开设网店。与此同时，工商行政管理部门并不强制要求个人网店进行登记备案，大部分销售假货的行为也不会受到法律的严惩。接近于零的违法成本也在无形之中助长了不良卖家的主观恶性，让虚假宣传、假冒伪劣更加肆无忌惮。

2. 网络贸易自身的弊端。网络购物本身的特点使得网络消费者行为的相关影响因素与普通消费行为不同。首先，网络的安全性是最重要的因素之一。网络消费中也存在一定的技术以及管理风险问题。如一些网络黑客以及不法分子通过网络的安全漏洞对用户的各种信息进行盗取以及泄露，导致出现了用户资产的转移、银行卡的盗刷等问题。其次，消费者的感知。在传统的购物习惯下，消费者会亲眼看到并作出购买决定，网上购物只提供视觉效果，消费者会不够信任，因此影响消费行为。最后，消费者的网络和电脑运营经验，这是网购的必备前提。从整体上来说，我国的网络经济还是存在一定的区域发展失衡问题的，城乡差异问题也较为显著。而这些问题势必会制约整个网络经济的发展，对于居民消费水平的提升与增长也是不利的。

3. 配送环节可能出现的问题。网络消费的商品在配送过程中存在一定的资金成本问题。网络消费虽然在一定程度上改变了传统的居民消费模式，通过制造商的统一分配，为消费者提供了一定的便利，而且网络消费在发展过程中，有效地推动了快递行业。但是海量的网络消费产品，给物流行业的工作带来了一定的影响，在多数的物流企业中存在着分拨、分拣等工作冗杂的问题。加之，我国快递产业存在着规模小、分散经营以及集中度相对较低的问题，这种状况也降低了我国快递产业的服务质量与水平，它不利于快递行业的标准化、标识和整合。

4. 国际规范不足，网络秩序堪忧。在网络环境中，网络经济模式具有一定的虚拟性特征，这也就导致了网络交易过程中各种纠纷问题的出现。网络交易双方缺乏信任，导致各种风险问题以及纠纷问题的出现。这种技术性的风险问题会导致居民恐慌心理的出现，在一定程度上制约了网络消费，从整体上来说不利于整个网络经济的长足发展。同时，在网络经济发展中还存在一定的知识产权的问题，因为网络交易模式不是一种现场的交易方式，这种方式就给商家的一些不法行为提供了契机，导致各种假冒伪劣产品在网络经济中出现。部分商家通过各种方式欺骗消费者，消费者虽然具有一定的维权意识，但是受制于流程复杂等因素的影响，难以完成维权。这导致了激进主义的出现，直接制约着网络经济的稳定发展。

二、网络贸易对国际规范制定的影响

虽然国际社会已经建立起了较为完善的国际网络贸易规范体系，但是就网络贸易而言，没有单独的规范体系，而适用统一的贸易体系又会导致针对性不足，无法解决国际网络贸易独有的问题。国际网络贸易具有其特殊性，主要表现在互联网平台载体特殊、交易方式特殊、支付手段特殊、物流配送方式较为特殊等方面，单单适用一般的国际贸易规范，无法解决国际网络贸易的特殊问题。网络贸易为国际规范的制定带来了以下问题。

（一）网络贸易范畴的界定问题

目前的国际规范建立起了以货物贸易、服务贸易、知识产权贸易并列的国际贸易规范体系，但对网络贸易的归属问题，到底是归属于货物贸易领域还是服务范畴领域没有一个明确的界定。那么就带来了网络贸易是应当依据目前的国际规范来予以约束，还是要另起炉灶，在网络贸易迅猛发展的势头下为其制定一个独立的国际规范的疑问。

（二）信用风险及客户信息安全性问题

网络贸易不似实体贸易，在交易过程中由交易双方实际参与，使交易有更大的保障。网络贸易是建立在虚拟的电子环境之上进行贸易的，消费者对卖方并不了解，对买卖标的也没有实际的接触，极容易因为卖方信用不佳的原因受到权益上的损害。国际社会应当如何制定相应的规范来防范跨境电商的信用风险问题，在国际社会上还未出现更好的解决措施。

在跨境网络贸易平台上进行交易，往往需要消费者提供一些自己的私人信息，例如联系方式、家庭住址、信用卡号码、身份证件等。跨境电商也从多种途径收集消费者的相关信息，建立起了庞大的数据库。但是跨境电商作为一个商业公司，往往不具备相应的条件来保障数据库的信息安全，这类数据库的泄漏风险极大。一旦泄漏，不仅会给消费者个人带来困扰，严重时，也会使得一国的国家安全受到威胁。在这种情况下，网络贸易存在的信用风险和客户信息的泄漏风险成了国际规范所需要解决的敏感问题。

（三）关税问题

目前国际社会已经初步形成了实体贸易领域的关税管理体系，但是就网络贸易是否应当征收关税的问题，以及如何制定网络贸易关税征收的新规则、制定主体、制定程序、如何执行等都没有一个统一的说法，而且网络贸易具有较高的科技含量，为制定国际规范也带来了研究上的阻碍。

（四）国家协调问题

在传统的贸易领域，发展中国家和欠发达国家都享有一定的优惠待遇。而在网络贸易领域如何贯彻这一原则，成为目前国际规范制定所要面临的一大难题。发展中国家和欠发达国家在网络贸易基础设施欠缺以及科技含量不高的情况下，是否应当得到国际社会以及发达国家的援助，采用何种方式对其进行援助，最惠国待遇、国民待遇、特殊待遇如何在网络贸易领域得到落实等问题都有待解决。

（五）知识产权问题

目前，网络贸易领域的知识产权规范极不完善，导致知识产权侵权问题十分严重，包括域名和商标的关系问题，著作权、专利权等知识产权的保护问题等。“一带一路”沿线国家如何共同解决在网络贸易领域客观存在的知识产权问题，应当是目前国际规范建立的重中之重。

第二节　网络贸易国际规范的完善

【知识背景／学习要点】

网络贸易是商贸方式的更新，同时也是商业领域的深层次改革。网络贸易自兴起就为国际经济的发展注入了鲜活的驱动力，它是一种极具传奇色彩的贸易形态。但2000年以来网络经济遭受重创，全球经济总值缩水近一半，这给网络贸易公司带来了毁灭性的打击。股票跌价，网络电商筹资困难，这启示我们要正确认识网络经济包括网络贸易的价值，让跨境网络贸易从虚拟的B2B重返现实的B2B，增加交易过程中的主要交易方式以及增强售后的一条龙服务，将网络贸易和传统贸易的基本形态相结合；要完善银行、海关、保险、运输等配套体系，认识到网络贸易并不会取代传统贸易，而是对传统贸易的整合。将传统的贸易活动换一个平台，在互联网上予以运作。在保留传统贸易的特征的基础上，运用网络的优势，推动贸易的进一步发展。

网络贸易可能会带来更为严重的从众心理、投机心理，这是由跨境电商和消费者对网络贸易的认识不清晰造成的。首先，我们需要明白，网络贸易有更大的经济风险、信用风险和营业风险，但同时，随着网络技术的进一步发展以及国际社会对网络贸易的重视，网络贸易经过正确的引导之后会为国际经济带来增长的力量。因此，各国政府不仅自身要对网络贸易有正确的认识，也要加大对网络贸易的宣传，引导商务公司和消费者对网络贸易有更为正确的认识。

一、加强对国际网络贸易市场的调查工作

进入国际贸易市场时，每个国家都必须收集和调查有关贸易国家和相关地区的信息。收集的信息包括主要生产国和要求苛刻的国家的生产和需求变化，其中包括其他社会经济因素，自然灾害或战争等因素也可能对国际贸易市场产生影响。

因此，我们必须能够更准确地估计未来的供需变化和相关价格趋势，以便在国际贸易交易过程中作出贸易谈判和合同签订等重要决策。努力降低国际贸易中的操作风险，以获得更多的经济利益，并更好地开发新业务。

二、加强国际间网络贸易协作

在进行国际贸易时，将受到不同的货币、财政及贸易政策因素的影响。因此，当进入国际贸易行列时，必须对各国和贸易伙伴实施严格的政策，密切关注国际市场的变化，并尝试在国际贸易中采取积极主动的方法，以尽量减少潜在的贸易风险。

我国要积极展开国际间的网络贸易协作，争取在相关国际规范的制定上争夺话语权，制定和建立既符合中国国情又与国际环境接轨，符合大多数国家整体利益的国际网络贸易规范，建立起统一的全球网络贸易运营环境。这可以从以下几个方面进行努力。

（一）完善网络基础设施建设，加强网络管理

首先，我们需要加快网络基础设施的建设。有关政府部门需要为建立网络基础设施提供建设资金，同时也可以向企业申请资金。这将改善中国现有的网络基础设施，为网络贸易的发展和应用奠定良好的基础。此外，还需要加强网络管理，以确保国际贸易交易信息的安全。政府部门需要与企业共同应对网上交易中的各种问题和风险，创造良好的交易平台。

（二）制定改善网络贸易的法律法规

在网络贸易交易中，相关法律法规需要明确网络贸易交易各方，包括买卖双方、政府和企业的职责、权利和义务。使相关人员的行为能够有法律依据和守法基础，为国际贸易奠定良好的基础，从而确保国际网络贸易的顺利进行。此外，在国际贸易交易中的文件真实性和特定材料的交易方式方面，相关部门需要积极制定相应的法律政策，规范相关人员在交易市场和环境中的行为。严重违反有关法律的，应当采取严厉的处罚措施。

（三）合理协调物流

在网络贸易中，采用先进的网络技术和电子工具，提高物流信息管理的准确性和科学性确有必要。同时，也有必要改进物流的硬件技术，包括货物流动效率和加工质量。

三、构建多元化的进出口市场环境

在国际贸易交易过程中，我们必须仔细调查交易的具体细分市场，并在市场区域进行正确的选择。充分了解政治环境、经济发展、历史文化背景和相关法律法规，构建多元化的进出口市场环境。我们不仅要面对发达国家，还要面对更多的发展中国家，以防在市场波动时出现不可逆转的情况，最后造成整个企业的经济危机。

新加坡政府在构建多元化进出口市场环境方面有其独特的经验值得我们学习。早在 20 世纪 80 年代中期，新加坡贸易发展委员会就确定了一项贸易发展战略，使进出口市场多样化。其基本内容为：一是开发与发展现有的国际市场；二是开拓新市场——印度、中国、西北非和加拿大；三是向现有市场输出新产品——珠宝输出日本，电子产品输出发达国家；四是向发达国家出口工业机械、时装、家具、食品和珠宝；五是向发展中国家出口结构工程和建筑业，工厂设计和工程以及机械和建筑物维护等专业服务，以及会计、法律、培训、海事和海洋工程、酒店管理等其他服务。从近年来的实践来看，新加坡的上述贸易发展战略取得了相当大的成功。

四、防止贸易恶性竞争

在开展国际贸易时，中国应该及时了解和关注各国货币汇率的变化，关注各国的社会地位和国际政治变化。采用多种方式更好地规避国际贸易风险，降低汇率风险。为应对新兴的贸易壁垒，中国企业必须不断提高产品的竞争力、打造自主品牌，使其在国际市场上处于有利地位，并抵制其他国家的贸易壁垒。中国的企业必须继续进行内部改革，加强高科技产品的使用，更好地提高产品质量，以创造更多的创新产品。一是引导下游企业在网络贸易产业链中开展技术和产品创新，推出高质量、高应用的产品。当前，我国市场上产品质量良莠不齐，高品质、高创新的产品不多。这需要跨境电商在产品生产、运输、网络交易环节等各方面进行合理优化和创新。二是鼓励和支持网络贸易产业链上游和中游企业不断进行技术创新，推出具有鲜明特色的产品，从源头上防止低价恶性竞争的同质化。互联网技术的发展还有很大的发展空间，还有许多值得研究的重要课题。建议国家增加对新技术创新的支持。与此同时，网络贸易产业链中的中流企业应不断利用互联网技术推动自身产业的创新。三是网络贸易要充分发挥自身的成本优势。网络贸易虽然有一定的发展，但是因前期投入成本过大，与传统贸易比较，目前没有突出的成本优势。为此，建议国家出台相关政策，对跨境网络贸易给予一定的补贴，促进国际网络贸易的快速发展。①

五、从整体角度保护国家贸易市场的贸易风险

在进行国际贸易风险防范时，我们可以看一下整体水平。从这个角度来看，中国企业必须不断加强期货市场投入，积极参与国际期货市场的活动，因为期货可以密切关注价格风险。中国必须积极发展期货市场，以更好地把握国际定价的主动权。此外，中国还可以利用大量资源来交换国际话语权，加强对更

① 蒋凤仪：《应从源头上防止低价恶性竞争的同质化》，载《中国电子报》2015 年第 7 版。

具竞争力的进口企业的培育，并进行有效的管理。

（一）建立符合 WTO 协议的司法审查程序

WTO 协议提供了强有力的法律保障，保护成员国免受公共权力的任意损害，也是自由竞争市场的保障机制。对中国而言，这一司法审查制度的实施具有更加现实和积极的意义。由于我国现阶段很难确保各级国家机关的一切行动都符合世贸组织的精神，在不损害市场自由竞争和最大限度地保护国民的情况下，更有必要建立监督和控制机制，以帮助立法和行政机构共同完成这项任务。为此，中国应该给竞争对手最广泛的行动权，即寻求保护自身利益的有效的方式。其重要意义在于增强投资信心，保护市场，保护自己的人民。为了最大限度地保护我国和人民的利益，当事人应当有权依照 WTO 协议直接提起诉讼，人民法院可以直接适用 WTO 协议，其效力等同于一般国际条约的效力，即“低于宪法，与一般国内法相同”。其重要意义在于在不严重损害自由竞争的情况下，更加关注中国的竞争对手，使其在残酷的竞争中具有更多的优势。在中国建立符合 WTO 协议的司法审查程序时，首先应澄清的是，法院只能以国内法作为司法审查的依据。加入世贸组织后，与世贸组织有关的司法审查范围应根据中国加入世贸组织法律文件的承诺确定。

（二）以关税、汇率等经济杠杆为主要手段，推动对外贸易规范改革

每个国家的改革都必须符合世贸组织的基本规则。网络交易系统必须适应国际贸易法规的要求，逐步走上标准化道路。在这个方面，可以利用 WTO 许可手段，如关税、例外条款和保障条款来管理进口，并逐步使关税、汇率等经济手段成为进口管理的主要手段。在网络贸易中，我们必须正确处理竞争与合作的关系。对国家工业给予适度保护完全符合国际贸易惯例。但是，适度保护发展产业和必要的进口竞争并不矛盾。实践证明，适度的进口竞争和积极引进国外先进技术有利于刺激我国民族产业的发展。这需要在竞争中强调技术的促进和管理的改进，增强自力更生的能力，根据不同行业的竞争力确定合理的保护水平，并对需要保护的婴幼儿产业给予一定程度的有限保护，以确保必要的竞

争。同时也需要强调保护不能过度，坚持出口与进口替代同等待遇原则。从理论上讲，当一个国家的出口和进口替代品享受同样的待遇时，其经济体系就是最有效的。另外，应该将自主改革与通过谈判改革结合起来，在兼顾加入世贸组织谈判和参与多边、区域经济合作需要的同时，根据经济建设和自身需要，在不失去机会的情况下推进网络交易体制改革，并坚持权利和义务平衡的原则，在享受应有的权利的同时承担应有的义务。

（三）积极开展国际贸易市场研究

市场调研是企业挖掘市场潜力、开拓市场、占领市场的重要手段。一是加强对贸易国政治形势、经济政策、安全环境和法律制度的研究。科学地预测可能存在的政治、经济、社会和安全风险，并做好预防贸易风险的工作。二是加强对贸易国家相关产业发展，类似产品质量水平，消费群体和商品安全服务的研究。有效把握国际贸易市场的市场环境和竞争优势，实现贸易增值最大化。三是对贸易运输能力、交通条件、仓储设施、货物分流和销售服务进行风险评估。科学分析贸易风险点，制定风险运作计划，有效提升贸易流通的安全性和可控性。

（四）重视培养专业型人才，建立和完善网络交易安全体系

网络经济的安全性直接影响着国际贸易的形式，相较于其他形式，网络经济的应用可以大大压缩贸易成本。但是在网络交易安全体系中存在一些漏洞容易引发各类问题。所以我们应该尽可能地聘用网络维护方面的专业型人才，应用这些人才不断建立健全的网络交易安全系统，保护每一笔交易。这样网络安全有了保证，网络环境也会逐步建立起一个良好的信用环境。在这样的社会信用环境下，网络经济中的各类国际贸易也会增多，可以创造更多的经济效益。网络经济的发展对于人才的需求是比较大的，专业性人才从事相关工作时，工作效率和工作质量都是相对有保障的。但是我国当前这方面的人才比较欠缺，就比较容易导致工作中出现一些不应该出现的问题。因此，要改善这种状况，就要重视网络贸易工作，尽可能培养网络贸易专业人才。当前对专业型人才进

行长时间的培训是比较难以实现的，但是我们可以利用企业自身拥有的专业性人才对新员工进行专业知识或者能力方面的培训。

（五）正视国际贸易摩擦，加强预防与解决机制的建立

在经济全球化的背景下，国际贸易摩擦加剧，必须合理对待。首先，贸易摩擦是世界经济发展的重要特征，是一种正常现象。贸易摩擦通常发生在大国的贸易之间，在国际贸易中也很常见。我们应该保持正常的心态，制定相应的法律规定，以保护国际社会的共同利益。同时需要根据自身的情况，因地制宜，制定适用于国际贸易的规定。建立健全贸易摩擦争端解决机制，整合优势资源，促进不同行业、不同领域的交流与合作，鼓励和发展跨境网络贸易产业，建立有效的应对机制，建设完善的电商交易平台，充分发挥行业协会的协调和监督，统一市场秩序，在经贸合作中应趋利避害，实现行业间的互帮互助，将眼光放在共同的利益上，建立国际贸易摩擦的科学预警系统和信息交流平台，以增加国际贸易风险的预警和响应能力。

（六）加强风险管理的制度规则建设

为了使出口企业形成完整有效的风险管理体系，有必要建立风险管理的制度规则。我们应该不断提高风险管理部门的积极性和效率。比如可以将全部的风险分为三个等级：预警级、警告级和报告级。根据风险等级，风险管理部门可以采用不同级别的控制策略。风险管理部门必须及时向企业高级管理层报告风险的具体信息，以便企业的高层部门作出相应的决策。同时，应该确保风险管理系统在一般方向上是正确和科学的。此外，还应该提高员工的风险管理能力，改善信息收集能力，建立快速应对风险后果的响应能力，并建立风险管理文化。通过上述方面的改进和建设，可以大大提高企业的风险管理能力，使企业在风险管理方面具有足够的实力。

（七）加强企业内部的微观管理

一些国际贸易公司缺乏对国际贸易风险管理的重视。甚至一些国家在贸易企业内部管控方面也存在很大的问题，这增加了国际贸易的风险。因此，首先

需要跨境网络贸易企业提高风险识别和风险预警能力。国际贸易企业应不断提高风险识别和风险预警能力，加强对国际贸易风险的防范。为此，国际贸易企业应积极建立风险预警理念，将风险预警意识纳入国际贸易的各个过程和环节。同时，国际贸易企业应从企业领导出发，传达风险预警意识，提高各级员工的风险预警意识，使公司全体员工保持高度危机感。此外，国际贸易企业应加强对员工风险识别能力的培训，并对员工进行定期的国际贸易风险识别考核。使员工能够通过不断提高他们的国际贸易业务能力而提高其风险防范能力。其次需要加强合同管理。国际贸易企业应积极加强合同管理，以避免合同风险。监督合同状态并根据合同执行合同条款。此外，国际贸易企业应积极完善合同登记管理，分类和组织国际贸易合同，及时存档国际贸易合同，防止国际贸易中的后经济纠纷。国际贸易企业应积极掌握客户的贸易合同信息和客户基本信息，及时更新客户定位，并根据客户定位制定实际的国际贸易合同。再次需要强化管理信息系统。在网络信息化背景下，管理信息系统强化已成为贸易企业财务风险管理方面的必然趋势，是对内部财务风险进行有效控制的关键性手段。在运营管理过程中，贸易企业需要根据日常财务风险防控现状，巧用可行的现代化信息技术，加强财务管理信息系统，及时掌握财务指标，深化企业管理信息系统，获取重要的外部信息数据，以及国家宏观政策、同行业信息等数据。贸易企业要充分发挥对应数据库的作用，为构建财务风险预警系统提供重要的数据支撑，在“事前、事中、事后”的有机结合下，监控财务风险的各个方面，提高财务风险防控水平。在此过程中，贸易企业要借助构建的财务风险预警信息系统、财务风险数据库等，及时收集、分析、处理、整合海量财务信息数据，随时更新财务风险数据库，实时预警财务管理中的潜在财务风险，第一时间实现标准化，有效管理财务缺陷。借助金融风险管理信息系统，科学预防和控制金融风险，降低金融风险发生率。最后，防范运输风险。跨境网络贸易的物流方式一般是海上运输。为此，国际贸易公司应加强对合同条款的严格审查，并通过签订合同来转移海上风险。此外，国际贸易企业应在海上运输过程中认真选择货物运输的时间间隔，积极规避海上运输的风险。同时，国际贸易公司应积极防范包机预订的风险，确保包机预订的安全，明确双方在包机预订中的责任并平衡双方的利益。

第三节　网络贸易的国际发展环境

【知识背景 / 学习要点】

一、网络贸易国际发展环境的有利因素

（一）发展趋势

随着全球科学技术的迅速发展，国际贸易逐渐成为一种共同的贸易方式，极大地促进了不同国家和地区之间的贸易往来和交流。在传统的国际贸易运作过程中，进行贸易往来的程序更加复杂，涉及更多的手续，而且大多数采用分层分配的方法，买卖双方不能直接干预贸易交易，因此在实际交易过程中经常发生贸易摩擦。这也使一些买家或生产商逐渐脱离贸易交易过程。因此，为了彻底解决上述贸易过程中的各种贸易弊端，确保贸易的顺利进行，实现贸易的经济效益最大化，所有贸易国都需要及时采取有效的指导方针和政策，确保经济交流的顺利进行。这既保证了法律制度的健全，又促进了贸易的顺利发展。此外，由于全球化的发展，国际贸易往来必须不断提高交易的效率和便利性，所以电子国际贸易是未来发展的必然趋势。它可以利用互联网的速度、准确性、效率和全球性来打破国际贸易在空间、时间和物质方面存在的限制。

（二）运营模式

如上所述，网络贸易在国际贸易中的应用不仅简化了国际贸易的交易过程和方式，还提高了双方的交易效率。就具体的贸易交易模式而言：首先，贸易联系人的购买者可以在互联网上发布他们自己的购买愿望以及意欲购买的产品的

具体要求，例如质量等。卖方需要根据买方在互联网上提供的产品要求和报价提供相应的商品，然后双方交换并协商产品的具体价格。在双方就某个价格达成共识后，他们需要在线签署相应的交易合同。然后，卖方需要找到物流公司，并可以根据相应的物流订单号实时跟踪货物的运输信息，以便买家及时购买。最后，买方需要使用在线支付将其产品的价款转移到卖方的账户。中间交易过程需要由银行完成并进行相应的记录。此外，网络贸易环境下的国际贸易运作模式主要包括无形产品和有形产品贸易两种类型。网络贸易为国际贸易运作提供的电子支付方式极大地提高了国际贸易的交易效率，也是确保国际贸易持续稳定发展的必要条件。

二、网络贸易国际发展环境的不利因素

（一）消费观念问题

人们主要通过从拒绝、观望、接触到适应的过程了解新事物。同样，网络贸易在国际贸易运作中的应用也不例外。因为消费者长期接触传统的消费方法，已经习惯于购买他们可以在各种超市或商店看到的物品，而不是仅仅依靠网上的一些信息和图片来选择各种项目。虽然这种类型的消费会在一定程度上消耗消费者过多的能量，但是它可以使消费者购买安全的产品。在网络贸易环境中，消费者可以使用网络来选择各种商品，但是不能确定实际收到的商品的实际质量，并且不能有效地确定产品的售后服务。基于此，许多消费者不愿意采用网上购物的方式。另外，由于网络贸易的货币交易大多使用网络平台进行电子支付，而网络支付的安全性不能得到充分保证，导致一些消费者拒绝网购方式。

（二）单证真伪问题

当前网络贸易下各种贸易在交易过程中文件的真实性是非常重要的，如何处理法律事务中的相关问题也是现行法律中的难题之一。否则，将严重影响国际贸易交易的合理性和合法性。

（三）书面材料形式问题

在网络贸易过程中，许多交易文件大多以电子格式传输，以书面文件形式进行的交易很少。另外，我国现行的相关法律尚未对书面文件作出详细的规定，因此无法保证交易的安全性。

（四）认证问题

“电子签名”是中国国际贸易中一种主要的电子贸易方式。电子签名由符号和代码组成，具有独特性、可识别性等特点。但在实际的网络贸易过程中，尚未形成统一的国际要求。许多国家之间甚至存在严重的分歧。

（五）物流配合问题

为了确保网络贸易环境中国际贸易的顺利发展，有必要协调各国的物流、资金流和信息流。因此，在国际贸易交易过程中，建立以资金流为主体，以信息流为核心的新型物流体系具有重要的意义。在网络技术和电子工具的支持下，可以通过计算机平台实现信息流和资金流的动态监控和管理。然而，物流不能通过互联网直接转移，它涉及复杂的活动，如特定的装卸、储存和运输。此外，物流硬件技术还包括货物的加工、包装、流动、分配和运输，以及货物运输设备、车辆和仓库。

三、构建良好的网络贸易发展环境

今天，跨境网络贸易的规模不断扩大。随着“一带一路”倡议的深入实施和硬件设施的不断完善，中国几大网络贸易巨头开始了海外市场的战略布局。以“一带一路”的覆盖范围和覆盖国家或地区为目标市场，阿里巴巴、京东等网络贸易平台在海外设立跨境网络贸易平台。在阿里巴巴、京东等网络贸易巨头的领导下，中国的外贸企业与时俱进，进入了网络贸易商业经营模式。跨境网络贸易带来的优势让外贸公司能够依靠网络和物流将产品销往世界各地。近年来，外贸的品牌企业不断发展，在高质量、高价格的情况下，许多海外用户更倾向于在线购买中国产品。根据《中国出口跨境网络贸易发展报告》显示，2015

年中国跨境网络贸易交易规模达 5.4 万亿元，出口额为 4.49 万亿元，这一规模仍在逐年增长。为了不断推动中国跨境网络贸易的良好发展势头，中国需要努力营造良好的国际发展环境。

（一）投资企业网络信息基础设施，提高网络贸易的利用率

网络信息平台是网络贸易交易的基础。积极拓展公司自身的国际视野，寻求与海外市场的合作，为国际经贸领域的企业提供更大的发展空间。一是要加强科学技术的研发，促进科技体制的改革与创新，提升我国综合性跨国公司的管理水平和经营能力，合理开发境外的资源。二是要加强与网络贸易相关的网络技术设施建设，提升网络贸易所处商品流通环境的安全性，不断消除跨境贸易中的弊端，优化国际经济贸易进程。三是要构建专业的网络贸易人才团队，引进技能型人才、综合性人才，实时监控网络贸易网络平台，及时发现并解决商品交易中的问题以及各种安全隐患。中国企业要不断完善自己的网络信息基础设施，聘请和培养高科技人才，为自身网络贸易发展提供保障。积极利用互联网信息平台，学习海外知名企业的领先体系和先进管理。

在互联时代，为了使国内企业实现与世界的融合，更好地融入网络贸易环境，必须做好网络贸易软件平台的升级，注重资源共享和有效整合。在网络经济社会中，企业的传统营销通常是单方面的信息传递，这种企业与客户之间的沟通方式存在很大的弊端，无法及时向企业传递客户反馈的信息，不利于市场规划和产品销售，决策部门对市场的认识也不具体，这将导致企业失去商机，影响经济效益。企业领导者应当转变原有的经营理念，不断地进行产品营销创新，改变传统的大规模市场营销思路，将个人目标市场作为营销的关键内容。国内企业需要积极学习，了解海外地区的市场和消费需求，努力寻找海外客户。

（二）建立完善的网络贸易平台支付系统，完善物流系统及相关法律法规

为促进国际贸易的长期稳定发展，在网络贸易日益发达的情况下，有关部门应率先鼓励网络贸易巨头企业与相关金融机构建立多方合作，建立具有长远眼光的战略合作体系。对于外贸企业存在现金流动时间长等问题，网络贸易企

业和银行可以为相关外贸企业开辟绿色通道，优先考虑这些企业在对外贸易中的现金存取和货币转换问题，缩短外贸企业的现金交易周期。同时积极推进国际贸易中的快速支付、云闪支付、指纹支付、一键支付等国内移动支付技术，提高外贸交易的便利性。

跨境物流企业可以根据现有的市场情况，建立互利共赢的合作模式。为了节省网络贸易跨境物流和运输的成本，对于一些日常消费品，可以预先将这些产品大量存放在保税区，然后分批分发。这不仅可以优化货物运输系统，还可以合理调整税收和海关监管的形式。合理规划物流市场，通过规模经济降低成本，积极为不同行业的外贸企业客户建立有针对性、有力的合作方案。可以为已经拥有自己的物流配送系统的企业提供第三方物流收集服务或其他增值服务，或者为已经拥有自己的物流配送系统的企业提供具有成本效益的第三方物流服务，并不断提高物流服务能力和服务水平。

同时，建议有关立法机构积极引入第三方物流业发展的指导性政策，加强对行业行为的规范和完善。加强对各方利益的保护，促进第三方物流业更加规范和可持续发展。在网络贸易环境中，国际经济贸易的发展需要完善的法律法规来规范国际经贸市场。所以政府应当结合各地的实际情况制定相应的企业扶持政策，为企业进行国际经济贸易提供安全、稳定的优良环境。另外，还需要设立网络交易监督部门，加强网络贸易的监督与管理，并不断地完善网络贸易的监督管理法律法规，促进国际经济贸易的发展。

（三）利用大数据技术实现跨境网络贸易的分类监管

中国跨境网络贸易监管部门应建立跨境网络贸易企业数据库，更新跨境交易个人网站注册和业务实名制的实时情况。监管部门应该定期抽查产品以及服务质量，不断更新监管平台的数据库，增强其数据的真实性。每个监管部门通过网络信息共享，全面监控所有业务实体。鉴于跨境网络贸易特别是跨境零售业务所具有的订单多、金额小等特点，可以将工商、税务、海关等部门构建的共享信息平台作为基础，利用大数据技术对各类数据进行汇总、整理和分析，并设定不同的监管层次和监管程序，实施分类监督，提高监管的效率和针对性。积极建立跨境网络贸易运营商信用评级和评估体系，通过监控跨境网络贸易交易，建立相应的信用评估指标和水平标准。同时，可聘请第三方专业评估机构对网络贸易企业进行资格审查和信用评估，使其信用评估更加客观真实。找出交易频繁且多次以物品申报出入境商家的真实信息，确定跨境网络贸易交易规模较大的商品、商品的主要出口目的地和进口来源地等交易信息，将这些作为监管重点及今后政策制定和调整的方向。如对于来源地入境规模较大的商品，可随时监测其市场价格变动，以此作为完税价格确定的依据；对于主要出口目的地较多的商品，监管部门可以更多关注出口国政治、经济形势及其政策变动情况等，为跨境网络贸易中的中小企业提供更多的指导。这样，不仅可以有效地实现监管，还可以促进跨境网络贸易的有效出口。

（四）打造特色跨境电商品牌，加强特色行业带动性

跨界网络贸易是全球化背景下国际贸易发展的重要趋势。发展也受到跨境网络贸易的国际环境和平台日益完善的推动。以我国云南省为例，针对云南省目前电商规模小、大多通过批发的形式进入市场的现状，利用第三方跨境网络贸易平台开展对外贸易，是全省中小企业加快转型升级的最佳途径。通过第三方平台的入驻能够最大限度地减少偏远山区进入市场的成本，从而扩大省内参与跨境电商的规模。以云南省为例，云南省具有明显的产品特色，一般以鲜花、茶叶、烟草、旅游产品以及三七等各县域特色农产品为主。这些支柱型的农特产品具有发展迅速、收益高等特点，是云南省参与跨境电商的优势，但同时，同一县域的农特产品同质化、缺乏品牌知名度也是云南省参与跨境电商的劣势，因此，该省的跨境网络贸易往往以批发为主。对于同质化的产品建立统一的品牌，进行国际营销，对于个人或企业而言可获得有保障性的收益，也能够在国际市场中具有更好的知名度。为带动弱小行业进入电商市场，可以优先以这些发展良好的企业为龙头，加强示范企业的建设，来带动弱小行业的进入及发展。

（五）提高通关监管信息化建设水平

随着跨境网络贸易交易规模的扩大，特别是零售进出境快件数量的增多，海关工作人员往往凭经验核定进境快递的交易价格以便确定如何征税，这不仅效率低下，还可能造成对进境商品征税的不公平。虽然海关已经在积极研发新的快递通关系统，引进各种先进设备，但是其更新换代的速度赶不上跨境网络贸易发展的速度，特别是快件通关管理无法实现从到达口岸到商检、申报、查验、纳税、退税、核销及后续监管各环节的全程跟踪。未来海关应把信息化建设的重点放在利用先进科技手段提高报关审核及征税作业的速度上。此外，还应加强各部门“共建共享，稳定安全，便于操作”的公共数据库建设。目前，税务、外汇、公安、银行等 12 个部门已初步完成外贸、海关、工商业、电子口岸入境和出境信息流、资金流、货流等一体化。今后，各有关部门要加强协调和沟通，逐步完善，以适应跨境网络贸易的快速发展。简而言之，作为一种新型的跨境交易，跨境网络贸易发展的速度远远超过了建立或修订现有相关监管法律制度的速度。在跨境网络贸易税收征管领域，现行税收政策基本上是以传统的外贸税制为基础的，不可能有效地解决实践中出现的各种问题，也不能促进跨境网络贸易的发展。虽然各行政监管部门已陆续出台了多项税收征管文件，但是并没有形成一体化的法律体系。中国需要加快网络贸易的进程，特别是跨境网络贸易立法。在提高税收征管的有效性和可操作性、利用大数据技术实施分类监管以及提高通关监管的信息化建设水平方面，为跨境网络贸易的健康发展创造良好的制度环境。

（六）建立网络贸易的国际法律环境，消除国际网络贸易发展的阻碍

网络贸易伴随着网络时代的到来而崛起，虽然当今社会已经进入网络经济时代，但是网络贸易的国际法律环境并没有很好地建立起来。如何建立网络贸易的国际法律环境，消除国际网络贸易发展的阻碍是如今国际社会建立相关国际规范所面临的迫切任务。目前建立网络贸易的国际法律环境需要有以下几点认识：

1. 现实性和前瞻性。法律在当今社会是被公众普遍接受的行为准则，它的建立需要经过烦琐的程序和调研的过程，因此，并非总能紧跟时代的发展步伐，而网络贸易依托于网络经济之上，科技更新换代的速度飞快、跳跃性极强，使得当前的国际法律环境总是滞后于网络贸易的发展速度。这就要求国际规范的制定既要立足于现实，有现实性，又要具有前瞻性，考虑现实社会行为规范的累积，并且对网络贸易的发展前景进行展望。同时推进网络贸易全球一体化的发展，协调不同国家间不同的法律体制构建、国情以及社会基本情况冲突，更好地推动网络贸易跨国特性的发展，加强国家间的协作。

2. 单项国际立法和整体国际法律环境建设相协调。目前国际贸易体系的建设主要包括国际货物贸易体系建设和国际服务贸易体系建设两大方面。由于网络贸易刚刚兴起，缺乏相应的法律建设的沉淀，网络贸易国际法律环境的建设一时很难形成体系。在未来相当长的一段时间内，对国际网络贸易的法律规制可能都要依托于现有的国际货物贸易体系和国际服务贸易体系之上。我们要在完善现有体系的基础之上，整理网络贸易国际立法的框架，规划全面的立法模式，在国际贸易体系的整体框架之上，建立网络贸易国际贸易的单项立法，形成网络贸易较为完善的国际立法体系，形成完整的国际法律环境。

3. 网络贸易国际立法具有继承性和独立性。网络贸易国际立法的继承性主要体现在：目前跨境电商的交易行为仍然需要现行的国际货物贸易和国际服务贸易体系来予以调整；对网络贸易的国际单项立法要依托于现行国际贸易规范的基本规则和原则之上。网络贸易国际立法的独立性主要体现在：网络贸易相较于传统的贸易方式有着诸多不同，最主要的不同就是网络贸易是依附于网络平台之上的，交易主体并没有实行面对面的交易，同时网络贸易对运输的依赖比传统贸易要强很多，这就需要我们在适用传统国际贸易规范时，结合国际网络贸易自身的独特性，制定与之相适应的独立的国际规范。

4. 加强国家间的交流与协作。国际网络贸易目前仍然是在起步阶段，最终的运行模式还未定型，在它的发展中，存在与现行国际规范体系的矛盾，这要求国际经济参与者加强对国际网络贸易的研究，在协调各方利益的基础上，制定符合国际网络贸易发展的国际规范。因为国际网络贸易具有无国界交易的性质，因此对它的治理应当也是无国界的。在这种情况下，中国要把握先机，加强国际对话，在建立符合各国主要利益的国际网络贸易框架体系中发挥自己的作用，加大自己的话语权。目前，国际网络贸易规范的国际谈判仍然集中于少数国家手中，这与网络贸易的全球性不符，不利于形成完善的网络贸易国际规范体系。我们需要在规范建设的过程中吸纳更多的国家参与，积极协调国际网络贸易规范体系。

（七）探索“一带一路”倡议下跨境网络贸易的新常态

明确网络贸易是缩小地区差距的商机。在发展实体经济的同时，必须认识到网络贸易是缩小地区差距的重要商机。要从意识层面加强对网络贸易的重视，不断利用网络贸易平台将代表我们地区特色的产品推向市场，从而缩小与发达国家和地区的经济差距。

要优化电商的经济管理结构。在“一带一路”背景下发展电商模式需要对电商结构进行优化，确保其内部环境的有序运行。也就是说，需要确定网络贸易的管理体系，做好内部结构的掌控，做好其经济的管理。从经济、产品、管控和服务几个方面把握经济规划内容，使电商平台以诚信服务为宗旨，促进电商平台的健康发展。此外，“一带一路”背景下的经济体系，要确保电商平台的发展与其他各层面相一致。由于网络交易的虚拟性，电商在内部经济管理中要在区域的发展中扩大交流范围，开辟更多电商的服务渠道。比如服装进出口或者交通建设技术等，都是符合电商发展的经济管理模式。

随着经济全球化的深入发展，“一带一路”促进了亚欧一体化。网络贸易绩效正常模式最基本的组成部分是技术和资源。中国拥有庞大的人力资源和快速发展的互联网技术，工业体系完备；欧洲在许多领域都拥有高端技术，传统工业制造业知识渊博；俄罗斯拥有巨大的自然资源和能源，并拥有强大的工业基础。因此，有必要充分利用三个地区的不同优势，相互借鉴，为建立新的网络贸易正常模式提供丰富的技术和资源支持。

政府协助跨境网络贸易识别，促进其发展。随着宏观经济的发展，我们必须更加关注网络贸易的有效运作。但是，在市场经济环境下，网络贸易的稳定性受到了限制。网络贸易行业若只注重眼前利益，其发展将止步于满足市场需求。只要有消费者的需求，网络贸易平台就会继续以往的运营理念，沉浸于现状，很难发展创新，从而出现止步不前的现象。应对这种情况，政府需要进行协助，发挥其平衡作用，以金融来指引电商发挥其作用，确定长远的发展目标，通过电商平台和商品来调控当前市场，以金融为向导，指引网络贸易的发展方向。

第十章

“一带一路”背景下网络贸易争端解决机制

【内容摘要】

“一带一路”倡议涉及各国之间的政治、经济、社会和文化交流。目前中国与“一带一路”沿线国家没有正式统一的合作机制。虽然“一带一路”提案为沿线国家提供了许多经济合作的机会，但是也在各国之间引起了矛盾与冲突，阻碍了各国在经济合作领域达成共识。对此，一个正式统一的纠纷解决的机制则显得十分必要。同时，在“一带一路”合作中出现的诸多争端案件对国际经济争端解决机制提出了新的要求，各国有必要探索新的解决方案。

第一节　网络贸易争端解决概述

【知识背景 / 学习要点】

网络贸易作为一种新的交易方式，与传统方法相比，具有提高交易效率，降低交易成本，促进业务发展的特点。网络贸易的发展经历了两次浪潮：在第一次浪潮中，网络贸易发挥了其作为一个广泛的交流平台的潜力。然而，在经历了“网络泡沫经济”之后，网络贸易第一阶段的发展浪潮已经消退。由于信息不对称和在线交易的不对等状态，在线交易的缺点逐渐暴露。特别是在网络贸易模式中，网上交易引发的各种交易纠纷和法律问题纷纷出现，这严重影响了消费者在线消费的信心。如果消费者使用传统诉讼，那么网络贸易纠纷与传统纠纷的不同会导致管辖权冲突和法律适用问题。同时，在国内判决的域外实施中，还因其诉讼费用高、手续烦琐而与电子交易的速度和效率不相容，无法满足在线市场交易的需要。因此，如何建立消费者对网上交易的信心，使他们在发生纠纷时能够获得适当和及时的救济，已成为制约网络贸易发展的瓶颈。这也引发了第二波网络贸易的发展，即在线争议解决机制的制度建设。

只要有交易，便有产生争端的可能。由于网络贸易纠纷具有以下特征，因此该解决方案不能囿于传统模式。首先，该机制要突破地域限制。“一带一路”沿线国开展的网络贸易合作具有跨境性质，这将不可避免地导致跨境和跨地区的纠纷，所以争端解决机制需要跨越地域限制。这所引发的直接问题是，在争议发生后，双方很难以传统方式就纠纷的解决达成协议，故各方必须寻求超越国界的争议解决机制。其次，该机制要能够最大限度地平衡纠纷双方的诉讼资源差异。在网络贸易中，尤其是跨境交易中，各种因素加剧了消费者和供应商之间的不平等。例如在证据收集方面，企业掌握信息要比消费者更加详细。再如在对称交易中，大量商家使用标准合同或格式合同来损害消费者的合法权利。因此，建立中立、公平、可信的争议解决机制以平衡各方的谈判能力和地位，为消费者提供信用担保和切实可行的救济尤为重要。最后，该机制要能够适应网络贸易的特点。网络贸易本身具有快速、开放、灵活等独特功能，相应的争议解决机制也必然快速、有效、灵活，以实现争议各方之间的利益平衡。

一、网络贸易争端解决机制的原则

“一带一路”争端解决机制主要解决国家之间因经济合作引发的争议，合理的基本原则可以弥补机制的不足，为解决纠纷提供合理指导。

（一）平等原则

由于“一带一路”沿线中的国家多，分布的区域较为广泛，各个国家之间经济水平也不相同，这些因素使各个国家的网络贸易都具有自己的特殊性。所以，在解决争端时必须尊重各国国内制度，使每个国家在享有权利、履行义务、承担责任和参与竞争时都能得到公正平等的对待。只有这样才能更好地解决案件，维护案件的公平正义，恢复受害方的利益。

（二）全面协调原则

"一带一路"参与国在经济、政治、文化和法律法规方面存在差异。因此，在制定争端解决机制的时候，要将各个国家的经济、政治、文化和法律法规等各方面的因素都考虑进去，尽量促使纠纷双方能够协商解决纠纷。具体而言，可以参考新型的 ODR 解决机制，其是指将信息技术与传统纠纷解决措施相结合，在这种机制下当事方通过线上协商处理问题，这是一种最温和的纠纷解决方式，其完全依赖互联网而无须第三方介入。[①] 各参与国在建立争端解决机制的时候，可以充分发挥互联网的作用，提供必要的辅助，如提供法律法规的查询、语言翻译等，以促进各方当事人充分协商。

（三）结合多种争议解决方法的原则

从"一带一路"沿线国的国际经济合作中解决争端的成功经验来看，争端解决机制的建立应在坚持国家的主权、共同发展的基础上，同时吸收现代国际经济体制中的创新概念，尊重各个国家的实际情况，使用多种经济争端解决机制相结合的方式，使案件解决的机制变得多元化。联合国制定的《跨境电子商务交易网上争议解决技术指引》中就介绍了争端解决程序的"多层次"特点从而更加有效地促进国际纠纷的解决。[②] 总之，新的电子商务争端解决机制可以借鉴 WTO，以及一些发达国家的相关解决办法来进行。

1. 建立新的机构

"一带一路"参与国家之间存在着差异，引起各国之间经济纠纷的因素也比较复杂，在国际经济法体制创新的时代，解决国际经济案件的方式存在诸多不

① 徐芳、梁金林：《B2B 跨境电商消费者纠纷解决机制创新探讨》，载《商业经济研究》2018 年第 21 期。

② 段平方、候淑娟：《全球跨境电子商务综述》，载《商业经济研究》2019 年第 6 期。

足，不能适应当前国际经济的发展，所以有必要建立新的机构来解决国际经济案件中的争端。建立的争端解决机构必须是实体存在的，能够在解决国际经济纠纷中有着一定的影响力。解决国家间经济争端的组织必须能够采取实质性的办法解决国家经济纠纷案件，其主要的职责应该包括当案件争端发生时能够支持开展磋商和调解；对经济纠纷仲裁能够进行指导和监督；对仲裁的结果和调解的结果进行执行，并能够提供国际经济法律咨询。

2. 充分发挥国际经贸协定的作用

各国经贸往来必须遵循国际经贸协定的基本准则，国际经贸协定是解决案件争议的主要法律依据。经过对国际经济贸易协定的使用，发现国际经济贸易协定的约束力与执行力不强。因此必须制定科学的、有效的国际经济贸易协定，明确各个国家在国际经济中享有的权利和承担的义务，遵守国际贸易经济协定中的规范，加强国际经济贸易协定的执行力，并能够实施到新设立的解决纠纷的机构中，充分发挥解决国家间经济纠纷的作用。

3. 建设和完善在线争议解决机制

自 2013 年“一带一路”倡议启动以来，国际商事贸易剧增，其所带来的纠纷也在增加。那么在纠纷的解决过程中也产生诸多问题。例如，如果适用东道国法律，中国公司对东道国的法律政策和适用的理解和应用是什么？沿线国家如何识别和执行中国的判决？沿线国家争端解决的路程之远、诉讼时限之长、诉讼成本之高该如何克服？这些问题突显出良好的在线争议解决环境是贸易运营的重要保障。同时，交易的复杂性和多样性也催生了在线争议解决机制的多样性，中国的在线争议解决机制也处于探索阶段。

（1）改进相关立法和制度

作为新事物，在线争议解决机制仍然不完善，还存在许多法律问题。比如，在线协商平台的资质尚无法律规定；中立第三人的资格标准尚未确定；相关平台的内部以及外部管理的法律规范亟须完善等。另外，若当事人对在线平台处理决定不满时，如何寻求其他救济途径；相关案件中证据的效力该如何认定等，这些都需要通过建立一个成熟的机制，并对程序法进行修改来解决。有关在线仲裁制度，还需要我国从国际贸易发展的程度考虑，尽快与国际接轨，从而促进我国网络贸易在线争端解决的发展。对于当事人信息保密等问题，需要通过完善立法以及建立相应的制度来解决。我们认为，可以借鉴GATS等协定中对于仲裁的程序规定，或者与各方签订有效的双边及多边投资协定确定仲裁事项。目前来看，在“一带一路”背景下，对中国最有利的在线争端解决模式应当是在线协商模式，比较适合在中国作为东道国的情况下，通过与对方进行在线协商，处理相关争端。另外，针对东道国判决的承认与执行问题，我国应尽量同东道国签订相应的双边在线判决承认与执行协议，这不仅能保障我国和东道国国民之间的权益，同时也能提升我国司法的国际公信力。

（2）提升我国在线争端解决技术

无论是在线仲裁还是在线诉讼，其都关系到当事人的隐私安全问题，如何在有效解决争端的同时，确保各方的隐私在很大程度上取决于科技手段的改进。另外，在在线仲裁和在线诉讼平台中，除了部分网站处于正在建设阶段外，大部分平台分别有栏目显示立案、调解、质证和庭审，但是在实践过程中，质证过程大部分是在线下完成的，也就是说，大部分在线争端解决过程是线上线下相结合的，因此，提升相应的技术手段并制定规则，保证“最少线下原则”是迫在眉睫的举措。如果以后网上证据调取技术可以得到优化与推广并应用到网络法庭的举证环节，那么更能展现出网络庭审的便捷性优势，逐步实现全流程线上处理。

二、网络贸易传统争端解决方式

（一）协商

协商是指在争议发生后，双方基于平等、互利、自愿和相互理解，如果双方都能接受，那么相互作出某些让步并达成和解协议。自我谈判调解是解决争端的最佳方式，有助于巩固和加强双方之间的合作关系。

（二）调解

调解是指第三方在自愿的基础上调解争议并使当事方协调的方法。与谈判一样，调解也是解决纠纷的好方法。

（三）仲裁

仲裁是指在一个国家的法律许可或法规范围内，双方共同将他们之间的争议移交给他们所选择的非司法机构的第三方。第三方根据当事人陈述的事实和签署的合同，按照某一程序决定争议的活动。

（四）诉讼

诉讼是指司法机关根据当事方和其他参与者参与诉讼程序解决案件的法律程序而开展的所有活动。基于诉讼所要解决的案件的不同性质，它可以分为刑事诉讼、民事诉讼和行政诉讼。

三、网络贸易在线争端解决机制的新发展

“一带一路”倡议倡导政治互信，经济融合和文化包容。随着国际贸易量与日俱增，为了解决大量的跨地域争端而构建的国内在线争端解决平台，将在时间、资源和人力方面大大降低争议解决的成本。在线争议解决方法主要包括在线协商、在线调解、在线仲裁和在线诉讼。

（一）在线协商

在线协商是指在第三人不参与的情况下，当事人之间没有会面，通过网络平台，利用电子信息技术传递信息，进行沟通和意思表达从而达到解决纠纷目的的方法。第三方在线机构是争端双方的首选。最初，欧美有相关盈利性机构研发出协助纠纷双方协商的谈判系统，从而协助双方在线解决纠纷，例如，ClicNSet-tle、Squar Trade、BBBOnline 等网站，上述网站除了提供调解服务，还提供仲裁。Square Trade 网站的宗旨是“在交易中建立信任关系”，自主审查并促成交易，尽可能减少交易主体之间的法律风险。其中最令交易主体振奋的就是双方能自行在平台上解决争端。据相关人士统计，Square Trade 帮助

e-Bay 处理了涉及 120 个国家的 80 多万件争端，帮助绝大多数人解决了难题。

（二）在线调解

一般认为，在线调解是由具有一定协调能力的调解组织或者调解员通过在线平台对争端双方进行指导并组织协商从而在线解决双方争端。笔者倾向于将在线调解定义为，当事人之间在三方的参与下，利用电子信息技术在没有会面的情况下，通过网络通信形式的使用最终形成共识，并在一种在线争议解决方法中达成解决争议的协议。在线调解分为提交前的调解和备案中的调解。大部分在线调解平台设置在法院网站专栏中，在线调解步骤大致可以分为 5 步：

（1）纠纷导入：在上诉或诉讼前，法院应在当事人同意的情况下提出；当事人也可在诉前自行提交。

（2）调解员选定：当事人可以选择自己的调解员或法院指定的调解员。

（3）调解准备：调解员在线审查纠纷，通过平台随时联系当事人，当事人可在线提交证据。

（4）在线调解：调解员发起视频调解；当事人在线参与，确认协议内容。

（5）司法确认：调解成功后，当事人可以一键申请司法确认，法官在线审查和发布文件。

（三）在线仲裁

联合国国际贸易法委员会将在线仲裁定义如下：“在线仲裁是一种使用电子通信手段来实施大部分甚至全部仲裁程序的仲裁。”在线仲裁与传统仲裁相比，没有本质差异，仅是运用科技手段，将传统仲裁程序转移到网络进行，在线仲裁依赖于诸如因特网之类的远程通信。从质证到开庭等都在网络平台完成。“互联网 + 仲裁”将充分发挥高效、灵活和地理位置独立的仲裁优势。世界各地的政党可以随时随地参与仲裁程序，无论时间或空间如何。全球有两种主要的在线仲裁服务：一种是传统仲裁机构提供的在线仲裁服务；另一种是通过私人（如律师）网站提供的在线仲裁服务。就受案量而言，美国仲裁协会（American Arbitration Association，AAA）受案量居世界第一。虽然

AAA 的受案范围十分广泛，但是诸多案件均为劳动争议案件，并且案件双方也多为美国公民或企业，涉外案件并不多见。AAA 的仲裁员来自世界各地，达千人之多；仲裁员的建立方式与中国相同。但是，若仲裁协会认为案件复杂，则可以裁定三名仲裁员组成仲裁庭。AAA 已启用在线仲裁系统。AAA 的网络案卷（Web File）系统，能够实现案件在线处理，包括在线选择争端解决规则、跟踪案件进展、网上付费等。在国际商事仲裁领域，国际商会国际仲裁院（The International Court of Arbitration of International Chamber of Commerce）也建立了在线仲裁系统。国际商会国际仲裁院的 Net Case 案件管理系统，是一个兼具快速、安全和保密性的以网页为基础的交互式平台，信息传送经过加密，Net Case 能够提供较好的用户体验，任何用户都可以在系统内轻松迅速地浏览信息并在案件之间进行切换，Net Case 被认为是国际仲裁领域的一个重要成就。

（四）在线诉讼

在我国的司法实践中，法院目前主要依靠国内通信软件进行在线诉讼，比如 QQ 庭审以及微信庭审等。在线诉讼的在线平台一般可以分为：电子法庭、电子法院和互联网法院。如浙江省网络贸易法院、吉林省电子法院、杭州互联网法院诉讼平台等。这一类网络庭审以及互联网平台都基本实现在线争端解决的大部分功能，通过电子手段定分止争。现有的一系列实践既展现了在线诉讼的优势，同时也暴露出了很多新模式下的问题，比如法律程序问题、平台技术问题以及平台公信力问题等。在线诉讼的优势：（1）流程快捷便利。以杭州互联网法院和福田区法院为例，杭州互联网法院以杭州铁路法院为基础，拥有杭州 5 类网络相关案件的集中管辖权，其前身是浙江省法院网络贸易在线法院。根据其官方统计，2017 年年中，近 4000 件争议的当事人在其法院诉讼平台立案，当事人网上起诉、立案、送达、调解、庭审、判决等全流程在线化，通过网上平台标准化的引导、专业化的审理，低成本、高效率地解决网络相关纠纷。立案、审判、执行全流程线上办理，在创新司法审判体系和司法服务体系方面取得了飞跃式的突破。(2)审判方式灵活。除了互联网法院这一形式之外,大众所熟知的微信也成了在线诉讼的媒介。郑州市中级人民法院首次进行了“微信审判”。通过大众手机应用,法院的司法变得更加亲民,并且在诉讼过程中,各项进程均可以通过微信查询,这也是创新司法审判制度和司法服务制度的重大尝试。

第二节 “一带一路”背景下的国际贸易争端解决机制

【知识背景/学习要点】

一、国际争端解决机制发展趋势研究

国际商业纠纷解决机制包括诉讼救济和替代性争议解决方法,具体而言包括诉讼、调解和仲裁等纠纷解决方法。近年来,随着全球经贸一体化进程的加快和国际经贸争端逐渐增多,国际商事争端解决机制也在不断完善。国际商事争端解决机制的发展呈现出从分裂到整合的趋势,其变化可归纳如下。

(一)商人习惯法在国际商事仲裁中的适用

商人习惯法是指一种全面的、自发的实体法律制度,这是商业人士在国际贸易惯例中所承认的习惯法。在国际商事仲裁活动中,选择实体法的过程相对烦琐,争议双方一般都按照国家自治原则或国家允许的冲突规范适用实体法。但是,在实践和应用中,这种通过冲突规范适用法律的做法具有某些缺点。由于仲裁庭可以选择适用与仲裁地相关的冲突规范,也可以适用仲裁员认为适当的冲突规范,或者选择与争议最密切相关的国家的冲突规范来确定适用的法律,这种选择多样性容易影响适用法律的可预测性。目前,在国际商事仲裁适用法律解决国际争端方面,许多国家在本国的仲裁立法中作出了新的规定。例如,意大利等国家在法律中规定可以援引商人的习惯法。因此,在国际商事仲裁中,当事人或仲裁庭可以选择商人的习惯法来解决争议。

（二）国际贸易争端解决机制趋于司法统一

在司法解决争端中，贸易纠纷通常有专门的争议解决机构和完善的处理程序规则，争议解决机构会根据具体情况确定常任法官。欧盟争端解决机制是司法解决模式的代表。欧洲法院的管辖权是强制性和排他性的，其主要责任是确保在听取争议时适用欧盟的条约和规则。采用这种司法化模式不仅可以有效地解决地区争端，还可以加速该地区经贸一体化进程。此外，国际商事仲裁立法具有统一的趋势，这不仅体现在解决国际商事纠纷的实体法层面，还体现在仲裁裁决的承认和执行上，诸如“承认和执行外国仲裁裁决公约”和联合国国际贸易法委员会仲裁规则等国际条约为统一商事仲裁规则奠定了基础。示范法的实施对各国的仲裁立法产生了深远的影响。许多国家在制定或修订自己的仲裁法时都引用或移植了示范法的有关规定。①

二、现有国际贸易争端解决机制分析

在“一带一路”倡议实施之前，中美两国已经与一些国家达成共识，签署了相关的经贸合作协议。但是，上述合作的形式仍主要停留在双边层面，还未能形成区域经贸合作体系。为了快速方便地解决“一带一路”沿线国家间贸易往来引发的纠纷，复制或直接诉诸现有的全球或区域贸易争端解决机制，似乎符合争端解决的经济要求，但是“一带一路”倡议打破了传统区域经贸合作模式，而且由于沿线国家经济水平的不同、贸易政策的复杂性和其他原因，复制或直接诉诸现有的国际贸易争端解决机制对于解决“一带一路”的国际贸易争端是不可行的。

（一）复制或直接诉诸世贸组织争端解决机制不可行

作为国际社会最具代表性，同时也是最重要的国际经贸合作组织，世贸组

① 赵亚会:《“一带一路”战略视角下国际贸易争端解决机制的完善》，载《中国集体经济》2018年第15期。

织享有“经济联合国”的美誉。WTO 争端解决机制（DSB）[①] 被高度视为“世界贸易组织冠冕的明珠”。它是国际经贸领域最成功的全球贸易争端解决机制。WTO 争端解决机构已成功接受 500 多起国际贸易争端，其公信力和有效性毋庸置疑。尽管如此，如果发生涉及“一带一路”的国际贸易争端，复制或直接诉诸世贸组织争端解决机制并不是明智之举。

一方面，在将 WTO 现有的 164 个成员方与“一带一路”的 65 个沿线国经过比较后，笔者发现“一带一路”沿线国家中非 WTO 成员方数量高达 12 个，占沿线国家总数的约 1/5。因为 WTO 争端解决机制只适用于争议各方为 WTO 成员的贸易争端，这意味着当中国与非世贸组织成员国在“一带一路”中发生贸易争端时，直接诉诸世贸组织争端解决机制以解决争端从根本上是不可能的。此外，一国之所以不加入 WTO，在很大程度上是因为它对 WTO 法律制度和规则持负面或至少保留的态度，包括争端解决机制。因此，如果强行复制世贸组织争端解决机制以处理与非 WTO 成员方之间的贸易争端，极有可能引起“一带一路”沿线国家的反对和抵制。

另一方面，即使在处理中国与“一带一路”沿线国家中的 WTO 成员方之间的贸易争端时，复制或直接诉诸 WTO 争端解决机制的做法也是不可取的。这是因为，首先，由于 WTO 争端解决机制是多边体制下的一套贸易争端解决机制，它必须协调 WTO 成员的不同利益。我们必须在强调发达国家利益的基础上考虑发展中国家的利益，在“南北集团”的利益之间找到平衡点。因此，它解决 WTO 成员之间的贸易争端是一个协调成员之间利益冲突的过程。其次，“一带一路”所反映的策略是“促进共同发展，实现共同繁荣的合作共赢之路，是通往和平友好的道路，增进对信任的理解，加强全面交流”。沿线的大多数国家都是像中国这样的发展中国家，其中也有一些国家是“最不发达国家”。虽然各个

① DSB，即 WTO 争端解决实体，英文全称 dispute settlement body，是以谅解备忘录（DSU）为核心的 WTO 争端解决机制在继承 GATT 争端解决机制的基础上设立的常设性的管理争端机构，它有权设立专家组，有权以“反向协商一致原则”通过专家组和上诉机构的报告，保持对它作出的建议或裁决的执行与监督，并授权成员方中止减让及其他义务。

国家不可避免地会产生各种利益冲突，但是在“一带一路”中，中国和沿线国家的利益追求基本相同。它们之间的关系是一种双赢的合作而不是矛盾。从争端解决的效果来看，解决“一带一路”的国际贸易争端应该要求更具实质性和公正的争端解决结果。这不仅限于协调不同国家之间的利益冲突，还需要正式的司法。最后由于WTO争端解决机制采用交叉报复①作为法定强制措施，交叉报复可以在加强争端解决结果的执行方面发挥作用，但与此同时，它不可避免地具有强大的力量。这与“一带一路”所蕴含的“和谐包容”和“互利共赢”是不相符的。换句话说，在“一带一路”中，即使各国之间存在真正的国际贸易争端，最终一方拒绝执行争端解决结果，对方或其他相关方也应该在平等互利的基础上尽可能采取不会对双方经贸合作关系产生不利影响的措施。国家间应避免使用诸如交叉报复之类的手段，因为这些手段很容易导致国家间政治关系的恶化。

（二）复制或直接诉诸区域贸易争端解决机制不可行

实施“一带一路”的框架思路之一是促进区域经贸合作的蓬勃发展，目标是建立一个更广泛和更具包容性的区域经贸合作机制。从表面上看，与WTO的全球贸易争端解决机制相比，现有的区域贸易争端解决机制似乎更符合“一带一路”方向下国际贸易争端的实际需要。在这方面，麦肯锡公司全球总裁巴达明在2015年3月22日国务院发展研究中心举办的“中国发展论坛”上说，可以考虑复制北美自由贸易区（NAFTA）争端解决机制，以解决“一带一路”的国际贸易争端。

笔者认为，复制或直接诉诸现有区域贸易争端解决机制以解决“一带一路”的国际贸易争端的可行性也非常有限。这主要是因为“一带一路”本身的特殊性以及沿线国家组成的复杂性。具体而言，目前国际经济贸易领域的区域争端

① 包括跨部门报复，即如果投诉方认为在同一部门中中止的做法不可行或无效，则可寻求中止相同协议中其他部门的减让或其他义务和跨协议报复，即如果跨部门报复不可行或无效，且情况十分严重，则可在另一适用协议项下的部门内实行中止减让或其他义务。

解决机制主要基于以区域贸易协定为基础的区域“经济区”。区域“经济区”的显著特征是往往要求成员的特殊性和成员之间更紧密的经济一体化。相比之下，虽然“一带一路”倡议的目标是与沿线国家建立区域经贸合作机制，但是并未追求建立如上所述的区域“经济区”。相反，它旨在建立一个更加开放和包容的区域“经济带”，既不限制成员的数量和国家，也不追求成员之间“紧密型经济一体化”。

因此，应当在“一带一路”的基础上，突破传统区域经贸合作模式的特殊性，适用特定的区域“经济区”体系。现有的区域争端解决机制实际上难以适应“一带一路”国际贸易争端的实际需要。正如一些学者所指出的那样，“一带一路”沿线国家中超过一半的国家没有任何区域贸易协定。此外，还应当考虑到，沿线大多数国家不但市场基础薄弱，而且水平较低。[①]

三、在“一带一路”背景下建立国际贸易争端解决机制的总体思路

现有国际贸易争端解决机制的背景环境、法律依据和适用对象，不能有效地适应“一带一路”本身的特殊性和沿途各国的客观情况。因此，在解决“一带一路”的国际贸易争端中，复制或直接诉诸现有的全球或区域贸易争端解决机制都存在着难以克服的主要问题，并且它们在实践中是不可行的。事实上，在目前的情况下，争端解决机制仍然存在很大的差距，借鉴和吸收现有国际贸易争端解决机制的有益部分，可以适用解决“一带一路”的国际贸易争端。在这一背景下建立国际贸易争端解决机制仍然十分必要。

因此，笔者认为，在借鉴和吸收现有国际贸易争端解决机制的优点的基础上，为了使最终建立的争端解决机制能够适应“一带一路”国际贸易争端的实际需要，建立相应的争议解决机制之后的总体思路应包括以下三个方面。

① 蒋圣力:《论“一带一路”战略背景下的国际贸易争端解决机制的建立》，载《云南大学学报》2016 年第 1 期。

(一)建立灵活多样的争议解决机制

基于开放性和包容性的特征，“一带一路”并没有在沿线所有国家建立一个笼养的区域“经济区”，即传统的区域贸易区。“一带一路”倡议旨在构建双边促进多边主义，多边促进双边关系的区域经贸合作机制。此外，其内涵也相当丰富，并不仅限于某一领域或项目，而是侧重于多领域和多项目的经贸合作。因此，“一带一路”的国际贸易争端解决机制应首先要与其本身的特点和内涵相适应，即建立灵活多样的争端解决机制。具体而言，“一带一路”的国际贸易争端解决机制并不要求中国和沿线所有国家都遵守唯一的争议解决制度，即解决争端的具体规则和程序。但根据现实构建区域经贸合作机制的客观情况，“一带一路”国际贸易争端解决机制可以处于双边层面或多边层面，与沿线不同国家制定相应的争议解决规则和程序。

通过这种灵活多样的争议解决系统，不仅可以确保沿途不同国家的不同贸易纠纷的争议解决规则和程序的可接受性，还有助于维持争议解决结果的可执行性。至于具体的争端解决规则和程序应如何确定这个问题，首先，可以制定解决争议的模型，定义争议解决方法和相应的基本规则和程序。然后，在双边或多边层面，向中国和沿线国家提供该模型。最终，确定争议解决规则和程序的补充，并进行删除和修订，以更好地应用于沿线的不同国家。

(二)仲裁的法律手段是争议解决的主要方式

一些学者在当前的国际社会中审查了 113 个区域贸易协定，并根据不同的争议解决方法将区域贸易协定中的争议解决机制分为三类：第一类争端解决方式是基于政治和外交手段，如协商、调解和调解；仲裁是第二类争议解决方法；第三类是通过设立常设法院或其他常设司法机构解决争端。其中，采用仲裁方式的争议解决机制是所有区域贸易协定中规模最大并且影响最大的机制。

事实上，使用合法仲裁手段作为解决纠纷的主要手段的优势显而易见：原则上，争议必须严格按照明确的法律规则，由一个相对完整且独立于争端各方的专门机构解决，且事先制定有透明的、详细的程序规则，该裁决对争议各方具有强制性法律约束力。鉴于此，国际社会大多数区域贸易协定选择使用合法的仲裁手段作为争议解决手段并建立相应的争议解决机制并非偶然。因为相较于其他手段，合法的仲裁手段使争端解决的结果更加可预测和稳定。合法的仲裁手段可以为 RTA[①] 成员的权利和义务提供更可靠的保护，从而使整个 RTA 得以更加顺利地运行。虽然“一带一路”并非旨在创建一个统一的、固定的、包括沿线的所有国家的 RTA，但是，与其他争端解决方式相比，仲裁的法律手段是争议解决的主要方式。

（三）使用政治和外交手段作为解决争端的辅助手段

政治外交作为解决国际贸易争端的补充方式本身就存在着必然性。更重要的是，如上所述，“一带一路”中的大多数国家都是发展中国家，甚至是最不发达国家。此外，一些国家和地区的社会和安全形势仍然十分严峻。在“一带一路”背景下，除了法律措施外，还存在政治风险引起的国际贸易争端，在争端各方之间建立政治对话，进行国家领导人或贸易代表的交流，以及其他政治和外交手段，包括协商、调解等，同样是解决争端的重要举措。当然，应该坚决制止政治和外交手段成为国家间变相的权力形式，始终坚持平等互利的基础来解决“一带一路”的国际贸易争端。

四、在“一带一路”背景下建立国际贸易争端解决机制的具体措施

（一）建立专门的争端解决机构

这不仅为建立“一带一路”的国际贸易争端解决机制提供了制度保障，同时它是该机制有效运作的前提基础。以 CAFTA[②] 为例，其争议解决机制的一个特点是没有建立特殊的争议解决机构。相反，只要求每个成员设立一个办公室，负责联系与争端解决有关的所有事项。因此，虽然采用合法的仲裁手段作为争端解决方法，但是根据 CAFTA 争端解决机制，由于没有常设专门机构提

① RTA，即区域贸易协定，英文全称 regional trade agreement。

② CAFTA，是中国 - 东盟自由贸易区（China-ASEAN Free Trade Area）的缩写。

供仲裁员名单，在仲裁程序开始之前，选择仲裁员时常常发生争议，此时不得不求助于世界贸易组织，由世界贸易组织总干事任命仲裁庭主席。因此，缺乏专门的争议解决机构不仅造成了争端解决程序的延误，还因为仲裁员选择的任意性不利于仲裁庭的独立性和仲裁结果的公正性。

鉴于此，在双边和多边一级设一个特别争端解决机构以解决“一带一路”背景下的国际贸易争端是非常必要的。在整个争议解决程序中，专门机构的职责应包括但不限于：协调争端各方之间的贸易争端，组织协商、调解和调解；在仲裁程序开始后，协助争议各方选择仲裁员，并提供具有仲裁员资格的政府和非政府人员的仲裁员名单，当争端各方无法确定仲裁庭主席时，也可以直接指定仲裁庭主席；关于争议解决的结果，主要是监督仲裁裁决的执行，防止一方未经授权对另一方进行报复；向争端各方传达各种文书，统一管理与争议有关的档案；定期发布有关争端解决的信息等。

（二）确定争议解决管辖权

尽管如上所述，“一带一路”沿线国家中有 12 个国家是非 WTO 成员，超过半数国家没有加入任何区域贸易协定，但相应的，中国是世界贸易组织的成员国。这就使得对于中国与上述国家而言，无论经贸领域的实质性权利和义务是基于“一带一路”倡议、WTO 规则还是 RTA 规则，都会出现不一致和矛盾。但至少在发生贸易争端时，争端各方将不可避免地采用“一带一路”的争端解决机制。他们也有可能诉诸世贸组织或区域贸易协定的争端解决机制，从而解决争端解决中的管辖权冲突问题。

在这方面，争端解决中的管辖权冲突问题应以排他性管辖权的形式处理，即争端各方可以自由选择提出上诉的争议，但是一旦选择了争议解决机构并开始相应的争议解决流程，则已经开始的争议解决流程具有排他性，任何一方均不得向其他争议解决机构申请其他争议解决程序。排除管辖权决定了“一带一路”国际贸易争端解决的管辖权，主要是因为：一方面，这种方法已被当前国际社会的大多数区域贸易协定广泛采用，并已成为解决区域贸易协定与世贸组织争端解决机制之间管辖权冲突的主要途径。另一方面，如果采用专属管辖权的方法，则必须要求争端各方通过“一带一路”背景下的争端解决机制处理争议，那么它将不可避免地使该机制过于封闭和僵化，并且很容易引起对各国沿线争端解决结果公平性的质疑。虽然根据排他性管辖权，争议各方可以自由选择争议解决的地点，但是在选择争端解决机构时，仍然建议优先考虑“一带一路”背景下的争议解决机制。因为在整体上，“一带一路”的国际贸易争端解决机制能进一步促进国际贸易争端解决的实质公平。

（三）执行争议解决结果时尽可能避免采取强制措施

在目前现有的全球或区域贸易争端解决机制中，大多数都规定可以采取某些强制措施，以确保争端解决结果得到切实执行。例如，根据世贸组织争端解决机制第 22 条的规定，如果败诉方未履行争议解决结果下的义务，胜诉一方很容易获得授权，采取交叉报复手段，最终实施争议解决结果。虽然采取强制措施可以为实施争端解决结果提供更可靠的保障，并在一定程度上也可以提高争端解决机制本身的可信度，但“一带一路”的“和谐包容”和“互利共赢”的共同建设原则需要以放弃某些权利为代价与对方保持合作。如果使用强制措施作为实施争端解决结果的自然手段，那么它将不可避免地挫伤经济发展水平较低的国家参与“一带一路”倡议的积极性。同时，这将影响实现包容性区域经贸合作机制的目标。因此，在“一带一路”的背景下，国际贸易争端解决机制执行阶段应尽可能避免采取强制措施，而应采取更加“灵活”的执法措施。上述特殊争议解决机构应负责监督解决争端结果的落实。具体而言：首先，争议解决结果出台后，争端解决机构应积极组织争议各方就如何落实争议解决结果进行协商，并协助当事人协商确定合理的执行期限。如果争议各方无法在合理的执行期限内达成协议，那么解决争端的原仲裁庭应予以确定。其次，在确定合理的执行期限后，争议解决机构应在相应的监督程序中监督败诉方的执行，并定期审查，直至执行完毕。如果败诉方因特殊原因确实无法在原合理期限内履行义务，则应鼓励争议各方在上述期限届满前达成补偿协议作为替代措施。最后，当且仅当败诉方未能在合理的时间内执行且争议各方未能在期限届满前达成赔偿协议时，现行仲裁庭可以要求作出争议解决结果的原仲裁庭暂停对败诉方的特许义务或本应给予败诉方的其他利益。应当指出，胜诉方暂停其特许权义务或应给予败诉方的其他利益时应符合相称原则。也就是说，它应该等同于胜诉方因败诉方的行为而遭受的实际损失。此外，作出争议解决结果的原仲裁庭应审查胜诉方采取的具体措施。当胜诉方暂停减少义务或利息水平超过相应限额时，应提出更正。①

第三节 “一带一路”背景下对外国判决承认和执行制度的法律判断

【知识背景 / 学习要点】

一、增加“一带一路”沿线司法协助条约的数量

执行最为便捷的方式之一就是通过双边司法协助协定或者共同参加的国际公约的规定，但前提是双方之间存在此类条约。根据外交部的数据，中国仅与“一带一路”沿线 7 个国家缔结了双边民商事司法协助条约，数量相对较少。可以看出，“一带一路”沿线国家之间的司法协助仍存在很大差距。另外，考虑到“一带一路”沿线国家中的英美法成员或受之影响的国家，普通法机制仍是域外判决承认与执行的主要依据。例如，马来西亚、缅甸、孟加拉国、斯里兰卡、以色列、菲律宾和新加坡等，虽然条约、国际公约或互惠关系对判决的承认与执行对这些国家影响不大，但是中国法院必须承认和执行普通法国家的判决。这仍然符合中国民事诉讼法、司法互助条约或国际公约的规定。因此，条约、国际公

① 蒋圣力:《论“一带一路”战略背景下的国际贸易争端解决机制的建立》, 载《云南大学学报》2016 年第 1 期。

约或两国互惠关系援助的存在仍然是承认和执行判决的先决条件。积极推动双边条约的缔结对于促进沿线判决的认识和落实，特别是与中国有着密切贸易关系的国家，具有重要的意义。双边或者多边条约能为更多中方当事人提供切实的法律支持。

二、借鉴迪拜金融中心（DIFC）判决转为裁决的做法

为了提高国际商事争端解决纠纷的效率，加强对判决的赎回，迪拜国际金融中心进行了有益的探索：通过加入国际公约、与其他国家签订双边司法协助条约或建立互惠关系的方式，不断加强判决在世界范围内的可执行力。通过不同的渠道，迪拜法院的判决在很大范围内得到了承认与执行，例如，可在共同签订国际公约的缔约国之间执行，可在国家和海湾合作委员会实施，并可在签署互助条约的国家之间实施，也可以通过联合王国和澳大利亚等 51 个英联邦国家的普通法程序来实施。从 2011 年 10 月 31 日开始，双方可以同意选择争议法庭。例如，双方可以通过签订民商事协议选择 DIFC 法院来解决协议争端，与此同时各方可再单独订立一份仲裁协议，将 DIFC 法院的判决交至 DIFC-LCIA 仲裁中心。方案也建议，与提交 DIFC 审理一样，提交中心的判决可以通过仲裁程序转化成仲裁裁决，请求人可以根据《纽约公约》在其他缔约国得到承认和执行。为了增强判决的流通性，迪拜金融中心实现判决向仲裁裁决的转化改革值得借鉴。若要达成诉讼向仲裁转化良好衔接的目的，我国可以建立信息化办公平台，设立统一的办公机构，如迪拜设立了国际金融中心纠纷解决管理局，统一管理判决、仲裁以及非讼纠纷解决方式。现阶段，我国法院也在开创建设类似中心之先河：福建平潭县人民法院与海峡两岸仲裁中心共同建立自贸区争端解决平台，自贸法庭与仲裁中心分别设在同一楼的相邻区域，平潭法院还探索构建建议仲裁制度。这些实践为将来可能采取的诉讼向仲裁转化、判决与裁决的有效衔接作出了有益的探索。除此之外，在法律适用方面应避免各国法律项下可能出现的管辖权冲突造成的司法资源浪费的局面。在这方面，可以

参考在迪拜计划中对判决提交仲裁的几个先决条件:(1)提交的判决已具有效力;(2)基于债务的金钱判决;(3)对判决的执行发生争议;(4)判决具有终局性;(5)当事方约定根据合格程序提交执行请求。在“一带一路”沿线的65个国家中,有54个国家是《纽约公约》的成员国。在这种模式下,利用仲裁在识别和执行方面的独特优势,可以实现法院判决向裁决的转换。这种转换可以在《纽约公约》的帮助下在其他缔约国得到承认和实施。

三、扩大“一带一路”沿线国家“推定互惠”的适用范围

有学者比较分析后认为,中国采取的互惠标准是国际上最严格的标准之一,在中国通过正向互惠判决获得承认与执行几乎是不可能的。但从我国坚持的正向互惠司法实践来看,这一现象也属正常。因为中国只与“一带一路”沿线约1/3的国家签署了关于承认和执行裁判的司法协助条约。近年来,中国企业在外投资、经商的数量增多,受理涉及中国当事人争议诉讼的法院也呈增长趋势,我国需要承认并执行大量的域外判决。在没有互惠关系的情况下,中国一般拒绝承认外国判决,外国可能会以报复主义拒绝承认中国法院的判决。这样就会陷入相互背弃的“囚徒困境”局面。我国因采取“事实互惠”标准而陷入司法协助僵局的典型案例是“五味晃案”。1995年,大连中院根据最高人民法院的复函,指出我国法院判决并未在日本得到先行承认以及这两个国家没有互惠的事实。在中国首次拒绝承认日本判决的情况下,作为对中国法院不承认日本法院判决的报复,2003年,日本法院裁定以同样的理由拒绝承认和执行中国法院的判决。事实上,日本自1983年对互惠原则采取宽泛认定标准以来,在近20年的司法实践中就没有出现过因没有互惠关系而拒绝承认和执行域外判决的先例。此类双输的“囚徒困境”产生后很难在短时间内得到解决,这在之后两国司法实践中也能得到印证。例如,2004年12月,日本法院的判决在北京二中院再次被裁定不予承认与执行。2015年3月,中国一家法院的判决同

样在日本法院以两国之间不存在互惠关系为由未能得到承认与执行。[①] 由于没有与中国的互惠，中国法院也曾驳回过韩国、英国、德国、美国、乍得、澳大利亚和马来西亚等国家的法院判决。若中国不主动改变目前采取的正向互惠做法，很可能会陷入越来越孤立的局面，我国判决也会越来越难在外国得到承认与执行，这对促进中国企业“走出去”和“一带一路”极为不利。

鉴于此，在 2017 年 6 月举行的第二届中国东盟大法官论坛上，互惠原则在判决的承认和执行方面取得了新突破。中国与东盟国家达成的《南宁声明》第 7 项规定，在两国之间没有双边司法协助和国际公约的情况下，只要对方法院无拒绝承认和执行国家法院判决的先例，就推定与另一国家存在互惠关系。《南宁声明》采取比“法律互惠”更进一步的“推定互惠”方式，这有利于减少沿线国家之间的平行诉讼。可以说，《南宁声明》进一步放宽了 2015 年我国最高人民法院发布的《“一带一路”司法保障若干意见》中“法律互惠”关系认定标准，在“法律互惠”的基础上，进一步提出不能确定互惠关系时可以采用推定来确定互惠关系。考虑到目前的司法实践，这是一个重要的转变。但推定互惠的方式不应只局限于东盟国家，它还应扩大到“一带一路”沿线其他国家的判决和执行判决制度中。另外，先行给予互惠不必首先要求对方已经给予我国互惠，可通过以下具体的制度来完善这一措施。首先，为了避免我国法院拒绝严格承认民事诉讼法的事实互惠，造成拒绝承认和执行外国法院判决的局面，互惠推定可以在司法解释中加以规定。可以待条件成熟时，再出台正式法律法规对适用推定互惠的条件予以明确规定。此外，如果我们的法院通过推定的互惠标准承认和执行外国法院的判决，他们应该在裁决中说明，中国对判决的承认和执行是基于这样一个前提的，即对方国家也可能在未来承认并执行中国法院的判决。如果另一个国家将来不承认它，并且不执行我们的判决，那么互惠关系将不复存在。采取这样的方式可以让对方国家了解到我国反向互惠不是无条件的，进而促进双方互惠关系的建立。中国法院也可以使用互惠判决的推定来承

① 黄志慧：《我国判决承认与执行中互惠原则实施的困境与出路》，载《政法论坛》2018年第6期。

认和执行外国判决以及内部报告级别的外国仲裁裁决。

事实上，在 2016 年 4 月 16 日最高人民法院举行的新闻发布会上，最高人民法院院长张永健也提出了在承认和执行判决时，应充分理解各国之间的互惠意图。在此基础上，若不能确定互惠关系，可以逐案向最高人民法院报告，并通过外交手段通知另一方，请对方发表相关声明。可预见到的是，我国通过外交途径的方式正逐步向推定互惠的方向发展。此外，为了更容易理解关于承认和执行判决的信息，最高人民法院可以建立一个识别和执行判决的数据库，收集并安排在中国承认和执行域外管辖权以及在中国承认和执行外国法院的判决。采取这样的模式可以防止因信息不对称而导致的错误判决。例如，在 1999 年韩国首尔地方法院受理的申请承认与执行山东潍坊中院判决一案中，韩国法院认为中韩之间互相存在保证（互惠），据此承认与执行了潍坊中院的判决。[①] 但韩国法院在判决书结尾做了补充说明“法院认为中韩之间存在相互保证（互惠），因此承认并执行了中国法院的判决。但是，如果中国将来拒绝承认和执行韩国法院的判决，我们的法院将难以继续维持这一立场”。为此，韩国首尔国立大学石光现教授希望该案能在中国广泛传播，以增加中国法院同样承认与执行韩国法院判决的可能性。但不幸的是，中国法院并不了解情况。这导致双方失去了建立互惠的良好机会，也导致双方判决的承认和执行方面的困难。[②]

四、改进“一带一路”沿线国家承认和实施的审查程序

虽然最高人民法院在司法上已经出台了一系列新举措，但是判决承认与执行的审查程序的规定仍较原则化。各地法院对申请承认与执行的判决审查不统一的现象时有发生。显然，还需要进一步细化审查程序，以避免审查标准模糊而出现当事人权利救济目标落空、浪费司法资源的现象。首先，对外国法院是否具有管辖权的审查具有一个国家的法院试图承认和执行案件的实质。程序规

① 王雅菡：《外国法院判决承认与执行中互惠的认定标准》，载《武大国际法评论》2019 年第 4 期。

② 朱伟东：《试论我国承认与执行外国判决的反向互惠制度的构建》，载《河北法学》2017 年第 4 期。

则确定判断原判决国家管辖权的标准。如上所述，原判决国家在解释中国民事诉讼法和民事诉讼法中是否具有管辖权没有明确的标准。审查原判决国管辖权主要依据双边司法协助协定或者共同参与的国际公约的规定。中国缔结的双边司法协助条约主要以三种方式审查间接管辖权：根据被请求国国内法律有关管辖权的规定、对不属于被请求国专属管辖的范围规定具有管辖权以及在条约中列举式规定管辖权。再考察我国已经参与的国际公约，例如《选择法院协议公约》，一般都具体地规定了缔约国在相关案件中的管辖权。不难看出，如果双边司法协助条约规定依据被申请国国内实体法对管辖权进行审查时，那么需要运用我国实体法管辖权的规定。为了检验原判决国家是否具有合格的管辖权，这种方法也被德国学者称为“形象原则”。但在我国以这种方式来审查外国法院判决管辖权是存在困难的。因为，我国的实体法在涉外合同和财产权益方面管辖权的审查往往根据国际一般规定，但是，就涉外婚姻和家庭而言，却没有规定间接管辖权。

近年来，我国法院在承认和执行外国法院判决方面取得了突破性进展。结合南京中院首次以互惠关系承认与执行“一带一路”沿线国家的案例，在对判决承认与执行一国法院对外国判决的审查标准进行探讨时，应具体分析国家管辖权标准、正当程序标准和互惠关系的问题，就“一带一路”沿线国家间判决承认与执行困境提出完善建议。此外，中国应增加“一带一路”沿线国家司法协助条约的数量和范围，完善审查程序。同时，应明确互惠原则的内涵与外延，借鉴迪拜国际金融中心将判决向裁决转化的做法，从而提高“一带一路”沿线国家涉外民商事判决的执法力度。

附　录

附录 1：最高人民法院发布第一批涉互联网典型案例

【知识背景 / 学习要点】

随着“互联网 +”时代的到来，互联网思维、互联网技术已经广泛深入社会生活的方方面面。时至今日，电商、共享经济、互联网金融等新业态的发展日新月异，相应的涉互联网诉讼案件数量激增，新类型案件层出不穷，给人民法院的审判执行工作带来了新的挑战。构建全方位、立体化、多维度的审判体系是人民法院肩负的重要使命，这就要求人民法院密切关注并主动研究新类型案件，及时总结审判经验，快速回应“互联网 +”模式下经济社会发展面临的新情况、新问题，为涉互联网领域经济社会健康发展提供司法保障。

这次最高人民法院发布的典型案例包含了涉互联网领域内的小额借款合同纠纷、网络购物合同纠纷、网络服务合同纠纷、隐私权纠纷、知识产权与竞争纠纷等多类型案件，上海法院有 3 件入选。这些典型案例在遵循立法本意、正确理解适用法律法规的前提下，还充分体现出尊重互联网领域自身特点这一理念，对于统一涉互联网新类型案件的裁判标准，起到了良好的指导作用。

【案例分析】

【案例一】

重庆市某小额贷款有限公司诉陈某某小额借款合同纠纷案

【基本案情】

2015年7月25日，重庆市某小额贷款有限公司（以下简称甲公司）与陈某某在线签订《网商贷贷款合同》，约定借款及相关双方的权利义务。其中，合同特别约定：对于因合同争议引起的纠纷，司法机关可以通过手机短信或电子邮件等现代通信方式送达法律文书；陈某某指定接收法律文书的手机号码或电子邮箱为合同签约时输入支付宝密码的支付宝账户绑定的手机号码或电子邮箱；陈某某同意司法机关采取一种或多种送达方式送达法律文书，送达时间以上述送达方式中最先送达的为准；陈某某确认上述送达方式适用于各个司法阶段，包括但不限于一审、二审、再审、执行以及督促程序；陈某某保证送达地址准确、有效，如果提供的地址不确切，或者不及时告知变更后的地址，使法律文书无法送达或未及时送达，自行承担由此可能产生的法律后果。合同签订后，甲公司发放贷款，但陈某某未依约还款付息，故甲公司提起诉讼。

在审理过程中，法院通过12368诉讼服务平台，向被告陈某某支付宝账户绑定的手机号码发送应诉通知书、举证通知书、开庭传票等诉讼文书，平台系统显示发送成功。陈某某无正当理由拒不到庭参加诉讼，法院依法缺席审理。

【裁判结果】

杭州铁路运输法院（现为杭州互联网法院）于2017年6月25日作出（2017）浙8601民初943号民事判决：陈某某返还甲公司借款本金并支付利息、罚息、律师费等共计587158.25元。一审宣判并送达后，原、被告均未提出上诉，该判决已发生法律效力。

【典型意义】

“送达难”一直是困扰审判工作的问题之一，严重影响司法效率，降低了司法公信。在司法实践中，许多“送达难”问题产生的根源是受送达人躲避诉讼、拒不配合法院送达。在此种情况下，依靠诉中填写送达地址确认书，显然无法解决“送达难”问题。诉前约定送达符合双方当事人的利益，应该被送达地址确认制度所吸收，丰富送达地址确认制度形式，与诉中填写送达地址确认书相互补充，成为解决“送达难”的有效形式。

在本案中，当事人在签订合同时经合意约定了因合同纠纷成讼后，可使用电子送达方式及电子送达地址、可适用的程序范围、地址变更方式、因过错导致文书未送达的法律后果等内容，内容明确、具体，双方对送达条款均能够预见诉讼后产生的法律后果，该约定具有《送达地址确认书》的实质要件，具有相当于《送达地址确认书》的效力。诉前约定送达条款虽然与在诉中由法院引导填写、统一的印制格式等形式不尽相符，但是只要其满足了实质要件，能够在保障当事人诉权的前提下有效解决送达难题，是一种更便捷、高效的送达。因此，本案例确认，当事人在诉前相关合同中对电子送达方式、电子送达地址及法律后果作出明确、具体约定的，该约定具有相当于《送达地址确认书》的效力。人民法院在诉讼过程中可以直接适用电子送达方式向诉前约定的电子送达地址送达除判决书、裁定书、调解书以外的诉讼文书。

【案例二】

徐某某诉敬某某、浙江某网络有限公司网络购物合同纠纷案

【基本案情】

徐某某在敬某某经营的某网络交易平台网店中购买了俄罗斯进口奶粉。根据《进出口食品安全管理办法》的规定，对向我国境内出口食品的境外食品生产企业实施注册制度。经查询我国国家认证认可监督管理委员会发布的《进

口食品境外生产企业注册专栏》，在“进口乳品境外生产企业注册名单”中未查见“俄罗斯”，敬某某也无法提供进口食品应具备的全部检验检疫等资料。徐某某认为敬某某销售的前述食品系未经检验检疫的食品，同时，公司作为网络服务提供者未对进入其平台销售的商品进行审核，对交易服务平台的监管存在过错，故诉至法院，请求：（1）判令被告敬某某向原告退还货款5043.50元；（2）判令被告敬某某向原告赔偿50435元；（3）判令被告浙江某网络有限公司对被告敬某某的上述赔偿承担连带责任。

【裁判结果】

上海铁路运输法院于2017年9月11日作出（2017）沪7101民初318号民事判决，判令被告敬某某退还原告徐某某货款5043.50元及赔偿50435元等。一审判决后，双方当事人均未上诉，本案判决现已生效。

【典型意义】

食品安全关涉人民群众的生命与健康，对于社会稳定、经济发展具有重大影响。近些年，食品安全领域由于重大食品安全事故频发，严重危害到公众健康，对构建和谐社会造成威胁，使我国面临着极为严峻的食品安全问题。随着贸易全球化和我国经济社会的发展，进口食品已经成为我国消费者重要的食品来源，尤其是通过网络销售，大量种类繁多的进口食品送到了消费者手中。进口食品安全问题，同样不能忽视，必须符合我国食品安全国家标准，经营者违反国家食品安全规定销售进口食品的，应当承担相应的法律责任。本案例即明确，进口食品应当符合我国食品安全国家标准，经国家出入境检验检疫机构依照进出口商品检验相关法律、行政法规的规定检验合格，按照国家出入境检验检疫部门的要求随附合格证明材料。被告敬某某作为经营者必须保证食品来源的安全。在本案中，被告敬某某通过网络销售的俄罗斯进口奶粉不是我国目前准入的食品，且被告敬某某也无法提供进口货物的相关报关单据、入境货物检验检疫证明、产品检验检疫卫生证书、海关发放的通关证明等进口食品所应具备的资料，故认定涉案奶粉属于不符合食品安全标准的食品。因被告敬某某销售明知是不符合食品安全标准的食品，原告要求退还货款并支付价款10倍的赔偿金，于法有据，法院予以支持。被告浙江某网络有限公司对被告敬某某的主体信息、经营资质进行了审核，并在原告徐某某维权时提供了销售者的真实名称、地址和有效联系方式，涉案商品也已及时下架处理，其已经履行了注意义务，不应承担连带赔偿责任。

【案例三】

浙江某网络有限公司诉许某某等网络服务合同纠纷案

【基本案情】

2009年，许某某在淘宝网注册，开设网店销售酒类产品，其在注册时与浙江某网络有限公司（以下简称甲公司）签署了《平台服务协议》，约定：不得在平台上销售/提供侵犯他人知识产权或其他合法权益的商品/服务。然而在2014年11月至2015年9月间，许某某在平台上销售五粮液假酒，之后被四川省宜宾五粮液集团有限公司以商标权受到侵害为由提起诉讼，法院判决其赔偿五粮液公司经济损失及合理开支7万元。同时，甲公司认为许某某及其作为股东设立的一人有限公司上海某贸易有限公司（以下简称乙公司）违反了服务协议。

甲公司诉称，许某某网店售假行为违反服务协议约定，给网站声誉造成了巨大的负面影响，甲公司为打击售假行为，投入大量人力物力，产生了相应的损失，要求许某某及其公司赔偿损失及律师费等共计12万余元。

许某某和乙公司辩称，许某某已承担相关赔偿责任，未侵犯甲公司的经济利益和商誉。出售假冒五粮液的行为已经受到了甲公司的相应处罚，不应再被起诉要求赔偿。乙公司不应对其参与经营之前的销售行为承担责任。

【裁判结果】

上海市松江区人民法院于2017年9月21日作出（2017）沪0117民初7706号民事判决：“一、许某某于判决生效之日起10日内赔偿甲公司损失2000元；

二、许某某于判决生效之日起10日内赔偿甲公司合理支出13000元；三、驳回甲公司其余诉讼请求。”宣判后，甲公司和许某某提出上诉。上海市第一中级人民法院于2018年1月16日作出（2017）沪01民终13085号民事判决：“维持上海市松江区人民法院（2017）沪0117民初7706号民事判决第三项；变更上海市松江区人民法院（2017）沪0117民初7706号民事判决第一项为上诉人许某某于本判决生效之日起10日内赔偿上诉人甲公司损失20000元；变更上海市松江区人民法院（2017）沪0117民初7706号民事判决第二项为上诉人许某某于本判决生效之日起10日内赔偿上诉人甲公司合理支出23000元。”

【典型意义】

随着“互联网+”的兴起，电商产业飞速发展，但同时也出现了诸多亟待解决的问题，尤以普遍存在的造假售假问题最为严重。囿于网络行为的隐蔽性、举证的艰难性、技术的复杂性，电商平台自身采取的净化措施就十分重要。

本案认定甲公司与许某某之间存在有效的协议，许某某的售假行为违反了协议的约定。本案所涉服务协议均约定，用户不得在平台上销售或发布侵犯他人知识产权或其他合法权益的商品或服务信息。许某某作为用户，应恪守约定，履行自身义务。已有生效判决认定，许某某通过开设的“强升名酒坊”店铺，销售假冒的五粮液，侵害五粮液公司对“五粮液”注册商标享有的使用权。由此可见，许某某的售假行为已经违反了与甲公司之间的约定。许某某在网站上出售假冒五粮液的行为不但损害了与商品相关权利人的合法权益，而且降低了消费者对网站的信赖和社会公众对网站的良好评价。许某某在使用平台服务时，应当预见售假行为对商品权利人、消费者以及甲公司可能产生的损害。商誉是经营者本身以及经营者提供商品或服务过程中形成的一种积极社会评价。商誉可以体现在商品、商标、企业名称上，能够在生产经营中变现为实际的商业利润，具有显著的财产属性。因此，甲公司要求赔偿商誉等损失的主张具有相应的依据。电商平台经营者和平台内签约经营者均有依法规范经营的义务，许某某在网站上销售假冒的五粮液，不仅应当承担对消费者的赔偿义务，也应当依约承担对电商平台的违约责任，电商平台经营者也有权依法追究平台售假商家的违约责任。从另外一个角度看，打假和净化网络购物环境也是第三方交易平台经营者的责任，符合其长远经营利益，有利于维护消费者合法权益，维护公平竞争的市场秩序。

【案例四】

王某诉汪某、周某、上海某网络科技有限公司网络店铺转让合同纠纷案

【基本案情】

2014 年 4 月 9 日，受让方王某与出让方周某、居间方上海某网络科技有限公司（以下简称甲公司）签订《网络店铺转让合同》，约定周某将支付宝认证名称为汪某的“至诚开拓”网店转让给王某等内容。王某通过甲公司支付转让费 20000 元；甲公司扣除 2000 元佣金后实际转交周某 18000 元。“至诚开拓”网店的账户名为 2912361468@qq.com，经实名认证的经营者为汪某，周某为代管人。2015 年 12 月 3 日，汪某找回了系争店铺的密码，系争店铺处于汪某控制之下。2016 年 7 月，王某诉至法院，请求判令汪某、周某支付违约金 6000 元；退回保证金 11830 元；双倍退还已收的转让费用 40000 元；支付赔偿金 100000 元；共同承担本案诉讼费。

在二审审理中，周某、甲公司均认可甲公司从王某交付的 20000 元中扣除了 2000 元，系周某应向甲公司支付的佣金。同时，汪某表示其因自身经营的需要，欲从周某处取回系争网络店铺，但是周某不愿交还，故汪某自己找回了系争网络店铺。

【裁判结果】

上海市闵行区人民法院于 2017 年 4 月 28 日作出（2016）沪 0112 民初 20679 号民事判决：“一、周某于判决生效之日起 10 日内支付王某 20000 元；二、周

某、汪某于判决生效之日起10日内支付王某3970元；三、驳回王某的其余诉讼请求。”宣判后，王某、汪某、周某向上海市第一中级人民法院提出上诉。上海市第一中级人民法院于2017年9月15日作出(2017)沪01民终8862号二审判决：驳回上诉，维持原判。

【典型意义】

网络店铺的私自转让在现实中大量存在，因此产生的纠纷亦有不断进入诉讼的趋势。该案涉及网络店铺转让究竟系转让什么、转让的法律效力如何等问题，理论界和实务界并无相对统一之见解。本案例明确了涉网络店铺转让纠纷相应的裁判规则，具有一定的典型性和指导价值。

在本案中，汪某系通过与某平台签订服务协议并经实名认证，取得系争网络店铺之经营权。服务协议内容经双方认可，且不存在违反法律行政法规强制性规定、损害社会公共利益等情形，故汪某与平台间形成合法有效的合同关系。现周某在汪某认可之情况下，与王某、甲公司签署网络店铺转让合同，实际上系将汪某与平台间合同关系项下的权利义务一并转让给王某。根据《中华人民共和国合同法》第88条、第89条之规定，当事人一方将自己在合同中的权利和义务一并转让给第三方的，须经对方当事人的同意。现周某虽有汪某之认可但未征得平台同意，私自转让系争网络店铺，该转让行为不发生法律效力。故王某以合同约定内容为据，要求周某等支付违约金、双倍返还转让费之主张，缺乏依据。而根据《中华人民共和国合同法》第42条的规定，当事人在订立合同过程中有违背诚实信用原则的行为，给对方造成损失的，应当承担损害赔偿责任。周某在汪某认可的情况下，将系争店铺转让与王某，现转让行为未生效，且店铺已被汪某找回并实际控制，周某理应就王某因此而产生之损失承担赔偿责任。

该案通过对网络店铺店主与网络平台经营方之间法律关系的厘清，对实际普遍存在的网络店铺私自转让行为，从法律上作出了妥当的评价，有利于网络平台经营方更好地实施管理、提供服务、控制网络交易风险，促进网络贸易的进一步健康、有序发展。

【案例五】

庞某某诉中国某航空股份有限公司、北京某信息技术有限公司隐私权纠纷案

【基本案情】

2014年10月11日，庞某某委托鲁某通过北京某信息技术有限公司（以下简称甲公司）下辖网站订购了中国某航空股份有限公司（以下简称航空公司）机票1张，所选机票代理商为长沙某票务代理公司（以下简称乙公司）。网站订单详情页面显示该订单登记的乘机人信息为庞某某姓名及身份证号，联系人信息、报销信息均为鲁某及其尾号**58的手机号。2014年10月13日，庞某某尾号**49手机号收到来源不明号码发来短信称由于机械故障，其所预订航班已经取消。该号码来源不明，且未向鲁某发送类似短信。鲁某拨打航空公司客服电话进行核实，客服人员确认该次航班正常，并提示庞某某收到的短信应属诈骗短信。2014年10月14日，航空客服电话向庞某某手机号码发送通知短信，告知该航班时刻调整。当晚19：43，鲁某再次拨打航空公司客服电话确认航班时刻，被告知该航班已取消。在庭审中，鲁某证明其代庞某某购买本案机票并沟通后续事宜，认可购买本案机票时未留存庞某某手机号。航空公司称庞某某可能为常旅客，故航空公司掌握庞某某此前留存的号码。庞某某诉至法院，主张甲公司和航空公司泄露的隐私信息包括其姓名、尾号**49手机号及行程安排（包括起落时间、地点、航班信息），要求甲公司和航空公司承担连带责任。

【裁判结果】

北京市海淀区人民法院于2016年1月20日作出（2015）海民初字第10634号民事判决：驳回庞某某的全部诉讼请求。庞某某向北京市第一中级人民法院提出上诉。北京市第一中级人民法院于2017年3月27日作出（2017）京01民终509号民事判决："一、撤销北京市海淀区人民法院（2015）海民初字

第10634号民事判决；二、甲公司于本判决生效后10日内在其官方网站首页以公告形式向庞某某赔礼道歉，赔礼道歉公告的持续时间为连续3天；三、中国某航空股份有限公司于本判决生效后10日内在其官方网站首页以公告形式向庞某某赔礼道歉，赔礼道歉公告的持续时间为连续3天；四、驳回庞某某的其他诉讼请求。”

【典型意义】

随着科技的飞速发展和信息的快速传播，现实生活中出现大量关于个人信息保护的问题，个人信息的不当扩散与不当利用已经逐渐发展成为危害公民民事权利的一个社会性问题。本案是由网络购票引发的涉及航空公司、网络购票平台侵犯公民隐私权的纠纷，各方当事人立场鲜明，涉及的焦点问题具有代表性和典型性。公民的姓名、电话号码及行程安排等事项属于个人信息。在大数据时代，信息的收集和匹配成本越来越低，原来单个的、孤立的、可以公示的个人信息一旦被收集、提取和综合，就完全可以与特定的个人相匹配，从而形成某一特定个人详细准确的整体信息。此时，这些全方位、系统性的整体信息，就不再是单个的可以任意公示的个人信息，这些整体信息一旦被泄露扩散，任何人都将没有自己的私人空间，个人的隐私将遭受威胁。因此，基于合理事由掌握上述整体信息的组织或个人应积极地、谨慎地采取有效措施防止信息泄露。任何人未经权利人的允许，都不得扩散和不当利用能够指向特定个人的整体信息，而整体信息也因包含了隐私而整体上成为隐私信息，可以通过隐私权纠纷而寻求救济。

在本案中，庞某某被泄露的信息包括姓名、尾号**49手机号、行程安排等，其行程安排无疑属于私人活动信息，应该属于隐私信息，可以通过本案的隐私权纠纷主张救济。从收集证据的资金、技术等成本上看，作为普通人的庞某某根本不具备对航空公司、甲公司内部数据信息管理是否存在漏洞等情况进行举证证明的能力。因此，客观上，法律不能也不应要求庞某某证明必定是航空公司或甲公司泄露了其隐私信息。航空公司和甲公司均未证明涉案信息泄漏归因于他人，或黑客攻击，抑或是庞某某本人。法院在排除其他泄露隐私信息可能性的前提下，结合本案证据认定上述两公司存在过错。航空公司和甲公司作为各自行业的知名企业，一方面因其经营性质掌握了大量的个人信息，另一方面亦有相应的能力保护好消费者的个人信息免受泄露，这既是其社会责任，也是其应尽的法律义务。本案泄露事件的发生，是由于航空公司、网络购票平台疏于防范导致的结果，因而可以认定其具有过错，应承担侵权责任。综上所述，本案的审理对个人信息保护以及隐私权侵权的认定进行了充分论证，兼顾了隐私权保护及信息传播的衡平。

【案例六】

南京某装饰工程有限公司诉南京某某装饰工程有限公司著作权侵权、虚假宣传纠纷案

【基本案情】

原告南京某装饰工程有限公司（以下简称甲公司）诉称，甲公司成立于2005年，历经12年的发展，已成为在南京及周边地区具有较高专业化、规模化、品牌化和产业化的装饰企业。2017年，甲公司发现同为装饰企业的南京某某装饰工程有限公司（以下简称乙公司）经营的网站从色彩、文字、图片、编排体例等方面抄袭了甲公司网站的主要内容。此外，乙公司还将甲公司的荣誉作为自己的荣誉广而告之，属于虚假宣传。故甲公司请求法院判令乙公司立即删除侵犯甲公司著作权及构成不正当竞争的网页内容并赔偿经济损失。

被告乙公司辩称，原告涉案网站的独创性不高，不足以构成著作权法意义上的作品，请求法院驳回原告的诉请。

法院经审理查明，被告网站多处编排设计与原告网站存在相同或相似。首先，被告网站首页的页面布局，其公司LOGO显示位置和联系电话与原告基本一致，网页中部亦在相同位置使用与原告相同的图片及宣传文字，图片及文字在

页面中的排列方式与原告内容完全相同。主页部分的主题设置，其基本模块及下拉菜单内容与原告网站基本一致，仅将“品牌动态”变更为“最新活动”，主页背景图使用位置及文字描述与原告构成相同。其次，通过点击各主题进行浏览，被告网页呈现内容的方式及相应内容的编排位置均与原告网站相应版块构成相同或近似，部分网页内容包括文字、图片使用方式及排列位置、次序与原告完全一致。最后，被告在资质荣誉部分使用的“2013年中国家居网络总评网年度人物”“365家居宝十佳网络客服”“2009长三角风尚设计装饰企业”等荣誉照片与原告亦完全相同。

【裁判结果】

南京铁路运输法院于2017年9月18日作出（2017）苏8602民初564号民事判决：被告立即删除其网站侵害原告著作权及构成虚假宣传的网页内容；被告赔偿原告经济损失（含合理费用）共计人民币220000元。

【典型意义】

随着“互联网+”模式的普及发展，越来越多的企业意识到依托电子平台或互联网宣传吸引优质资源和消费群体的重要性，而网站如同企业的电子名片，是企业向消费者传递服务信息及品质的高效途径，消费者可以足不出户地通过浏览网站来了解企业的业务特色、服务理念及信誉信息等。随之而来的是，企业网站被竞争对手“抄袭”现象也层出不穷。网站抄袭行为会使权利人通过网站布局、文案所呈现的独特视觉感受淡化，误导消费者，损害网站运营企业的经济利益。但如何对网站进行法律保护，网站是否构成著作权法意义上的作品，法律并无明确的规定，这给司法实践造成了一定的困扰。本案裁判认为，网站通过撰写源代码将文字、图片、声音等组合成多媒体并通过计算机输出设备进行展示，当网站版面的素材选取、表现形式及内容编排等达到一定独创性要求时，网站整体可作为汇编作品进行保护。网站设计者通过创作构思将多种元素信息进行整合与排列，以营造丰富的视觉体验，网站版面设计过程本身亦是一种劳动创造，其特异性体现在对多媒体信息的选择与编排上。精心挑选的内容、素材经过编排整合形成的网站版面表现形式符合汇编作品的概念与特征。著作权是为了保护在文学、艺术、科学领域作出了创造性劳动的人的利益，当网站设计达到一定的独创性要求时，应当依著作权法对权利人的合法权益进行保护。被告公司网站与原告网站高度近似的部分属于原告独创性地对内容的选择、整理与编排部分，故被告网站侵犯了原告的著作权。

另外，经营者在市场交易中，应遵循自愿、平等、公平、诚实信用的原则，遵守公认的商业道德。经营者不得利用广告或者其他方法，对商品与服务质量、制作成分、性能、提供者等作引人误解的虚假宣传。网站页面能够起到一定区分和识别市场主体的作用，被告在其网站上擅自使用与原告相同的宣传用语、专属荣誉等，显然与实际情况不符。本案原、被告均属装饰企业，业务范围高度近似、注册地均在江苏省南京市，潜在顾客群存在交叉，两者存在竞争关系。被告上述行为在实质上破坏了正常的市场经营秩序，使得消费者对被告企业真实经营规模、信誉产生误解，本质上构成虚假宣传、不正当竞争，侵害了原告正常的商业利益。

【案例七】

中国某财产保险股份有限公司广东分公司诉吴某某、北京某汽车技术开发服务有限公司保险人代位求偿权纠纷案

【基本案情】

中国某财产保险股份有限公司广东分公司（以下简称甲公司）承保王某某名下车辆。在保险期间内，王某某因饮酒不能驾驶，遂通过网络平台向北京某汽车技术开发服务有限公司（以下简称乙公司）请求有偿代驾服务，乙公司接受后指派了吴某某提供代驾服务。王某某签署了由吴某某提供的《委托代驾服务协议》，王某某在委托方署名，吴某某、乙公司在被委托方签名和签章。吴某某提供代驾服务时发生交通事故，据交警部门作出的事故认定书，吴某某负事

故全部责任。此次交通事故，经甲公司定损并向王某某赔付了保险金159194元。王某某承诺将已获赔部分的追偿权转给甲公司。甲公司遂将吴某某、乙公司起诉至法院，要求连带赔偿甲公司经济损失159194元。

【裁判结果】

广州市荔湾区人民法院作出（2016）粤0103民初5327号民事判决："一、北京某汽车技术开发服务有限公司、吴某某共同于判决发生法律效力之日起10日内向中国某财产保险股份有限公司广东分公司支付赔偿款124834元。二、驳回中国某财产保险股份有限公司广东分公司的其他诉讼请求。"广州市中级人民法院于2017年10月11日作出（2017）粤01民终13837号民事判决："一、撤销广州市荔湾区人民法院（2016）粤0103民初5327号民事判决第二项；二、变更广州市荔湾区人民法院（2016）粤0103民初5327号民事判决第一项为：北京某汽车技术开发服务有限公司于判决发生法律效力之日起10日内向中国某财产保险股份有限公司广东分公司支付赔偿款124834元；三、驳回中国某财产保险股份有限公司广东分公司的其他诉讼请求。"

【典型意义】

随着网络时代的兴起，通过网约代驾平台请求有偿代驾服务越来越常见，而在代驾服务期间发生事故进而引发纠纷的情形也时有发生。提供有偿网约代驾服务的主体并不具有车损险被保险人地位，代驾过程中发生事故造成车损，代驾司机负有责任的，保险人向被保险人赔偿后，有权在赔偿金额范围内行使代位求偿权。本案的处理，对厘清车主、网约代驾平台及保险人的责任，维护广大车主的切身利益和规范网络代驾行业的健康发展都具有积极的意义。不同于日常生活中亲朋借车或友情代驾行为，本案中代驾人系有偿提供代驾服务，并非为被保险人利益所为，对保险标的车辆也不存在占有利益，因此代驾人不能成为涉案保险合同的被保险人。代驾人作为第三人在提供有偿服务的过程中造成投保车辆受损并负全责，对被保险人的财产构成侵权，被保险人有权请求赔偿，保险公司亦可代位行使求偿权。

【案例八】
深圳市某文化传播有限公司申请强制执行案

【基本案情】

申请执行人深圳市某文化传播有限公司与广州某网络科技有限公司系列案，广州市越秀区人民法院（以下简称执行法院）依据已经发生法律效力的民事判决，向被执行人广州某网络科技有限公司发出执行通知书，责令被执行人履行上述法律文书确定的义务，被执行人未履行义务。执行法院除查明并扣划被执行人名下的少量银行存款外，未发现有其他可供执行的财产，同时该公司法定代表人亦下落不明。执行法院向申请执行人告知上述案件执行情况后，申请执行人向法院提出被执行人有3个网站均在正常运营，其中1个网页中有广告投放公告，每天广告费为2万元到32万元不等。执行法院依法作出执行裁定书及协助执行通知书，对该网络域名进行查封，查封期限为2年。相关域名被禁止登录后，法官接到被执行人主动来电，询问履行义务途径，随后将全额款项打入法院账户。

【裁判结果】

广东省广州市越秀区人民法院（2017）粤0104执6507-6526号执行系列案全部执行完毕。

【典型意义】

当前，互联网经济高度活跃，在日益频发的互联网纠纷中，案件执行往往具有难度大、范围广、实体财产难以掌握的特点，需要创新高效、快捷的执行手段。在本案中，法院经核实发现，被执行人所拥有的网页中有广告投放公告，广告费用较高，且在该网页内确有广告投放。该网络域名已在国家管理部门注册登记，权利人具有专有使用权。同时，法院对本案的执行已穷尽查询银行财产、房管、车管、工商登记、搜查等传统执行措施，但仍无可供执行财产。法院可依法将网络域名作为补充方式采取强制措施，向有关单位发出协助执行通知书进行查封，以使被执行人主动履行法定义务。

附录2:《中华人民共和国电子商务法》全文

中华人民共和国主席令

第七号

《中华人民共和国电子商务法》已由中华人民共和国第十三届全国人民代表大会常务委员会第五次会议于2018年8月31日通过,现予公布,自2019年1月1日起施行。

中华人民共和国主席　习近平

2018年8月31日

目　录

第一章　总　　则
第二章　电子商务经营者
　　第一节　一般规定
　　第二节　电子商务平台经营者
第三章　电子商务合同的订立与履行
第四章　电子商务争议解决
第五章　电子商务促进
第六章　法律责任
第七章　附　　则

第一章　总　则

第一条　为了保障电子商务各方主体的合法权益，规范电子商务行为，维护市场秩序，促进电子商务持续健康发展，制定本法。

第二条　中华人民共和国境内的电子商务活动，适用本法。

本法所称电子商务，是指通过互联网等信息网络销售商品或者提供服务的经营活动。

法律、行政法规对销售商品或者提供服务有规定的，适用其规定。金融类产品和服务，利用信息网络提供新闻信息、音视频节目、出版以及文化产品等内容方面的服务，不适用本法。

第三条　国家鼓励发展电子商务新业态，创新商业模式，促进电子商务技术研发和推广应用，推进电子商务诚信体系建设，营造有利于电子商务创新发展的市场环境，充分发挥电子商务在推动高质量发展、满足人民日益增长的美好生活需要、构建开放型经济方面的重要作用。

第四条　国家平等对待线上线下商务活动，促进线上线下融合发展，各级人民政府和有关部门不得采取歧视性的政策措施，不得滥用行政权力排除、限制市场竞争。

第五条　电子商务经营者从事经营活动，应当遵循自愿、平等、公平、诚信的原则，遵守法律和商业道德，公平参与市场竞争，履行消费者权益保护、环境保护、知识产权保护、网络安全与个人信息保护等方面的义务，承担产品和服务质量责任，接受政府和社会的监督。

第六条　国务院有关部门按照职责分工负责电子商务发展促进、监督管理等工作。县级以上地方各级人民政府可以根据本行政区域的实际情况，确定本行政区域内电子商务的部门职责划分。

第七条　国家建立符合电子商务特点的协同管理体系，推动形成有关部门、电子商务行业组织、电子商务经营者、消费者等共同参与的电子商务市场治理体系。

第八条 电子商务行业组织按照本组织章程开展行业自律，建立健全行业规范，推动行业诚信建设，监督、引导本行业经营者公平参与市场竞争。

第二章 电子商务经营者

第一节 一般规定

第九条 本法所称电子商务经营者，是指通过互联网等信息网络从事销售商品或者提供服务的经营活动的自然人、法人和非法人组织，包括电子商务平台经营者、平台内经营者以及通过自建网站、其他网络服务销售商品或者提供服务的电子商务经营者。

本法所称电子商务平台经营者，是指在电子商务中为交易双方或者多方提供网络经营场所、交易撮合、信息发布等服务，供交易双方或者多方独立开展交易活动的法人或者非法人组织。

本法所称平台内经营者，是指通过电子商务平台销售商品或者提供服务的电子商务经营者。

第十条 电子商务经营者应当依法办理市场主体登记。但是，个人销售自产农副产品、家庭手工业产品，个人利用自己的技能从事依法无须取得许可的便民劳务活动和零星小额交易活动，以及依照法律、行政法规不需要进行登记的除外。

第十一条 电子商务经营者应当依法履行纳税义务，并依法享受税收优惠。

依照前条规定不需要办理市场主体登记的电子商务经营者在首次纳税义务发生后，应当依照税收征收管理法律、行政法规的规定申请办理税务登记，并如实申报纳税。

第十二条 电子商务经营者从事经营活动，依法需要取得相关行政许可的，应当依法取得行政许可。

第十三条 电子商务经营者销售的商品或者提供的服务应当符合保障人

身、财产安全的要求和环境保护要求，不得销售或者提供法律、行政法规禁止交易的商品或者服务。

第十四条 电子商务经营者销售商品或者提供服务应当依法出具纸质发票或者电子发票等购货凭证或者服务单据。电子发票与纸质发票具有同等法律效力。

第十五条 电子商务经营者应当在其首页显著位置，持续公示营业执照信息、与其经营业务有关的行政许可信息、属于依照本法第十条规定的不需要办理市场主体登记情形等信息，或者上述信息的链接标识。

前款规定的信息发生变更的，电子商务经营者应当及时更新公示信息。

第十六条 电子商务经营者自行终止从事电子商务的，应当提前三十日在首页显著位置持续公示有关信息。

第十七条 电子商务经营者应当全面、真实、准确、及时地披露商品或者服务信息，保障消费者的知情权和选择权。电子商务经营者不得以虚构交易、编造用户评价等方式进行虚假或者引人误解的商业宣传，欺骗、误导消费者。

第十八条 电子商务经营者根据消费者的兴趣爱好、消费习惯等特征向其提供商品或者服务的搜索结果的，应当同时向该消费者提供不针对其个人特征的选项，尊重和平等保护消费者合法权益。

电子商务经营者向消费者发送广告的，应当遵守《中华人民共和国广告法》的有关规定。

第十九条 电子商务经营者搭售商品或者服务，应当以显著方式提请消费者注意，不得将搭售商品或者服务作为默认同意的选项。

第二十条 电子商务经营者应当按照承诺或者与消费者约定的方式、时限向消费者交付商品或者服务，并承担商品运输中的风险和责任。但是，消费者另行选择快递物流服务提供者的除外。

第二十一条 电子商务经营者按照约定向消费者收取押金的，应当明示押金退还的方式、程序，不得对押金退还设置不合理条件。消费者申请退还押金，符合押金退还条件的，电子商务经营者应当及时退还。

第二十二条 电子商务经营者因其技术优势、用户数量、对相关行业的控制能力以及其他经营者对该电子商务经营者在交易上的依赖程度等因素而具有市场支配地位的，不得滥用市场支配地位，排除、限制竞争。

第二十三条 电子商务经营者收集、使用其用户的个人信息，应当遵守法律、行政法规有关个人信息保护的规定。

第二十四条 电子商务经营者应当明示用户信息查询、更正、删除以及用户注销的方式、程序，不得对用户信息查询、更正、删除以及用户注销设置不合理条件。

电子商务经营者收到用户信息查询或者更正、删除的申请的，应当在核实身份后及时提供查询或者更正、删除用户信息。用户注销的，电子商务经营者应当立即删除该用户的信息；依照法律、行政法规的规定或者双方约定保存的，依照其规定。

第二十五条 有关主管部门依照法律、行政法规的规定要求电子商务经营者提供有关电子商务数据信息的，电子商务经营者应当提供。有关主管部门应当采取必要措施保护电子商务经营者提供的数据信息的安全，并对其中的个人信息、隐私和商业秘密严格保密，不得泄露、出售或者非法向他人提供。

第二十六条 电子商务经营者从事跨境电子商务，应当遵守进出口监督管理的法律、行政法规和国家有关规定。

第二节　电子商务平台经营者

第二十七条 电子商务平台经营者应当要求申请进入平台销售商品或者提供服务的经营者提交其身份、地址、联系方式、行政许可等真实信息，进行核验、登记，建立登记档案，并定期核验更新。

电子商务平台经营者为进入平台销售商品或者提供服务的非经营用户提供服务，应当遵守本节有关规定。

第二十八条 电子商务平台经营者应当按照规定向市场监督管理部门报送平台内经营者的身份信息，提示未办理市场主体登记的经营者依法办理登记，并配合市场监督管理部门，针对电子商务的特点，为应当办理市场主体登记的经营者办理登记提供便利。

电子商务平台经营者应当依照税收征收管理法律、行政法规的规定，向税务部门报送平台内经营者的身份信息和与纳税有关的信息，并应当提示依照本法第十条规定不需要办理市场主体登记的电子商务经营者依照本法第十一条第二款的规定办理税务登记。

第二十九条 电子商务平台经营者发现平台内的商品或者服务信息存在违反本法第十二条、第十三条规定情形的，应当依法采取必要的处置措施，并向有关主管部门报告。

第三十条 电子商务平台经营者应当采取技术措施和其他必要措施保证其网络安全、稳定运行，防范网络违法犯罪活动，有效应对网络安全事件，保障电子商务交易安全。

电子商务平台经营者应当制定网络安全事件应急预案，发生网络安全事件时，应当立即启动应急预案，采取相应的补救措施，并向有关主管部门报告。

第三十一条 电子商务平台经营者应当记录、保存平台上发布的商品和服务信息、交易信息，并确保信息的完整性、保密性、可用性。商品和服务信息、交易信息保存时间自交易完成之日起不少于三年；法律、行政法规另有规定的，依照其规定。

第三十二条 电子商务平台经营者应当遵循公开、公平、公正的原则，制定平台服务协议和交易规则，明确进入和退出平台、商品和服务质量保障、消费者权益保护、个人信息保护等方面的权利和义务。

第三十三条 电子商务平台经营者应当在其首页显著位置持续公示平台服务协议和交易规则信息或者上述信息的链接标识，并保证经营者和消费者能够便利、完整地阅览和下载。

第三十四条 电子商务平台经营者修改平台服务协议和交易规则，应当在其首页显著位置公开征求意见，采取合理措施确保有关各方能够及时充分表达意见。修改内容应当至少在实施前七日予以公示。

平台内经营者不接受修改内容，要求退出平台的，电子商务平台经营者不得阻止，并按照修改前的服务协议和交易规则承担相关责任。

第三十五条 电子商务平台经营者不得利用服务协议、交易规则以及技术等手段，对平台内经营者在平台内的交易、交易价格以及与其他经营者的交易等进行不合理限制或者附加不合理条件，或者向平台内经营者收取不合理费用。

第三十六条 电子商务平台经营者依据平台服务协议和交易规则对平台内经营者违反法律、法规的行为实施警示、暂停或者终止服务等措施的，应当及时公示。

第三十七条 电子商务平台经营者在其平台上开展自营业务的，应当以显著方式区分标记自营业务和平台内经营者开展的业务，不得误导消费者。

电子商务平台经营者对其标记为自营的业务依法承担商品销售者或者服务提供者的民事责任。

第三十八条 电子商务平台经营者知道或者应当知道平台内经营者销售的商品或者提供的服务不符合保障人身、财产安全的要求，或者有其他侵害消费者合法权益行为，未采取必要措施的，依法与该平台内经营者承担连带责任。

对关系消费者生命健康的商品或者服务，电子商务平台经营者对平台内经营者的资质资格未尽到审核义务，或者对消费者未尽到安全保障义务，造成消费者损害的，依法承担相应的责任。

第三十九条 电子商务平台经营者应当建立健全信用评价制度，公示信用评价规则，为消费者提供对平台内销售的商品或者提供的服务进行评价的途径。

电子商务平台经营者不得删除消费者对其平台内销售的商品或者提供的服

务的评价。

第四十条 电子商务平台经营者应当根据商品或者服务的价格、销量、信用等以多种方式向消费者显示商品或者服务的搜索结果；对于竞价排名的商品或者服务，应当显著标明“广告”。

第四十一条 电子商务平台经营者应当建立知识产权保护规则，与知识产权权利人加强合作，依法保护知识产权。

第四十二条 知识产权权利人认为其知识产权受到侵害的，有权通知电子商务平台经营者采取删除、屏蔽、断开链接、终止交易和服务等必要措施。通知应当包括构成侵权的初步证据。

电子商务平台经营者接到通知后，应当及时采取必要措施，并将该通知转送平台内经营者；未及时采取必要措施的，对损害的扩大部分与平台内经营者承担连带责任。

因通知错误造成平台内经营者损害的，依法承担民事责任。恶意发出错误通知，造成平台内经营者损失的，加倍承担赔偿责任。

第四十三条 平台内经营者接到转送的通知后，可以向电子商务平台经营者提交不存在侵权行为的声明。声明应当包括不存在侵权行为的初步证据。

电子商务平台经营者接到声明后，应当将该声明转送发出通知的知识产权权利人，并告知其可以向有关主管部门投诉或者向人民法院起诉。电子商务平台经营者在转送声明到达知识产权权利人后十五日内，未收到权利人已经投诉或者起诉通知的，应当及时终止所采取的措施。

第四十四条 电子商务平台经营者应当及时公示收到的本法第四十二条、第四十三条规定的通知、声明及处理结果。

第四十五条 电子商务平台经营者知道或者应当知道平台内经营者侵犯知识产权的，应当采取删除、屏蔽、断开链接、终止交易和服务等必要措施；未采取必要措施的，与侵权人承担连带责任。

第四十六条 除本法第九条第二款规定的服务外，电子商务平台经营者可以按照平台服务协议和交易规则，为经营者之间的电子商务提供仓储、物流、支付结算、交收等服务。电子商务平台经营者为经营者之间的电子商务提供服务，应当遵守法律、行政法规和国家有关规定，不得采取集中竞价、做市商等集中交易方式进行交易，不得进行标准化合约交易。

第三章 电子商务合同的订立与履行

第四十七条 电子商务当事人订立和履行合同，适用本章和《中华人民共和国民法总则》《中华人民共和国合同法》《中华人民共和国电子签名法》等法律的规定。

第四十八条 电子商务当事人使用自动信息系统订立或者履行合同的行为对使用该系统的当事人具有法律效力。

在电子商务中推定当事人具有相应的民事行为能力。但是，有相反证据足以推翻的除外。

第四十九条 电子商务经营者发布的商品或者服务信息符合要约条件的，用户选择该商品或者服务并提交订单成功，合同成立。当事人另有约定的，从其约定。

电子商务经营者不得以格式条款等方式约定消费者支付价款后合同不成立；格式条款等含有该内容的，其内容无效。

第五十条 电子商务经营者应当清晰、全面、明确地告知用户订立合同的步骤、注意事项、下载方法等事项，并保证用户能够便利、完整地阅览和下载。

电子商务经营者应当保证用户在提交订单前可以更正输入错误。

第五十一条 合同标的为交付商品并采用快递物流方式交付的，收货人签收时间为交付时间。合同标的为提供服务的，生成的电子凭证或者实物凭证中载明的时间为交付时间；前述凭证没有载明时间或者载明时间与实际提供服务时间不一致的，实际提供服务的时间为交付时间。

合同标的为采用在线传输方式交付的，合同标的进入对方当事人指定的特定系统并且能够检索识别的时间为交付时间。

合同当事人对交付方式、交付时间另有约定的，从其约定。

第五十二条 电子商务当事人可以约定采用快递物流方式交付商品。

快递物流服务提供者为电子商务提供快递物流服务，应当遵守法律、行政法规，并应当符合承诺的服务规范和时限。快递物流服务提供者在交付商品时，应当提示收货人当面查验；交由他人代收的，应当经收货人同意。

快递物流服务提供者应当按照规定使用环保包装材料，实现包装材料的减量化和再利用。

快递物流服务提供者在提供快递物流服务的同时，可以接受电子商务经营者的委托提供代收货款服务。

第五十三条 电子商务当事人可以约定采用电子支付方式支付价款。

电子支付服务提供者为电子商务提供电子支付服务，应当遵守国家规定，告知用户电子支付服务的功能、使用方法、注意事项、相关风险和收费标准等事项，不得附加不合理交易条件。电子支付服务提供者应当确保电子支付指令的完整性、一致性、可跟踪稽核和不可篡改。

电子支付服务提供者应当向用户免费提供对账服务以及最近三年的交易记录。

第五十四条 电子支付服务提供者提供电子支付服务不符合国家有关支付安全管理要求，造成用户损失的，应当承担赔偿责任。

第五十五条 用户在发出支付指令前，应当核对支付指令所包含的金额、收款人等完整信息。

支付指令发生错误的，电子支付服务提供者应当及时查找原因，并采取相关措施予以纠正。造成用户损失的，电子支付服务提供者应当承担赔偿责任，但能够证明支付错误非自身原因造成的除外。

第五十六条 电子支付服务提供者完成电子支付后，应当及时准确地向用户提供符合约定方式的确认支付的信息。

第五十七条 用户应当妥善保管交易密码、电子签名数据等安全工具。用户发现安全工具遗失、被盗用或者未经授权的支付的，应当及时通知电子支付服务提供者。

未经授权的支付造成的损失，由电子支付服务提供者承担；电子支付服务提供者能够证明未经授权的支付是因用户的过错造成的，不承担责任。

电子支付服务提供者发现支付指令未经授权，或者收到用户支付指令未经授权的通知时，应当立即采取措施防止损失扩大。电子支付服务提供者未及时采取措施导致损失扩大的，对损失扩大部分承担责任。

第四章　电子商务争议解决

第五十八条　国家鼓励电子商务平台经营者建立有利于电子商务发展和消费者权益保护的商品、服务质量担保机制。

电子商务平台经营者与平台内经营者协议设立消费者权益保证金的，双方应当就消费者权益保证金的提取数额、管理、使用和退还办法等作出明确约定。

消费者要求电子商务平台经营者承担先行赔偿责任以及电子商务平台经营者赔偿后向平台内经营者的追偿，适用《中华人民共和国消费者权益保护法》的有关规定。

第五十九条　电子商务经营者应当建立便捷、有效的投诉、举报机制，公开投诉、举报方式等信息，及时受理并处理投诉、举报。

第六十条　电子商务争议可以通过协商和解，请求消费者组织、行业协会或者其他依法成立的调解组织调解，向有关部门投诉，提请仲裁，或者提起诉讼等方式解决。

第六十一条　消费者在电子商务平台购买商品或者接受服务，与平台内经营者发生争议时，电子商务平台经营者应当积极协助消费者维护合法权益。

第六十二条　在电子商务争议处理中，电子商务经营者应当提供原始合同和交易记录。因电子商务经营者丢失、伪造、篡改、销毁、隐匿或者拒绝提供前述资料，致使人民法院、仲裁机构或者有关机关无法查明事实的，电子商务经营者应当承担相应的法律责任。

第六十三条 电子商务平台经营者可以建立争议在线解决机制，制定并公示争议解决规则，根据自愿原则，公平、公正地解决当事人的争议。

第五章 电子商务促进

第六十四条 国务院和省、自治区、直辖市人民政府应当将电子商务发展纳入国民经济和社会发展规划，制定科学合理的产业政策，促进电子商务创新发展。

第六十五条 国务院和县级以上地方人民政府及其有关部门应当采取措施，支持、推动绿色包装、仓储、运输，促进电子商务绿色发展。

第六十六条 国家推动电子商务基础设施和物流网络建设，完善电子商务统计制度，加强电子商务标准体系建设。

第六十七条 国家推动电子商务在国民经济各个领域的应用，支持电子商务与各产业融合发展。

第六十八条 国家促进农业生产、加工、流通等环节的互联网技术应用，鼓励各类社会资源加强合作，促进农村电子商务发展，发挥电子商务在精准扶贫中的作用。

第六十九条 国家维护电子商务交易安全，保护电子商务用户信息，鼓励电子商务数据开发应用，保障电子商务数据依法有序自由流动。

国家采取措施推动建立公共数据共享机制，促进电子商务经营者依法利用公共数据。

第七十条 国家支持依法设立的信用评价机构开展电子商务信用评价，向社会提供电子商务信用评价服务。

第七十一条 国家促进跨境电子商务发展，建立健全适应跨境电子商务特点的海关、税收、进出境检验检疫、支付结算等管理制度，提高跨境电子商务各环节便利化水平，支持跨境电子商务平台经营者等为跨境电子商务提供仓储物流、报关、报检等服务。

国家支持小型微型企业从事跨境电子商务。

第七十二条　国家进出口管理部门应当推进跨境电子商务海关申报、纳税、检验检疫等环节的综合服务和监管体系建设，优化监管流程，推动实现信息共享、监管互认、执法互助，提高跨境电子商务服务和监管效率。跨境电子商务经营者可以凭电子单证向国家进出口管理部门办理有关手续。

第七十三条　国家推动建立与不同国家、地区之间跨境电子商务的交流合作，参与电子商务国际规则的制定，促进电子签名、电子身份等国际互认。

国家推动建立与不同国家、地区之间的跨境电子商务争议解决机制。

第六章　法律责任

第七十四条　电子商务经营者销售商品或者提供服务，不履行合同义务或者履行合同义务不符合约定，或者造成他人损害的，依法承担民事责任。

第七十五条　电子商务经营者违反本法第十二条、第十三条规定，未取得相关行政许可从事经营活动，或者销售、提供法律、行政法规禁止交易的商品、服务，或者不履行本法第二十五条规定的信息提供义务，电子商务平台经营者违反本法第四十六条规定，采取集中交易方式进行交易，或者进行标准化合约交易的，依照有关法律、行政法规的规定处罚。

第七十六条　电子商务经营者违反本法规定，有下列行为之一的，由市场监督管理部门责令限期改正，可以处一万元以下的罚款，对其中的电子商务平台经营者，依照本法第八十一条第一款的规定处罚：

（一）未在首页显著位置公示营业执照信息、行政许可信息、属于不需要办理市场主体登记情形等信息，或者上述信息的链接标识的；

（二）未在首页显著位置持续公示终止电子商务的有关信息的；

（三）未明示用户信息查询、更正、删除以及用户注销的方式、程序，或者对用户信息查询、更正、删除以及用户注销设置不合理条件的。

电子商务平台经营者对违反前款规定的平台内经营者未采取必要措施的，由市场监督管理部门责令限期改正，可以处二万元以上十万元以下的罚款。

第七十七条　电子商务经营者违反本法第十八条第一款规定提供搜索结

果，或者违反本法第十九条规定搭售商品、服务的，由市场监督管理部门责令限期改正，没收违法所得，可以并处五万元以上二十万元以下的罚款；情节严重的，并处二十万元以上五十万元以下的罚款。

第七十八条 电子商务经营者违反本法第二十一条规定，未向消费者明示押金退还的方式、程序，对押金退还设置不合理条件，或者不及时退还押金的，由有关主管部门责令限期改正，可以处五万元以上二十万元以下的罚款；情节严重的，处二十万元以上五十万元以下的罚款。

第七十九条 电子商务经营者违反法律、行政法规有关个人信息保护的规定，或者不履行本法第三十条和有关法律、行政法规规定的网络安全保障义务的，依照《中华人民共和国网络安全法》等法律、行政法规的规定处罚。

第八十条 电子商务平台经营者有下列行为之一的，由有关主管部门责令限期改正；逾期不改正的，处二万元以上十万元以下的罚款；情节严重的，责令停业整顿，并处十万元以上五十万元以下的罚款：

（一）不履行本法第二十七条规定的核验、登记义务的；

（二）不按照本法第二十八条规定向市场监督管理部门、税务部门报送有关信息的；

（三）不按照本法第二十九条规定对违法情形采取必要的处置措施，或者未向有关主管部门报告的；

（四）不履行本法第三十一条规定的商品和服务信息、交易信息保存义务的。

法律、行政法规对前款规定的违法行为的处罚另有规定的，依照其规定。

第八十一条 电子商务平台经营者违反本法规定，有下列行为之一的，由市场监督管理部门责令限期改正，可以处二万元以上十万元以下的罚款；情节严重的，处十万元以上五十万元以下的罚款：

（一）未在首页显著位置持续公示平台服务协议、交易规则信息或者上述信息的链接标识的；

（二）修改交易规则未在首页显著位置公开征求意见，未按照规定的时间提前公示修改内容，或者阻止平台内经营者退出的；

（三）未以显著方式区分标记自营业务和平台内经营者开展的业务的；

（四）未为消费者提供对平台内销售的商品或者提供的服务进行评价的途径，或者擅自删除消费者的评价的。

电子商务平台经营者违反本法第四十条规定，对竞价排名的商品或者服务未显著标明“广告”的，依照《中华人民共和国广告法》的规定处罚。

第八十二条 电子商务平台经营者违反本法第三十五条规定，对平台内经营者在平台内的交易、交易价格或者与其他经营者的交易等进行不合理限制或者附加不合理条件，或者向平台内经营者收取不合理费用的，由市场监督管理部门责令限期改正，可以处五万元以上五十万元以下的罚款；情节严重的，处五十万元以上二百万元以下的罚款。

第八十三条 电子商务平台经营者违反本法第三十八条规定，对平台内经营者侵害消费者合法权益行为未采取必要措施，或者对平台内经营者未尽到资质资格审核义务，或者对消费者未尽到安全保障义务的，由市场监督管理部门责令限期改正，可以处五万元以上五十万元以下的罚款；情节严重的，责令停业整顿，并处五十万元以上二百万元以下的罚款。

第八十四条 电子商务平台经营者违反本法第四十二条、第四十五条规定，对平台内经营者实施侵犯知识产权行为未依法采取必要措施的，由有关知识产权行政部门责令限期改正；逾期不改正的，处五万元以上五十万元以下的罚款；情节严重的，处五十万元以上二百万元以下的罚款。

第八十五条 电子商务经营者违反本法规定，销售的商品或者提供的服务不符合保障人身、财产安全的要求，实施虚假或者引人误解的商业宣传等不正当竞争行为，滥用市场支配地位，或者实施侵犯知识产权、侵害消费者权益等行为的，依照有关法律的规定处罚。

第八十六条 电子商务经营者有本法规定的违法行为的，依照有关法律、行政法规的规定记入信用档案，并予以公示。

第八十七条 依法负有电子商务监督管理职责的部门的工作人员，玩忽职守、滥用职权、徇私舞弊，或者泄露、出售或者非法向他人提供在履行职责中所知悉的个人信息、隐私和商业秘密的，依法追究法律责任。

第八十八条 违反本法规定，构成违反治安管理行为的，依法给予治安管理处罚；构成犯罪的，依法追究刑事责任。

第七章 附 则

第八十九条 本法自 2019 年 1 月 1 日起施行。

附录 3:《中华人民共和国电子商务法》关于网络贸易经营者义务的特殊规定

事项	义务详规
1. 关于电子商务经营者	
营业信息公示	**第十五条** 电子商务经营者应当在其首页显著位置,持续公示营业执照信息、与其经营业务有关的行政许可信息、属于依照本法第十条规定的不需要办理市场主体登记情形等信息,或者上述信息的链接标识。 **第十六条** 电子商务经营者自行终止从事电子商务的,应当提前三十日在首页显著位置持续公示有关信息。
商品/服务信息披露	**第十七条** 电子商务经营者应当全面、真实、准确、及时地披露商品或者服务信息,保障消费者的知情权和选择权。电子商务经营者不得以虚构交易、编造用户评价等方式进行虚假或者引人误解的商业宣传,欺骗、误导消费者。
定向搜索和搭售提示	**第十八条** 电子商务经营者根据消费者的兴趣爱好、消费习惯等特征向其提供商品或者服务的搜索结果的,应当同时向该消费者提供不针对其个人特征的选项,尊重和平等保护消费者合法权益。 **第十九条** 电子商务经营者搭售商品或者服务,应当以显著方式提请消费者注意,不得将搭售商品或者服务作为默认同意的选项。
押金退还	**第二十一条** 电子商务经营者按照约定向消费者收取押金的,应当明示押金退还的方式、程序,不得对押金退还设置不合理条件。消费者申请退还押金,符合押金退还条件的,电子商务经营者应当及时退还。
2. 关于电子商务平台经营者	
入驻商家检验登记	**第二十七条** 电子商务平台经营者应当要求申请进入平台销售商品或者提供服务的经营者提交其身份、地址、联系方式、行政许可等真实信息,进行核验、登记,建立登记档案,并定期核验更新。
报送信息、配合监管	**第二十八条** 电子商务平台经营者应当按照规定向市场监督管理部门报送平台内经营者的身份信息,提示未办理市场主体登记的经营者依法办理登记,并配合市场监督管理部门,针对电子商务的特点,为应当办理市场主体登记的经营者办理登记提供便利。
信息记录及留存	**第三十一条** 电子商务平台经营者应当记录、保存平台上发布的商品和服务信息、交易信息,并确保信息的完整性、保密性、可用性。商品和服务信息、交易信息保存时间自交易完成之日起不少于三年;法律、行政法规另有规定的,依照其规定。

续表

事项	义务详规
交易规则公示和修改	**第三十三条** 电子商务平台经营者应当在其首页显著位置持续公示平台服务协议和交易规则信息或者上述信息的链接标识，并保证经营者和消费者能够便利、完整地阅览和下载。 **第三十四条** 电子商务平台经营者修改平台服务协议和交易规则，应当在其首页显著位置公开征求意见，采取合理措施确保有关各方能够及时充分表达意见。修改内容应当至少在实施前七日予以公示。
违法公示	**第三十六条** 电子商务平台经营者依据平台服务协议和交易规则对平台内经营者违反法律、法规的行为实施警示、暂停或者终止服务等措施的，应当及时公示。
自营业务区别标记	**第三十七条** 电子商务平台经营者在其平台上开展自营业务的，应当以显著方式区分标记自营业务和平台内经营者开展的业务，不得误导消费者。
信用评价制度	**第三十九条** 电子商务平台经营者应当建立健全信用评价制度，公示信用评价规则，为消费者提供对平台内销售的商品或者提供的服务进行评价的途径。电子商务平台经营者不得删除消费者对其平台内销售的商品或者提供的服务的评价。
商品/服务搜索与竞价排名	**第四十条** 电子商务平台经营者应当根据商品或者服务的价格、销量、信用等以多种方式向消费者显示商品或者服务的搜索结果；对于竞价排名的商品或者服务，应当显著标明“广告”。
3. 关于快递物流服务提供者	
快递物流服务	**第五十二条** 快递物流服务提供者为电子商务提供快递物流服务，应当遵守法律、行政法规，并应当符合承诺的服务规范和时限。快递物流服务提供者在交付商品时，应当提示收货人当面查验；交由他人代收的，应当经收货人同意。
4. 关于电子支付服务提供者	
电子支付	**第五十三条** 电子支付服务提供者为电子商务提供电子支付服务，应当遵守国家规定，告知用户电子支付服务的功能、使用方法、注意事项、相关风险和收费标准等事项，不得附加不合理交易条件。电子支付服务提供者应当确保电子支付指令的完整性、一致性、可跟踪稽核和不可篡改。
对账服务及交易记录	**第五十三条** 电子支付服务提供者应当向用户免费提供对账服务以及最近三年的交易记录。

参考文献

一、著作类

[1] 李双元、王海浪:《电子商务法若干问题研究》,武汉大学出版社 2016 年版。

[2] 陆俊元:《地缘政治的本质与规律》,时事出版社 2015 年版。

[3] 张树兴主编:《东南亚法律制度概论》,中国人民大学出版社 2015 年版。

[4] 陈兴华主编:《东盟国家法律制度》,中国社会科学出版社 2015 年版。

[5] 国家开发银行编著:《"一带一路"国家法律风险报告》,法律出版社 2016 年版。

[6] 张树兴主编:《泰国法律制度概论》,西南交通大学出版社 2017 年版。

[7] 沈一兵:《系统论视野下城市突发公共事件生成、演化与控制》,科学出版社 2011 年版。

[8] 郭峰:《中华人民共和国电子商务法法律适用与案例指引》,人民法院出版社 2018 年版。

二、论文类

[1] 张理娟、张晓青、姜涵等:《中国与"一带一路"沿线国家的产业转移研究》,载《世界经济研究》2016 年第 6 期。

[2] 李佳峰:《"一带一路"战略下中欧班列优化对策研究》,载《铁道运输与经济》2016 年第 5 期。

[3] 王娟娟、宋宝磊:《区块链技术在"一带一路"区域跨境支付领域的运用》,载《当代经济管理》2018 年第 7 期。

[4] 王缉思:《当代世界政治发展趋势与中国的全球角色》,载《北京大学学报》2019 年第 1 期。

[5] 李扬、张晓晶:《“新常态”:经济发展的逻辑与前景》,载《经济研究》2015 年第 5 期。

[6] 邹帅、宋子豪、章鹏霞:《“一带一路”:机遇与挑战并存》,载《合作经济与科技》2015 年第 12 期。

[7] 刘慧:《“一带一路”建设与我国区域发展战略的关系研究》,载《中国科学院》2017 年第 32 卷第 4 期。

[8] 东艳:《全球贸易规则的发展趋势与中国的机遇》,载《国际经济评论》2014 年第 1 期。

[9] 李丹、崔日明:《“一带一路”战略与全球经贸格局重构》,载《经济学家》2015 年第 8 期。

[10] 程国强:《共建“一带一路”:内涵、意义与智库使命》,载《中国发展观察》2015 年第 4 期。

[11] 申现杰、肖金成:《国际区域经济合作新形势与我国“一带一路”合作战略》,载《宏观经济研究》2014 年第 11 期。

[12] 赵立庆:《“一带一路”战略下文化交流的实现路径研究》,载《学术论坛》2016 年第 5 期。

[13] 赖洁瑜:《“一带一路”战略下跨境电商发展的机遇与问题分析》,载《企业技术开发》2016 年第 17 期。

[14] 张蓓:《“一带一路”战略下我国跨境电商面临的机遇与挑战》,载《商业经济研究》2017 年第 11 期。

[15] 靳喆:《“一带一路”战略下我国跨境电商发展的现状分析与对策》,载《世界海运》2017 年第 40 卷第 2 期。

[16] K. C. Butler, D. C. Joaquin, A Note on Political Risk and the Required Return on Foreign Direct Investment. Journal of International Business Studies, 1998, Vol. 29, No. 3, pp.599~607.

[17] 蒋姮:《“一带一路”地缘政治风险的评估与管理》,载《国际贸易》2015 年

第 8 期。

[18] 刘小军、张滨:《我国与“一带一路”沿线国家跨境电商物流的协作发展》,载《中国流通经济》2016 年第 5 期。

[19] 马述忠、房超、梁银锋:《数字贸易及其时代价值与研究展望》,载《国际贸易问题》2018 年第 10 期。

[20] 韦斐琼:《“一带一路”战略红利下跨境电商发展对策》,载《中国流通经济》2017 年第 31 卷第 3 期。

[21] 裴长洪、刘斌:《中国对外贸易的动能转换与国际竞争新优势的形成》,载《经济研究》2019 年第 5 期。

[22] 李强:《试论我国跨境电子商务海关监管模式》,载《价格月刊》2019 年第 10 期。

[23] 温军、张森、蒋仁爱:《“一带一路”倡议下知识产权与标准化国际合作的战略思考》,载《国际贸易》2019 年第 7 期。

[24] 郑翔益、杨达:《警惕“一带一路”战略的经济风险》,载《中国集体经济》2017 年第 25 期。

[25] 周保根、田斌:《“一带一路”投资合作风险的深入评估及应对》,载《国际贸易》2016 年第 11 期。

[26] 刘小军、张滨:《我国与“一带一路”沿线国家跨境电商物流的协作发展》,载《中国流通经济》2016 年第 5 期。

[27] 褚学力:《金融互联互通支持中小企业跨境电商发展探索——基于我国与“一带一路”沿线国家和地区经济发展的思考》,载《中国流通经济》2016 年第 11 期。

[28] 崔晓静、熊昕:《中国与“一带一路”国家税收征管合作的完善与创新》,载《学术论坛》2019 年第 4 期。

[29] 朱为群、刘鹏:《“一带一路”国家税制结构特征分析》,载《税务研究》2016 年第 7 期。

[30] 魏升民、韩永辉、向景:《“一带一路”国际税收合作的现状、问题与对策》,载《南方金融》2019 年第 8 期。

[31] 贾怀勤:《数字贸易的概念、营商环境评估与规则》,载《国际贸易》2019

年第 9 期。

[32] 郭四维、张明昂、王庆等:《新常态下的“外贸新引擎”: 我国跨境电子商务发展与传统外贸转型升级》, 载《经济学家》2018 年第 8 期。

[33] 田原、张滔:《“一带一路”倡议下中国与中亚国家经贸合作现状及展望》, 载《国际贸易》2019 年第 8 期。

[34] 周勍、王健、冯馨仪:《关于改进跨境电商统计方法的建议》, 载《国际贸易》2019 年第 5 期。

[35] 马述忠、陈奥杰:《跨境电商: B2B 抑或 B2C——基于销售渠道视角》, 载《国际贸易问题》2017 年第 3 期。

[36] 王娟娟、杜佳麟:《“一带一路”经济区跨境电子商务发展模式探索》, 载《中国流通经济》2016 年第 30 卷第 9 期。

[37] 姜菁斐:《关于我国与“一带一路”国家发展跨境电商的思考》, 载《国际贸易》2018 年第 6 期。

[38] 纪淑军:《“一带一路”战略视角下发展跨境电商问题与对策研究》, 载《中外企业家》2019 年第 5 期。

[39] 王树柏、张勇:《外贸企业数字化转型的机制、路径与政策建议》, 载《国际贸易》2019 年第 9 期。

[40] 岳云嵩、李兵:《电子商务平台应用与中国制造业企业出口绩效——基于“阿里巴巴”大数据的经验研究》, 载《中国工业经济》2018 年第 8 期。

[41] 方剑:《“一带一路”倡议下我国与新加坡法律制度之比较》, 载《政法学刊》2017 年第 4 期。

[42] 张卫平:《新加坡法律制度概况》, 载《东南亚研究资料》1985 年第 3 期。

[43] 程幽燕:《印度法律制度和律师制度》, 载《中国律师》2015 年第 12 期。

[44] 王卫星:《全球视野下的“一带一路”: 风险与挑战》, 载《学术前沿》2015 年第 5 期。

[45] 沈一兵:《“一带一路”的风险诉求与命运共同体的构建——基于风险全球化的社会学视角》, 载《宁夏社会科学》2018 年第 3 期。

[46] 杨曦、陈星豪:《电子商务对当前国际经济与贸易的影响》, 载《现代营销

（经营版）》2019年第11期。

[47] 李全喜、金美彤、郝丽娟：《网络化国际贸易的风险管理》，载《管理前沿》2002年第3期。

[48] 彭晓华：《〈电子商务法〉对中国跨境电商的影响分析》，载《区域治理》2019年第3期。

[49] 李爽、孙鹏：《〈电子商务法〉对跨境电商的影响分析》，载《现代商贸工业》2019年第12期。

[50] 童海强：《消费者概念的法律思考》，载《中国市场监管研究》2016年第3期。

[51] 刘红叶：《企业经营中的文化风险及其管理》，载《商业时代》2006年第30期。

[52] 黄平：《"一带一路"建设中的宗教风险》，载《上海交通大学学报（哲学社会科学版）》2017年第3期。

[53] 孙立平：《中国社会结构的变迁及其分析模式的转换》，载《南京社会科学》2009年第5期。

[54] 李友梅：《重塑转型期的社会认同》，载《社会学研究》2007年第2期。

[55] 方剑：《"一带一路"倡议下我国与新加坡法律制度之比较》，载《政法学刊》2017年第4期。

[56] 吕元礼、梅黎明：《人才、文化、制度：新加坡经验与中国之思》，载《河南师范大学学报》2008年第11期。

[57] 薛虹：《冲突与规范——网络环境下知识产权贸易法律冲突》，载《国际贸易》2000年第7期。

[58] 许佩佩：《跨境贸易网络贸易B2C进口业务发展现状及问题研究》，载《中国网络贸易》2014年第4期。

[59] 蒋晓云：《网络营销的产权法律保证研究》，载《产业与科技论坛》2018年第18期。

[60] 姜新、高明：《传统营销与网络营销的整合策略》，载《商场现代化》2017年第15期。

[61] 曾毅：《小额跨境网络贸易物流模式剖析》，载《中小企业管理与科技》2013年第6期。

[62] 聂德魁:《关于企业外汇风险管理的研究》,载《财经界(学术版)》2014 年第 12 期。

[63] 周峰、熊昊天:《互联网背景下跨境电商经验风险分析》,载《金融理论与教学》2017 年第 6 期。

[64] 谢获宝、黄娟:《高经营风险企业的特征及其防范策略》,载《今日工程机械》2007 年第 3 期。

[65] 柴宇曦、黄炫洲、马述忠:《浅析:跨境电商经营风险的跨国比较及政策建议》,载《浙江经济》2017 年第 7 期。

[66] 孙国江:《谈企业内部控制体系建设与完善》,载《商情》2011 年第 31 期。

[67] 王喆:《企业经营风险与财务风险防范策略》,载《商情》2011 年第 31 期。

[68] 李舒泓、林哲明:《浅析我国进出口企业如何防范和化解汇率风险》,载《环渤海经济瞭望》2019 年第 10 期。

[69] 江风益:《应从源头上防止低价恶性竞争的同质化》,载《中国电子报》2015 年第 7 期。

[70] 徐芳、梁金林:《B2B 跨境电商消费者纠纷解决机制创新探讨》,载《商业经济研究》2018 年第 21 期。

[71] 段平方、候淑娟:《全球跨境电子商务综述》,载《商业经济研究》2019 年第 6 期。

[72] 赵亚会:《"一带一路"战略视角下国际贸易争端解决机制的完善》,载《中国集体经济》2018 年第 15 期。

[73] 蒋圣力:《论"一带一路"战略背景下的国际贸易争端解决机制的建立》,载《云南大学学报》2016 年第 1 期。

[74] 黄志慧:《我国判决承认与执行中互惠原则实施的困境与出路》,载《政法论坛》2018 年第 6 期。

[75] 王雅菡:《外国法院判决承认与执行中互惠的认定标准》,载《武大国际法评论》2019 年第 4 期。

[76] 朱伟东:《试论我国承认与执行外国判决的反向互惠制度的构建》,载《河北法学》2017 年第 4 期。

三、报纸类

[1] 习近平:《开放合作　命运与共》,载《人民日报》2019 年 11 月 6 日。

[2] 朱春叶:《网络交易纠纷的风险隐忧与司法应对》,载《人民法院报》2016 年 6 月 8 日。

四、网络数据资源类

[1]http://www.ebusiness-in-china.com

[2]https://www.statista.com

[3]http://lpi.worldbank.org

[4]http://www.ec.com

[5]https://data.worldbank.org

[6]http://www.doc88.com

[7]https://www.yidaiyilu.gov.cn

[8]http://www.100ec.cn

[9]http://www.199it.com

[10]http://www.cecc.org.cn

[11]https://www.iimedia.cn

[12]http://www.pkulaw.cn

[13]http://www.gov.cn

[14]https://www.commerce.gov.cn

[15]http://www.bjcourt.gov.cn

[16]http://www.mofcom.gov.cn

[17]https://www.fmprc.gov.cn